Visibilité sur le Web

Ou comment optimiser le référencement naturel de votre site

Shari Thurow

CAMPUSPRESS

Publié par CampusPress
47 bis, rue des Vinaigriers
75010 PARIS
Tél. : 01 72 74 90 00

Mise en pages : TyPAO
Collaboration éditoriale :
Marie-France Claerebout

ISBN : 978-2-7440-2177-0

CampusPress est une marque
de Pearson Education France

Titre original :
Search Engine Visibility, 2nd Edition

Traduit de l'américain par Laurence Chabard
Relecture technique : François Houste

ISBN original : 978-0-321-50324-4

New Riders

1249 Eight Street
Berkeley
CA 94710

Avertissement de l'éditeur français

Chaque fois que cela s'avérait indispensable, nous nous sommes efforcés d'adapter le propos de Shari Thurow au contexte européen.

Au moment du bouclage de ce livre, nous apprenons que le guide Yahoo! est en passe de disparaître en Europe. Toutefois, nous n'avons pas jugé bon de supprimer toutes les allusions qui y sont faites, celles-ci étant facilement transposables à d'autres annuaires web.

Nous remercions François Houste pour sa relecture technique et l'équipe CH1 (www.ch1.fr) pour ses nombreux conseils.

Préface

"Si tu le construis, les gens viendront" est une citation bien connue, extraite du roman et du film Le Champ des rêves. *Or, comme nombre de webmasters et de webdesigners s'en sont rendu compte, il ne suffit pas de construire un site web pour recevoir des visites.*

Les internautes parviennent à un site web de diverses manières, mais le plus souvent ils passent par un moteur de recherche. Les études statistiques continuent de prouver que les internautes utilisent et apprécient beaucoup les services de recherche. La possibilité de découverte de votre site au moyen de ces services dépend grandement de la manière dont votre site est construit.

Si le site est bien construit, vous n'aurez aucun mal à attirer du trafic provenant des résultats naturels de recherche, réservant ainsi votre budget pour des publicités ciblant les domaines où les résultats naturels sont moins bons. Si le site est mal construit, vous allez vous ruiner à essayer de gagner des positions dans une course mal engagée dès le départ.

Il n'est pas difficile de bien construire un site web. Le design adapté aux moteurs de recherche, dont je vante les mérites depuis 1997, n'a rien à voir avec l'accumulation d'astuces pour forcer les moteurs de recherche à favoriser un site en les manipulant. Au contraire, pour adapter un site aux moteurs de recherche, il suffit d'opérer quelques petits changements qui auront une influence énorme sur la visibilité du site dans les résultats de recherche.

Bien trop souvent, les développeurs de sites passent leur temps à vérifier la compatibilité avec les deux principaux navigateurs, mais ils négligent ce que j'appelle le "troisième navigateur", les moteurs de recherche. Construire un site accessible et adapté aux robots qui explorent le Web est tout aussi important que de concevoir le site à l'attention des internautes qui naviguent avec Internet Explorer et Firefox. Pourquoi ? Parce qu'une bonne partie de ces internautes atteindront votre site par l'intermédiaire d'un moteur de recherche. Et, si les robots ont du mal à vous atteindre, ils ne pourront pas diriger de nouveaux visiteurs vers chez vous.

Par chance, la construction d'un site adapté aux robots ne se fait pas au détriment du confort des visiteurs. Il s'avère même que les sites adaptés aux robots gagnent souvent en convivialité.

Au travers de ses écrits et de ses conférences, Shari Thurow a toujours œuvré pour améliorer la conception de sites adaptés aux moteurs de recherche. Elle fait d'ailleurs partie des intervenants les plus cotés dans les conférences de webmarketing que j'organise. Shari vous livre son savoir-faire dans cet ouvrage, un guide précieux pour toute personne impliquée dans la réalisation de sites web.

Le design d'un site adapté aux moteurs de recherche ne se limite pas à faciliter l'accès aux robots d'indexation. En effet, la manière dont le site apparaît dans les annuaires web dépend, elle aussi, du design et n'est pas sans conséquence. Shari traite également de ce sujet et offre des conseils pour présenter un site aux annuaires dans les meilleures conditions.

Soignez la construction de votre site à l'aide de ce guide, et vous constaterez que les visiteurs afflueront.

Danny Sullivan

Rédacteur en chef, *SearchEngineLand.com*

Introduction

Ce guide s'adresse aux webdesigners, développeurs web, spécialistes en SEO, ergonomes web, webmarketeurs, publicitaires, webmasters et rédacteurs pour le Web et à tous ceux qui travaillent dans la réalisation de sites web, pour les aider à mieux construire leurs sites de sorte qu'on puisse les trouver au moyen des moteurs de recherche généralistes.

Pour récolter les fruits d'une campagne d'optimisation pour les moteurs de recherche[1]*, il faut au départ disposer d'un site web attirant, un site qui présente les informations que les internautes recherchent. Ce livre vous indique comment poser des bases saines pour cette optimisation. En l'absence de bases solides, la campagne d'optimisation ne peut qu'échouer et entraîner des pertes de temps et d'argent pour l'éditeur du site mal optimisé.*

---

1. NdT. Le concept d'optimisation pour les moteurs de recherche (SEO) est également connu sous le nom de "référencement naturel".

Par conséquent, ce livre n'enseigne pas de recettes secrètes pour chaque moteur de recherche ni de formules magiques pour décrocher les premières positions dans les résultats de recherche. Plutôt que des solutions de dépannage, ce guide enseigne les fondements d'une campagne d'optimisation fructueuse, campagne qui sera efficace pour tous les principaux moteurs de recherche généralistes et capable d'engendrer une visibilité durable dans les services de recherche.

Il n'est pas question dans ce livre de mes préférences personnelles en matières de design. Nous avons tous des opinions différentes sur ce qui constitue un bon ou un mauvais design. Je peux trouver un site horrible à voir alors qu'il génère d'énormes volumes de ventes. Au contraire, un très beau site primé pour l'esthétique de son design pourrait attirer de nombreux visiteurs et faire parler de lui dans les blogs sans pour autant générer de ventes. Il est question ici du fruit de mes années d'expérience et de formation, du savoir-faire ainsi acquis et surtout de mon succès jamais démenti depuis 1995 à augmenter la visibilité dans les moteurs de recherche, le trafic et les ventes pour mes sites et pour ceux de mes clients sans recours aux techniques de spam.

Le savoir-faire présenté ici est issu de mes douze années d'expérience pour le Web. J'ai eu l'occasion, entre autres, de diriger le service webmarketing de plusieurs sociétés de webdesign. Je n'étais bien sûr pas chargée de la conception de tous les sites, mais je devais les optimiser et en assurer la promotion.

J'ai pu ainsi accéder aux statistiques de milliers de sites web, ce qui m'a permis de voir quels types de designs facilitaient l'accès aux robots d'indexation et quels designs leur posaient problèmes. J'ai pu observer quels types de sites web les éditeurs d'annuaires acceptaient ou rejetaient. J'ai pu voir les types de sites ou de pages qui attirent des liens entrants et les types de sites web qui nécessitent de grosses dépenses pour l'achat de liens parce que leur contenu ou leur ergonomie laisse à désirer. Grâce à ces connaissances empiriques, j'ai pu construire des sites web que les robots explorent facilement, que les éditeurs d'annuaires web approuvent et que les visiteurs recommandent.

La visibilité dans les moteurs de recherche est bien sûr importante, mais ce n'est pas le but ultime. Pour qu'un site web devienne rentable, il faut que les visiteurs, ou la cible de l'éditeur du site, l'apprécient et l'utilisent. Les visiteurs doivent passer à l'action (ajouter au panier, s'abonner à un bulletin d'information, s'inscrire à un cours, etc.) pour que le site remplisse ses objectifs commerciaux. Je me suis rendu compte que les sites adaptés aux moteurs de recherche sont aussi adaptés aux utilisateurs et faciles à explorer. Ce guide vous enseigne comment construire un site web qui plaise autant aux visiteurs qu'aux moteurs de recherche.

Quelles grandes révélations ?

L'univers des services de recherche évolue très vite et les algorithmes de pertinence sont renouvelés régulièrement, c'est pourquoi certains de mes collègues spécialistes en optimisation pour les moteurs de recherche (SEO) publient leurs écrits en ligne. Selon eux, l'édition papier n'est pas en mesure de suivre le rythme d'évolution des moteurs de recherche.

Quoi qu'il en soit, je n'ai jamais prétendu connaître toutes les équations qui composent l'algorithme d'un moteur de recherche ou d'un de ses services (recherche d'actualités, d'images, locale, audio, vidéo, publicité, etc.). D'ailleurs, il n'y a chez Google aucun ingénieur qui connaisse chacune des équations pour tous les algorithmes de Google. Et c'est la même chose chez Yahoo!, Live Search et Ask.

Les représentants des moteurs de recherche ne révèleront jamais selon quelle logique précise ils évaluent le contenu du Web. Vous ne trouverez aucun brevet qui dévoile les ingrédients essentiels de cette recette secrète. De ce fait, aucun expert en SEO ne connaît les fabuleuses équations qui composent l'algorithme d'un moteur de recherche.

Ce que je connais, en revanche, ce sont les comportements des usagers des services de recherche, et pas seulement au niveau de la formulation des requêtes. J'ai pris le temps de recueillir des données de sources très variées puis de les analyser pour tenter de distinguer des tendances dans les comportements de recherche et d'en tirer des conclusions. Quel résultat ? J'ai identifié des principes d'utilisabilité des services de recherche qui restent d'actualité des années après la publication d'un livre, et ce même si de nouveaux moteurs de recherche apparaissent tandis que d'autres disparaissent. Mon guide n'est donc pas un produit périssable qui fournirait des informations vite dépassées.

Je suis convaincue qu'un site web devrait être remodelé tous les deux à quatre ans parce que les navigateurs et les langages de programmation évoluent vite. En recueillant sur deux à quatre ans des données provenant de tests d'utilisabilité, de groupes cibles, de logiciels d'analyse du trafic web et de publicités facturées au clic dans les moteurs de recherche, les éditeurs de sites web sont mieux armés pour construire des sites qui satisfont les attentes des utilisateurs, remplissent leurs objectifs commerciaux et respectent les directives des moteurs de recherche généralistes.

Les cinq règles de base du webdesign et les trois composantes (texte, liens et popularité) d'une bonne optimisation sont des principes que je préconise depuis longtemps.

Je constate sur le Web l'émergence de différents types de fichiers, fichiers de texte et fichiers multimédias. J'optimise des fichiers multimédias depuis des années, et j'ai accumulé de nombreuses données sur le comportement des utilisateurs pour la recherche multimédia. Je vous livre ici le résultat de mes observations et les conseils qui en découlent pour l'optimisation de fichiers de texte et de fichiers multimédias.

Organisation de ce livre

Que vous soyez novice ou expert en marketing pour les moteurs de recherche, je vous recommande de lire ce guide du début à la fin.

Pourquoi ?

Il y a trop de webmarketeurs, d'agences de publicité et de sociétés de webdesign qui privilégient des solutions de dépannage pour des résultats immédiats au détriment de principes. Même les soi-disant experts en SEO ne comprennent pas les principes de l'optimisation pour les moteurs de recherche, et par conséquent ne les appliquent pas dans les sites web. Ce livre s'intéresse aux facteurs essentiels qui se combinent pour garantir le succès d'une campagne de SEO. Il suffit de mettre en place les fondements et de suivre les principes pour réaliser de fantastiques économies en frais de maintenance et de promotion.

Au Chapitre 1, je définis les différents types de services de recherche et explique de quelle manière les principaux moteurs de recherche généralistes présentent leurs résultats. La plupart des résultats de recherche proviennent de sources diverses et les réponses proposées dépendent des termes saisis en requête. Avant de construire leur site et de s'engager dans une campagne de marketing axée sur les moteurs de recherche, tous les éditeurs de sites devraient analyser la manière dont les moteurs de recherche présentent les résultats des requêtes.

Le Chapitre 1 présente aussi les composantes fondamentales d'un design et d'une campagne de SEO efficaces et rentables. Le design du site et sa visibilité dans les moteurs de recherche sont étroitement liés. Comme je l'ai déjà dit, nombre de spécialistes en SEO ne comprennent pas les principes d'utilisabilité des services de recherche. Les Chapitres 1 et 2 expliquent ces principes avec des exemples à l'appui.

Le Chapitre 2 est consacré à l'optimisation de pages de texte. J'y démontre en détail les fondements d'une campagne de SEO pour un site web fictif en analysant chacune des composantes de base. Vous y verrez comment rédiger du texte adapté aux moteurs de recherche pour le site entier et dans certaines balises HTML.

Le Chapitre 2 propose des solutions pour présenter des pages web adaptées aux robots quand les systèmes de navigation risquent de leur poser problème. Si votre site contient des cadres, du code DHTML, des feuilles de styles CSS ou d'autres technologies délicates, il y a moyen d'adapter le site pour faciliter l'accès à vos pages par les robots. Ce chapitre présente aussi des conseils pour la mise en place de liens entrants.

Au Chapitre 3, je vous guide dans l'optimisation de fichiers multimédias (images, vidéo et audio). Certains lecteurs pourraient avoir la tentation d'attaquer directement la lecture du Chapitre 3, mais je leur conseille de lire d'abord le Chapitre 2 pour savoir optimiser correctement les pages qui fournissent l'environnement textuel nécessaire aux fichiers multimédia, car les moteurs de recherche ne sont pas encore très au point pour la recherche multimédia.

Le Chapitre 4 traite des procédures de demande de référencement dans les moteurs de recherche et dans les annuaires web. J'y indique tous les détails à vérifier avant de soumettre un site pour référencement. Vous y trouverez également des conseils et des exemples de courriers qui vous serviront en cas de refus de référencement. Ces conseils s'appliquent aussi pour les demandes de liens entrants.

Les Chapitres 1 à 4 vous enseignent les bonnes pratiques, tandis que le Chapitre 5 vous indique les pratiques à éviter. J'y démystifie certaines fausses idées qui circulent à propos de la SEO. La lecture du dernier chapitre vous aidera à sélectionner un prestataire de SEO sérieux qui n'exploite pas des procédés d'optimisation douteux.

Site web compagnon du livre

En complément de ce livre, j'ai créé un site web (en anglais) à www.searchenginesbook.com. Comme vous le savez, les services de recherche évoluent vite, et les informations que je fournis ici risquent d'être dépassées dès qu'un service de recherche modifie son système de partenariat, qu'un nouveau service s'impose ou pour d'autres raisons. Le site web compagnon sert avant tout à présenter de nouveaux conseils pour l'optimisation. Vous y trouverez un glossaire anglais des termes propres à la SEO, ainsi qu'une liste de lectures recommandées ; la version française du glossaire se trouve sur le site de Pearson Education France, www.pearsoned.fr.

Par ailleurs, il est fastidieux de recopier du code HTML, CSS et JavaScript, c'est pourquoi je vais mettre à disposition des extraits de code sur le site compagnon. Par exemple, si je m'aperçois qu'un script de rollover convient mieux que d'autres pour les robots d'indexation, je vous fournirai le script sur le site compagnon.

Enfin, les moteurs de recherche font des progrès dans l'indexation de différents types de documents et de pages web. Mes conseils d'optimisation doivent donc suivre l'évolution des moteurs de recherche, et les nouveautés seront disponibles sur le site compagnon.

1

Préparatifs

L'optimisation pour les moteurs de recherche[1]*, couramment appelée SEO pour* Search Engine Optimization*, est une stratégie de webmarketing très efficace. Quand l'optimisation est réussie, des millions d'internautes pourraient trouver votre site parmi les millions de résultats de recherche sur le Web.*

Les éditeurs de sites web ont tendance à considérer la phase d'optimisation comme une étape finale dans la réalisation d'un site. Or, si vous êtes sur le point de créer ou de remodeler un site, comprendre dès à présent comment fonctionnent les moteurs de recherche, de quelle manière les internautes lancent des recherches et comment concevoir le site pour une meilleure visibilité peut engendrer de fabuleuses économies pour votre société.

1. NdT. Le concept d'optimisation pour les moteurs de recherche (SEO) est également connu sous le nom de "référencement naturel".

Pourquoi il importe d'être visible dans les moteurs de recherche

C'est grâce aux moteurs de recherche que les internautes découvrent des sites web. D'après l'institut Nielsen/NetRatings, 256 millions de personnes, soit 81 % des internautes du monde entier, ont consulté un moteur de recherche en décembre 2006. Selon les chiffres actuels, l'internaute moyen visionne 93 pages de résultats de recherche par mois et passe en moyenne 27 minutes par mois à chercher des informations sur le Web. Le nombre d'internautes en quête d'informations et le temps consacré à ces recherches est en croissance constante.

Les moteurs de recherche généralistes comptabilisent en moyenne 6,4 milliards de recherches par jour. C'est la preuve que la recherche d'information se fait principalement en ligne. En optimisant correctement votre site pour les moteurs de recherche, vous augmentez la probabilité d'y attirer de nouveaux visiteurs.

De plus, examinez votre cas personnel. Où allez-vous pour trouver sur le Web des informations à propos d'une société ou d'un produit ? Par quel moyen trouvez-vous une adresse web que vous ignorez ou avez oubliée ? Vous avez certainement recours à un moteur de recherche pour obtenir ces renseignements.

Les internautes en quête d'information ne sont pas des badauds. Quand ils tapent une série de mots clés pour lancer une recherche, ils sont motivés à se renseigner sur un produit ou un service. Ainsi, les nouvelles visites engendrées par les moteurs de recherche sont déjà ciblées. En d'autres termes, les personnes qui trouvent votre site en résultat d'une recherche sont de bons clients potentiels pour vos affaires.

Naturellement, il existe d'autres moyens de découvrir des sites web. On peut trouver des adresses web par la presse, la télévision ou la radio. On peut aussi cliquer sur un lien dans un e-mail ou dans une publicité en ligne. Le bouche-à-oreille reste une bonne méthode pour attirer des visiteurs. Enfin, les internautes découvrent aussi des sites en suivant les liens d'un site vers un autre, c'est ce qu'on appelle surfer sur le Web.

Puisque des millions de personnes utilisent un moteur de recherche pour découvrir des sites web, améliorer la visibilité de votre site dans les moteurs de recherche peut être une composante très rentable de votre campagne de webmarketing. En conclusion, les efforts déployés pour favoriser la visibilité de votre site peuvent produire à long terme un impressionnant retour sur investissement.

Origine des résultats de recherche

Les informations présentées en résultats d'une recherche proviennent de différentes sources, y compris mais pas exclusivement des sources suivantes :

- robots d'indexation des moteurs de recherche ;
- publicités des moteurs de recherche ;
- annuaires web (compilés par des humains) ;
- moteurs de recherche thématiques (dits moteurs de recherche verticale).

La plupart des pages de résultats présentent des informations de sources diverses. En général, les pages de résultats hybrides extraient la majorité des adresses d'une seule source, et c'est cette source qui détermine la catégorie du moteur de recherche. Par exemple, quand un service de recherche hybride obtient l'essentiel de ses résultats d'un annuaire web et le reste d'un moteur de recherche, le service de recherche est alors classifié en tant qu'annuaire.

La première étape d'une campagne de marketing axée sur les moteurs de recherche consiste à examiner comment les principaux moteurs affichent les liens vers les sites web. Commencez avec une liste réduite et bien ciblée de mots clés. Tapez plusieurs groupes de mots dans chacun des principaux moteurs pour voir quels types de ressources s'imposent dans les résultats. Voyez si vos pages apparaissent dans les résultats et à quelle position. Comparez avec la position des pages web de vos concurrents. À l'avenir, tous vos efforts d'optimisation pour les moteurs de recherche devraient tenir compte de la manière dont les adresses apparaissent dans les pages de résultats, du comportement de votre cible et de vos objectifs commerciaux.

Analyse d'une page de résultats

Comme je l'ai déjà mentionné, les résultats des moteurs de recherche proviennent de plusieurs sources. Voici une liste et une description des différentes sources exploitées par les moteurs pour recevoir et extraire des données à présenter en résultat.

Moteurs de recherche avec robots d'indexation

Un annuaire web présente des adresses insérées par des humains. Au contraire, les bases de données des moteurs de recherche sont compilées par un logiciel spécial, appelé *crawler*, *spider*, araignée ou robot d'indexation, qui récupère les informations dans les pages web.

Voyez aux Figures 1.1 et 1.2 à quel endroit apparaissent les pages pertinentes découvertes par les robots de Live Search et de Google.

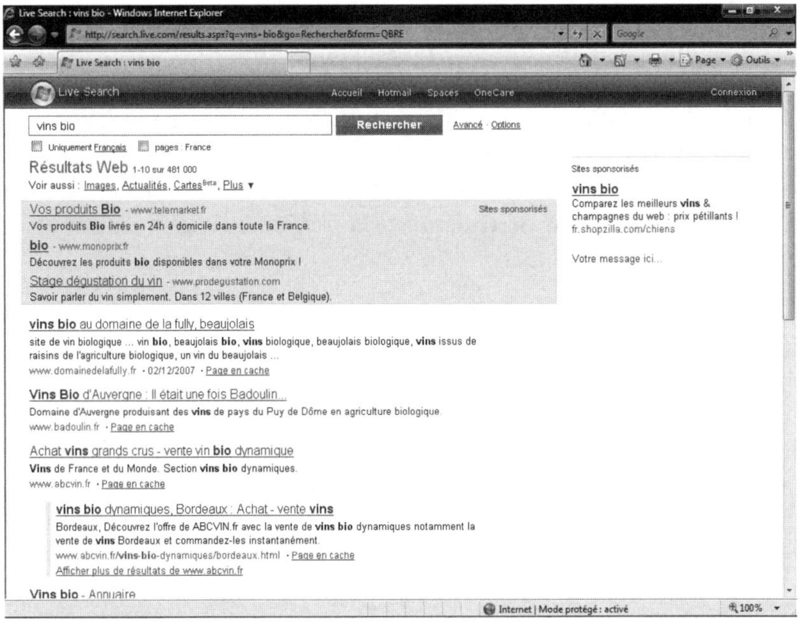

Figure 1.1

La grande majorité des résultats proposés par Live Search provient d'un robot d'indexation. Notez l'espace qu'ils occupent dans la première page de résultats.

Figure 1.2

De même, la majorité des résultats dans Google provient d'un robot. On parle alors de résultats de recherche naturels parce qu'ils sont issus du processus naturel d'exploration du Web par des robots.

Les moteurs de recherche exploitant des robots réalisent trois opérations de base :

1. Les robots parcourent le Web en établissant une liste de mots et d'expressions trouvés dans chaque page visitée.
2. Les moteurs de recherches tiennent à jour un index (ou base de données) des mots et expressions trouvés dans les pages visitées par les robots. On appelle *indexeur* le composant du moteur de recherche qui référence les pages web en les intégrant à la base de données.
3. Les moteurs de recherche permettent aux internautes de chercher des mots ou expressions dans leurs index. Les moteurs tentent alors de trouver parmi les pages contenant les mots saisis en requête celles qui ont la plus haute probabilité de fournir l'information recherchée. Cette opération s'appelle le *traitement de la requête*.

Au départ, comment les moteurs de recherche trouvent-ils des pages web ? Ils prennent généralement pour points de départ des listes de serveurs très fréquentés, comme ceux d'AOL, de l'annuaire Yahoo!, d'Open Directory ou d'autres annuaires bien cotés. Les robots démarrent leur exploration à partir de ces sites fréquentés en indexant les mots de chacune des pages d'un site et en suivant tous les liens qu'il contient. C'est pour cette raison notamment qu'il est important pour un site de figurer dans un annuaire web ou dans un site de référence pour un domaine d'activité donné.

URL : définition

Le terme URL est formé des initiales de *Uniform Resource Locator.* Il s'agit de l'adresse qui désigne l'emplacement d'un fichier sur Internet. En ce qui nous concerne, l'URL est l'adresse d'un document web sur Internet.

Les néophytes ont tendance à confondre URL et nom de domaine ou page d'accueil. En réalité, chaque document web comme chaque image dans un site web possède sa propre URL. Une URL se compose de trois éléments :

- le protocole (ou langage de communication) de l'URL ;
- le nom de domaine unique qui identifie le site web ;
- le chemin d'accès vers le fichier à charger, qui est en général relatif au chemin d'accès d'un fichier sur le serveur. Le fichier peut contenir tout type de données, mais les navigateurs n'interprètent directement que certains fichiers, essentiellement des documents HTML et des images.

À titre d'exemple, l'URL d'une page d'accueil se présente ainsi :

http://www.nomcompagnie.com/index.html

- http:// est le protocole (de transfert hypertexte).
- www.nomcompagnie.com est le nom de domaine.
- index.html est le nom ou chemin d'accès du fichier. Ici, c'est un document de format HTML nommé index.

Selon ce principe, l'URL d'une page "À propos de Nos vins bio" sur le site d'une société de distribution de vin nommée Nos vins bio se présenterait ainsi :

http://www.nosvinsbio.com/a_propos.html

- http:// est le protocole.
- www.nosvinsbio.com est le nom de domaine.
- a_propos.html est le nom du fichier.

Quand vous voyez un lien du type "Ajouter une URL" dans un moteur de recherche, n'oubliez pas que chaque page web doit posséder une URL distincte et une contenu original.

La Figure 1.3 illustre le processus d'exploration et de référencement d'un moteur de recherche pour une seule page web.

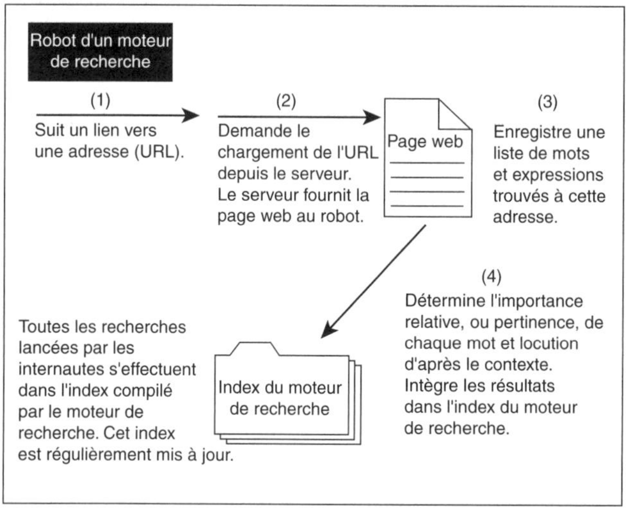

Figure 1.3
Découverte d'une page web.

Du fait que les robots d'indexation explorent le Web en continu, l'index des moteurs de recherche reçoit en permanence de nouvelles données. Les moteurs mettent leur index à jour régulièrement, en général une à deux fois par mois, mais ceux qui sont spécialisés dans l'actualité procèdent à une mise à jour quotidienne voire toutes les heures.

L'index d'un moteur de recherche se compose de références compilées par des recherches plein texte dans les pages web parcourues. De ce fait, quand vous lancez une requête avec un moteur de recherche, celui-ci fouille son index (fruit des recherches plein texte) et non pas le Web lui-même.

Pour trouver les URL les plus pertinentes en réponse à une requête, la plupart des moteurs de recherche attribuent un coefficient de pondération aux mots et aux locutions d'une page. Un moteur donné accorde plus de poids à un mot en fonction de son nombre d'occurrences dans la page. Un autre moteur donne plus de poids aux mots qui figurent dans les balises de titre, de sous-titre et de métadonnées. Un troisième moteur pourrait attribuer plus d'importance aux mots qui apparaissent au début du document. Cette pondération d'une série de mots dans une page web est réalisée par un algorithme du moteur de recherche, formule mathématique qui détermine la valeur informative ou pertinence de la page par rapport à des mots clés. Chaque moteur de recherche utilise une formule différente pour définir le poids des mots et des expressions dans son index.

Les algorithmes de pertinence des moteurs de recherche sont ultra-confidentiels et renouvelés presque tous les jours. Il est ainsi impossible à un spécialiste en SEO de connaître l'algorithme exact d'un moteur de recherche à un moment donné.

Formulaires de référencement ou découverte par les robots

Les moteurs de recherche trouvent aussi des pages web grâce aux formulaires de soumission d'URL (en général accessibles par un lien Proposer un site ou Ajouter une URL). Ces formulaires permettent aux responsables de sites web d'informer les moteurs de recherche de l'existence d'une page web et d'en fournir l'adresse (URL).

Hélas, certains webmarketeurs sans scrupules mettent au point des outils de soumission automatisée du formulaire qui bombardent les moteurs avec des milliers d'adresses. Ces URL correspondent à des pages web bâclées qui ne présentent guère d'intérêt pour la cible du site mal optimisé.

Les moteurs de recherche révèlent que 95 % des soumissions d'URL qu'ils reçoivent sont assimilées à du référencement abusif (*spam*).

À cause de ces abus, tenter de faire enregistrer une page web au moyen d'un formulaire offre peu de garantie que la page sera acceptée par le moteur de recherche.

Par conséquent, il vaut mieux que les pages soient découvertes et recensées naturellement par les robots au cours de leurs explorations du Web. D'ailleurs, si les moteurs de recherche ne parviennent pas à découvrir les nouveautés dans un site sans l'aide d'un formulaire, c'est que le site est mal construit, preuve que son architecture laisse à désirer.

Un spécialiste en SEO peut vous aider ainsi :

- garantir que les mots clés que vous avez ciblés se trouvent à des emplacements stratégiques dans vos pages web, quels que soient les algorithmes utilisés ;
- garantir que vos pages web sont accessibles aux robots d'indexation.

Pour comprendre les principes de l'optimisation pour les moteurs de recherche, il faut comprendre le mécanisme de la Figure 1.3 parce que les robots continueront à indexer le texte des pages web et continueront à découvrir des pages en suivant les liens de page en page et de site en site. ***Tout ce qui interfère dans ce mécanisme produit un impact négatif sur le positionnement d'un site dans les résultats de recherche.*** Si un robot d'indexation a accès à vos pages mais ne parvient pas à y trouver les mots clés importants, alors vos pages ne seront pas valorisées dans l'index.

INFO

Une politique de SEO se doit de viser l'ensemble de moteurs de recherche disponibles sur l'Internet, car les internautes peuvent potentiellement utiliser chacun d'eux. Gardez toutefois en tête vos priorités au moment de concevoir votre site pour le référencement. Fin 2007, Google représente en France plus de 90 % du marché de la recherche en ligne (données Xiti/Monitor), il s'agit donc du moteur dans lequel votre site doit apparaître obligatoirement. Les moteurs comme Yahoo! ou Live Search (ex MSN) ont une audience moindre (entre 2 et 4 %) mais peuvent tout de même représenter un bon potentiel d'audience.

Programmes de référencement payant

Avec un programme de référencement payant (ou *trusted feed*), un moteur de recherche accepte d'inclure à son index les pages d'un site web en échange d'un paiement. Cette solution est avantageuse pour les référenceurs et pour les éditeurs de sites web : ils savent ainsi que leurs pages web resteront référencées dans l'index et que tout ajout à ces pages sera rapidement intégré à l'index.

Ce type de programme garantit que les pages web référencées resteront dans l'index pour une période donnée, de six mois à un an. Pour vous assurer que vos pages restent dans l'index, vous devez renouveler le paiement.

Le référencement payant ne garantit aucunement que les pages apparaîtront en bonne position dans les résultats, c'est pourquoi il vaut mieux les optimiser pour les moteurs de recherche.

Les webmarketeurs estiment que le référencement payant leur fait épargner du temps et des dépenses parce qu'au départ une page web ne peut pas figurer dans les résultats d'un moteur de recherche s'il ne l'a pas indexée. De plus, le référencement payant permet d'inclure à l'index des pages web dynamiques sans avoir recours à des solutions complexes et coûteuses.

Publicité dans les moteurs de recherche

La publicité dans les moteurs de recherche prend deux formes : parrainage (liens sponsorisés) et positionnement payant, bien que ces deux termes soient souvent synonymes. La publicité dans les moteurs de recherche se manifeste surtout sous forme de positionnement payant.

Les moteurs de recherche qui pratiquent cette forme de publicité garantissent en retour une bonne position des sites généreux dans les résultats de recherche sur leur site et sur ceux de leur réseau de distribution. Les bonnes positions sont débattues aux enchères entre les sites concurrents pour des mots ou groupes de mots particuliers. En bref, plus l'offre est élevée, meilleure sera la position du lien publicitaire dans les résultats.

Les moteurs de recherche ont d'impressionnants réseaux de distribution, et les deux ou trois premières publicités apparaissent aussi dans d'autres moteurs affiliés, portails, moteurs spécialisés et annuaires web. Ces publicités sont normalement signalées par la mention "Liens sponsorisés" ou "Liens commerciaux".

Voyez à la Figure 1.4 où apparaissent les publicités dans Google.

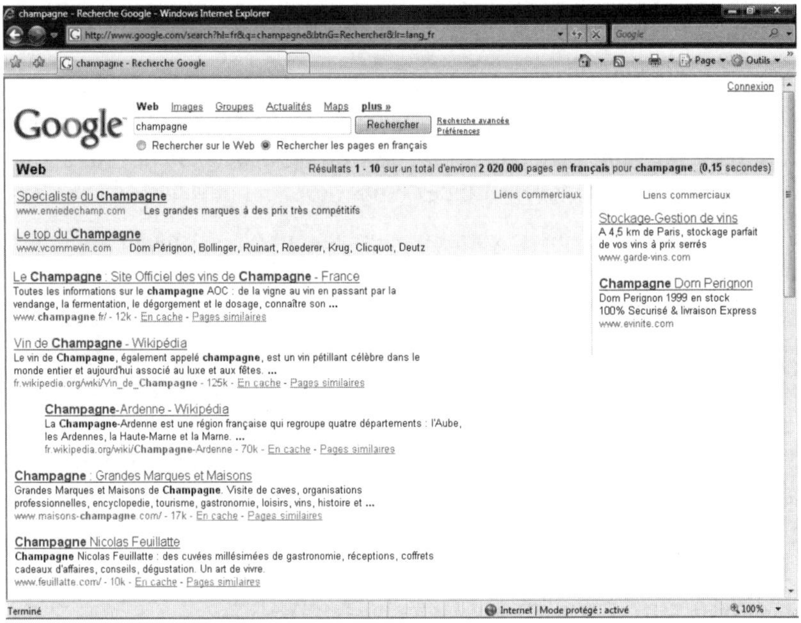

Figure 1.4

La mention "Liens commerciaux" signale les publicités dans les résultats de recherche.

Le succès des campagnes de publicité dans les moteurs de recherche dépend de cinq facteurs principaux :

- choix des mots clés ;

- prix offert aux enchères ;
- contenu des liens publicitaires ;
- distribution de la publicité ;
- qualité des pages d'arrivée des liens publicitaires.

Il est fort coûteux d'acheter et de conserver un bon positionnement parmi les liens publicitaires, c'est pourquoi l'optimisation du site en vue de son référencement peut produire un meilleur retour sur investissement à long terme.

Annuaires web

L'index des annuaires web est concocté par des humains, c'est pourquoi on les appelle aussi moteurs de recherche humains. Quand vous soumettez un site à référencer dans un annuaire web, un éditeur vérifie le site et décide de l'inclure ou non à l'annuaire. Les éditeurs d'annuaires découvrent aussi des sites par eux-mêmes en parcourant le Web ou en lançant des recherches.

Tous les sites référencés dans un annuaire sont classés par catégories qui se divisent en rubriques et sous-rubriques. Les internautes peuvent trouver des adresses dans un annuaire en consultant des rubriques ou en lançant une recherche sur un mot clé.

Par exemple, une société qui vend du vin biologique peut se référencer dans les rubriques suivantes de l'annuaire Yahoo! :

Guide web > Commerce et économie > Produits et services pour les particuliers > Alimentation > Bio

Guide web > Commerce et économie > Produits et services pour les particuliers > Boissons > Alcools et spiritueux > Vin

Placée à la verticale, la deuxième structure se présente ainsi :

Guide web
 Commerce et économie
  Produits et services pour les particuliers
   Boissons
    Alcools et spiritueux
     Vin

Dans cet exemple, la catégorie est Commerce et économie. À l'intérieur on y trouve la rubrique Produits et services pour les particuliers, qui elle-même englobe Boissons, et ainsi de suite. Notez que les rubriques de niveaux inférieurs deviennent de plus en plus précises, mais il n'y a pas encore de rubrique Vin bio.

Une société distributrice de vins de liqueur pourrait se trouver dans une autre rubrique de l'annuaire Yahoo! :

Guide web > Commerce et économie > Produits et services pour les particuliers > Boissons > Alcools et spiritueux > Vin > Vins de liqueur

Ce qui nous donne à la verticale :

Guide web
- Commerce et économie
  - Produits et services pour les particuliers
    - Boissons
      - Alcools et spiritueux
        - Vin
          - Vins de liqueur

Une société qui commercialise différents alcools en plus du vin pourrait se trouver dans une rubrique plus générale :

Guide web
- Commerce et économie
  - Produits et services pour les particuliers
    - Boissons
      - Alcools et spiritueux

La structure hiérarchisée des annuaires web facilite la recherche de sites dans un domaine particulier.

Les pages web s'affichent en général dans les annuaires avec un titre et un descriptif. Le titre et le descriptif sont définis par les éditeurs de l'annuaire (après vérification du site) ou sont adaptés d'après le formulaire de référencement soumis par le propriétaire du site. Sachez que, contrairement aux robots d'indexation, les annuaires ne reprennent pas forcément le contenu de la balise `<title>` ni la description insérée dans les balises de métadonnées des pages.

Les annuaires web n'étant pas toujours bien fournis, les résultats de recherche sont souvent étoffés à l'aide d'un moteur de recherche affilié. De ce fait, l'annuaire peut présenter en résultats complémentaires des adresses qui ne figurent pas dans son index. Il est courant de croire à tort qu'un site est référencé dans un annuaire, alors qu'en fait il apparaît seulement dans les résultats complémentaires fournis par un moteur de recherche.

Les annuaires référencent des sites complets plutôt que des pages web individuelles. Un site web est une série de pages axées sur un sujet particulier. En bref, une page web fait partie d'un site web. Il est probable qu'un annuaire web se contentera de référencer votre nom de domaine (www.nomcompagnie.com) et non pas chacune de vos pages.

Toutefois, si une page ou une section d'un site présente des informations valables sur un sujet différent, les éditeurs de l'annuaire peuvent choisir d'ajouter des liens vers ces pages sous une autre rubrique. C'est le cas notamment des glossaires, astuces et instructions qui bénéficient souvent de liens supplémentaires dans les annuaires. Un lien vers une section d'un site web conduit en général vers la page de titre de la section, tandis qu'un lien vers une page seule au contenu intéressant conduit vers son URL.

Au contraire, les pages de résultats des moteurs de recherche avec robots d'indexation ne présentent que des liens vers des pages web individuelles.

Référencement payant

Les annuaires web qui pratiquent une politique de référencement payant exigent des frais de dossier pour chaque demande d'ajout d'un site à leur index. Le paiement de ces frais garantit que le site sera vérifié dans un délai raisonnable (deux à dix jours).

Si vous désirez voir figurer dans différentes rubriques certaines pages au contenu valorisant, il faut le plus souvent payer des frais supplémentaires pour une deuxième vérification. Certains annuaires web acceptent de référencer gratuitement des pages intéressantes, mais dans ce cas le délai de vérification est plus long.

L'avantage principal du référencement payant est la rapidité. Vous savez que votre site web sera vérifié sans délai et que, si l'éditeur le juge intéressant, le site sera inclus à la base de données de l'annuaire en quelques jours seulement.

De plus, une fois votre site intégré à un annuaire web spécialisé et reconnu, ce premier référencement a toutes les chances d'attirer les robots d'indexation des moteurs de recherche.

L'annuaire Yahoo! est un exemple d'annuaire web où le référencement est payant.

Les adresses issues des rubriques d'un annuaire web, surtout celles des annuaires spécialisés et de bonne renommée, apparaissent souvent en bonne position dans les résultats de recherche des moteurs avec robots. Enfin, vous verrez au Chapitre 4 que le référencement dans un annuaire web est crucial pour favoriser la multiplication de liens pointant vers votre site.

Moteurs de recherche spécialisés

Les moteurs de recherche généralistes collectent en permanence des données sur le comportement des internautes. En conséquence de quoi, les pages de résultats ont évolué pour inclure désormais des informations provenant de moteurs de recherche spécialisés tels que :

- moteurs de recherche d'actualités ;
- moteurs de recherche locale ;
- moteurs de recherche shopping.

Par exemple, quand la requête comprend le nom d'une localité (telle que Toulouse), les résultats de recherche locale apparaissent en haut de la liste sous les liens publicitaires. Voyez à la Figure 1.5 où apparaissent les résultats fournis par la base de données locale de Google en réponse à la recherche d'une pizzeria à Toulouse.

Figure 1.5

Les adresses locales figurent souvent sous les liens commerciaux quand les mots clés de la recherche contiennent un nom de lieu. Google et ses concurrents se sont rendu compte que les internautes qui lancent ce type de recherche (pizzeria Toulouse) sont plus intéressés par des résultats relatifs au lieu spécifié.

Avant de s'engager dans une campagne de webmarketing, la toute première étape devrait être d'étudier les pages de résultats des moteurs de recherche. Grâce à cette analyse, l'éditeur d'un site web peut alors décider comment orienter sa campagne marketing en fonction de son activité.

Stratégies d'optimisation pour les moteurs de recherche

On a tendance à croire que le marketing axé sur les moteurs de recherche se résume aux liens payants affichés par les moteurs de recherche. C'est faux, la publicité n'est qu'une composante du webmarketing. Cette nouvelle forme de marketing inclut, entre autres, les méthodes suivantes :

- optimisation pour les moteurs de recherche ;
- publicité auprès des moteurs de recherche ;

- référencement payant dans les moteurs de recherche ;
- référencement payant dans les annuaires web ;
- optimisation pour les recherches spécialisées dans un domaine ;
- optimisation pour la recherche de fichiers multimédias.

L'optimisation pour les moteurs de recherche (SEO) consiste à concevoir, rédiger, encoder (en HTML) et programmer votre site web entier de manière à favoriser le bon positionnement de vos pages dans les résultats des recherches portant sur les mots clés que vous avez sélectionnés. L'optimisation a pour but d'aider les clients potentiels à découvrir votre site web.

Pour obtenir la meilleure visibilité globale à long terme dans les moteurs de recherche, votre site a besoin des trois composantes suivantes :

- texte ;
- liens ;
- popularité.

Tous les principaux moteurs de recherche (Google, Yahoo!, Live Search, etc.) exploitent ces trois composantes dans leur algorithme de pondération. La Figure 1.6 illustre la composition d'une page web idéale qui est conçue et rédigée à l'attention des moteurs de recherche.

Figure 1.6

Composantes connues des algorithmes des moteurs de recherche : texte, liens et popularité.

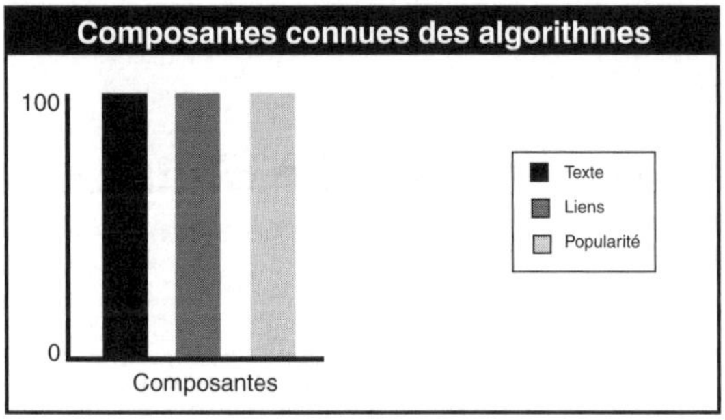

Très peu de pages parviennent à la composition idéale pour les algorithmes de tous les moteurs de recherche. Dans les faits, les pages web présentent différentes combinaisons de ces composantes (voir Figure 1.7).

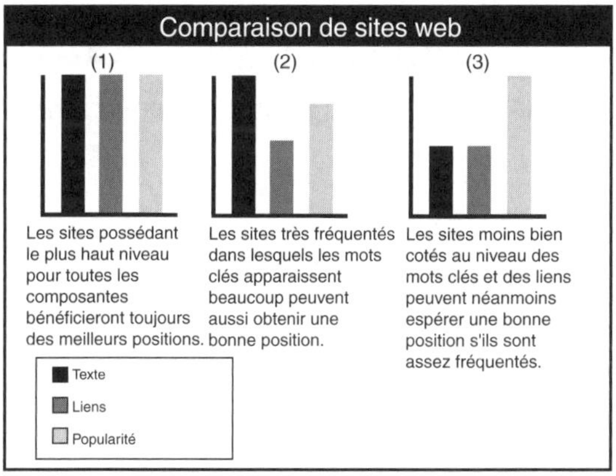

Figure 1.7
Comparaison de sites web.

De façon générale, les sites qui possèdent les trois composantes dans leurs pages avec des niveaux optimaux sont bien cotés par les moteurs de recherche.

Composante texte : présentation

Sachant que les moteurs de recherche établissent des listes de mots et groupes de mots pour chaque URL, pour être apprécié des moteurs vous devez évidemment placer ces mots dans vos pages web à l'intérieur de balises HTML stratégiques.

Le point crucial de la composante texte par rapport à l'algorithme d'un moteur de recherche est la sélection des mots clés. Pour que la cible trouve votre site avec un moteur de recherche, vos pages doivent contenir des expressions clés qui correspondent à celles saisies dans les requêtes.

Après avoir déterminé les expressions clés à utiliser dans vos pages, vous devez les insérer dans les balises HTML. Les moteurs de recherche ne mettent pas tous l'accent sur les mêmes balises. Yahoo!, par exemple, attache plus d'importance au contenu des balises meta, tandis que Google exploite peu les métadonnées pour déterminer la pertinence des pages. Par conséquent, pour satisfaire tous les moteurs de recherche, il vaut mieux placer les mots clés dans toutes les balises HTML possibles mais sans surcharge abusive. Ainsi, quel que soit l'algorithme du moteur de recherche, vous savez que vos documents contiennent les mots clés déterminants.

Si possible, les mots clés devraient figurer aux emplacements suivants :

- balise du titre de la page ;
- corps du texte visible ;
- texte des liens ;
- balises de métadonnées ;
- texte de remplacement des images ;
- nom de domaine et noms des fichiers.

Les deux balises les plus importantes pour l'insertion des mots clés sont la balise de titre et celle du corps du texte visible, parce que tous les moteurs de recherche indexent le contenu de ces balises et leur attribuent une certaine valeur.

Mots clés dans le nom de domaine et dans les noms de fichiers

Certains webmarketeurs croient que l'insertion des mots clés dans le nom de domaine et dans les noms de fichier a un impact majeur sur le positionnement dans les moteurs de recherche, mais d'autres estiment que les répercussions sont minimes.

Cette erreur de jugement vient du fait que les mots recherchés apparaissent en gras dans la page de résultats. Or, il s'agit simplement d'une mise en relief des mots clés.

Les moteurs de recherche et les annuaires web choisissent de mettre en relief les termes recherchés pour faciliter leur repérage dans les résultats. L'opération s'effectue dynamiquement au moyen d'une application de mise en relief. Celle-ci se contente de mettre en gras ou en surbrillance les mots de la requête dans la page de résultats. La mise en relief indique seulement que les mots recherchés ont été traités par l'application. En clair, si un mot de votre nom de domaine apparaît en gras dans les résultats, cela ne signifie pas que le nom de domaine s'est vu attribuer une importance particulière.

D'autres facteurs entrent en jeu dans le classement d'un site, et les trois composantes (texte, liens et popularité) ont plus d'impact sur le positionnement dans les moteurs de recherche que l'emploi d'un mot clé dans le nom du domaine ou des fichiers.

Composante liens : présentation

Il ne sert à rien de placer les bons mots clés dans le texte de vos pages web si les robots d'indexation n'ont pas les moyens d'accéder à ce texte. De ce fait, ce qui compte pour le classement de votre site c'est aussi la manière dont vos pages sont reliées entre elles et la manière dont votre site est relié aux autres.

Bien que les robots d'indexation soient des outils très performants pour la collecte d'informations, le code HTML et les scripts peuvent rendre vos pages inaccessibles aux robots. Voici des exemples d'éléments de navigation qui risquent de faire obstacle :

- **Erreurs dans le code HTML de tous les éléments de navigation.** Les navigateurs sont capables d'afficher des pages web mal encodées en HTML, mais les robots d'indexation sont plus stricts que les navigateurs.
- **Images réactives.** Nombre de moteurs de recherche ont du mal à suivre les liens dans certains types d'images réactives (*imagemaps*).
- **JavaScript.** Nombre de liens définis en JavaScript ne peuvent être suivis par aucun des principaux moteurs de recherche ; c'est le cas notamment des *rollovers*, des tableaux et des menus de navigation.
- **Pages web dynamiques.** Les pages qui sont générées par des scripts ou à partir d'une base de données, ainsi que celles contenant les caractères ?, &, $, =, + ou % dans l'URL ne plaisent pas aux robots d'indexation.
- **Flash.** À l'heure actuelle, très peu de moteurs de recherche sont capables de suivre les liens dans une animation Flash.

Pendant la conception de votre site, pensez à inclure un système de navigation qui permet aux robots d'accéder au texte de toutes vos pages. Cela pourrait vous imposer de prévoir deux systèmes de navigation : un système esthétique qui plait aux visiteurs et un système fonctionnel pour les robots.

Prenons l'exemple d'un site web dont le système de navigation principal est une série de menus déroulants codés en JavaScript. La Figure 1.8 illustre pourquoi les sites sans JavaScript dans leur système de navigation sont mieux classés que les sites avec JavaScript.

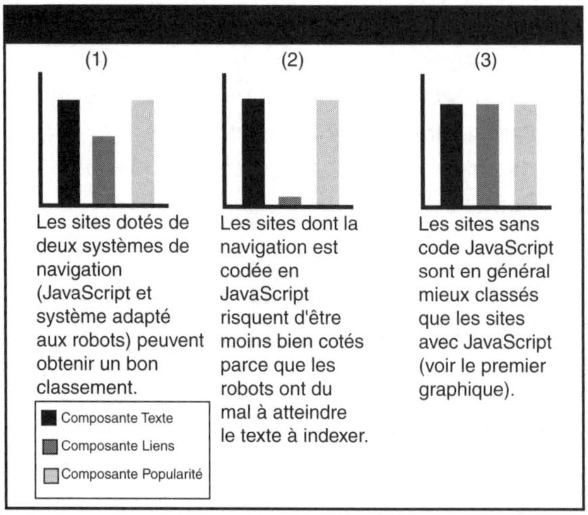

Figure 1.8

Classement dans un moteur de recherche des sites avec et sans JavaScript.

Notez à la Figure 1.8 que les composantes texte et popularité sont de même niveau dans les trois graphiques. Une page avec du code JavaScript dans son système de navigation peut obtenir un bon classement dans les moteurs de recherche à condition qu'elle présente parallèlement un système de liens sans JavaScript à l'intention des robots. Toutefois, à cause du code JavaScript qui risque de piéger un robot (et de l'empêcher d'indexer le texte), la composante liens d'une page mixte avec JavaScript est moins bien notée que son équivalent dans un site dépourvu de code JavaScript dans les éléments de navigation.

La composante liens a d'autres rôles que de simplement permettre l'accès au contenu du site. Dans le contexte de la SEO, on croit souvent qu'un site adapté aux moteurs de recherche est un site conçu pour obtenir un bon classement dans les moteurs de recherche. C'est faux. Un site adapté aux moteurs de recherche doit aussi plaire aux internautes tout en étant facile d'accès pour les robots d'indexation, les éditeurs des annuaires web et les moteurs de recherche spécialisés.

Quelle différences entre ces deux définitions ? Dans la seconde, l'accent est mis sur les utilisateurs et non pas sur les moteurs de recherche, car ce n'est pas Yahoo! ni Google qui va dépenser des milliers ou millions d'euros à acheter vos produits ou vos services. Les recettes viendront des clients qui visitent votre site.

Un bon site web n'est pas seulement un site accessible aux robots de Google, Yahoo! et consorts. C'est avant tout un site qui répond aux attentes de ses visiteurs, adapté à leur comportement en ligne. Par conséquent, pensez toujours à rédiger et à concevoir le site de manière à satisfaire vos futurs clients. Parallèlement, n'oubliez pas que la cible utilisera probablement un moteur de recherche pour trouver le contenu disponible dans vos pages. Il faut donc que votre site respecte certaines règles concernant les moteurs de recherche afin d'attirer les robots puis les clients potentiels.

La composante liens ne se limite pas à l'accessibilité. Elle doit aussi fournir :

- accès ;
- pertinence ;
- orientation dans l'espace ;
- pistes vers l'information.

En d'autres termes, l'architecture du site (répartition des informations) et l'interface correspondante sont déterminantes pour favoriser la visibilité à long terme dans les moteurs de recherche. Quand les caractéristiques mentionnées plus haut sont présentes dans une page web et sur le site entier avec un emploi judicieux des mots clés, le site pourra être découvert au moyen des moteurs de recherche généralistes.

L'optimisation pour les moteurs de recherche et la convivialité d'un site web ne sont pas incompatibles. À mon avis d'ailleurs, l'optimisation dépend de la facilité de navigation sur le site. Il faut analyser et comprendre les habitudes de recherche de la cible puis intégrer les résultats de cette analyse dans la construction du site pour être en mesure de proposer un service qui donne satisfaction à tous : votre entreprise, vos clients actuels et futurs et les moteurs de recherche.

Composante popularité : présentation

La composante popularité d'un algorithme de moteur de recherche comprend deux éléments :

- indice de popularité (nombre et qualité des liens entrants) ;
- suivi des clics (nombre de clics et temps passé à parcourir un site).

Pour augmenter la composante popularité, il ne suffit pas d'obtenir le plus grand nombre possible de liens vers son site web. En effet, la qualité des sites pointant vers le vôtre a plus d'importance que leur quantité. L'annuaire DMOZ (Open Directory) étant un site très fréquenté du Web, un lien de cet annuaire vers votre site a plus de poids qu'un lien provenant d'un petit site obscur.

Obtenir des liens depuis d'autres sites ne suffit pas à maintenir un niveau optimal de popularité. Les principaux moteurs de recherche et certains annuaires observent à quelle fréquence les internautes cliquent sur les liens vers votre site et combien de temps ils passent chez vous. Ils étudient aussi à quelle fréquence les visiteurs retournent sur votre site. Le résultat de ces observations détermine la popularité des visites.

À l'heure actuelle, les principaux moteurs de recherche avec robots mesurent surtout l'indice de popularité. Le suivi des clics n'entre pas en ligne de compte pour évaluer la qualité d'un site. C'est à cause des fraudes au clic que le taux de clics ne fournit pas une mesure fiable. Il se trouve que nombre de webmarketeurs développent des programmes automatisés capables de cliquer en continu sur un lien vers un site afin d'accroître artificiellement sa fréquentation.

On attache plus d'importance à la page d'accueil d'un site qu'à ses pages internes. En toute probabilité, c'est l'URL de la page d'accueil qui sera référencée dans les annuaires web et sur les sites spécialisés. De plus, la page d'accueil possède plus de liens provenant des pages internes du site.

Après le lancement du site, il faut continuer à obtenir de nouveaux liens entrants puisque les moteurs de intègrent la popularité dans leur algorithme. C'est le rôle du spécialiste en SEO et de l'éditeur du site de développer des liens dans le cadre de leur campagne de webmarketing.

Les webmarketeurs oublient souvent que la convivialité d'un site web est un facteur crucial pour obtenir des liens entrants sur le long terme. Deux site peuvent avoir un contenu équivalent et peuvent même apparaître voisins dans les résultats de recherche. Si deux sites proposent un contenu quasiment identique, celui qui est le plus agréable à explorer finira par recevoir plus de liens entrants et sera donc mieux coté. Quand on vise la visibilité dans les moteurs de recherche, la convivialité a aussi son importance.

Règles pour le webdesign

Pour garantir la convivialité d'un site web, il faut mettre en pratique les cinq règles de base du webdesign. Selon ces règles, un site web doit être :

- facile à lire ;
- facile à explorer ;
- facile à trouver ;
- uniforme dans la mise en page et le design ;
- rapide à télécharger.

En bref, les visiteurs doivent trouver le site convivial, c'est-à-dire agréable et facile d'emploi. Je reconnais que parfois les développeurs et webdesigners expérimentés cessent de m'écouter dès qu'ils entendent l'expression "de base" parce que pour eux ça signifie "élémentaire". Les cinq règles de bases du webdesign sont élémentaires dans le sens où elles sont simples et évidentes. J'insiste sur ces cinq règles que je juge cruciales pour la convivialité d'un site et pour sa visibilité sur le Web. Il s'agit de règles fondamentales. De plus, si elles sont si évidentes, pourquoi les webdesigners et les spécialistes en SEO ne les suivent-ils pas ?

Afin d'obtenir un site web (a) que la cible apprécie et utilise, (b) que les éditeurs d'annuaires acceptent et référencent et (c) qui reçoit des liens de sites objectifs, il faut appliquer ces cinq règles de base. Les sites web qui remportent le plus de succès suivent en général ces règles de webdesign.

Il importe aussi de comprendre que ces cinq règles sont indissociables. Disons par exemple que votre page d'accueil apparaît en première position dans l'un des principaux moteurs de recherche pour vos mots clés et qu'elle attire des visiteurs. Si le designer du site a mis beaucoup d'images, d'animations et de scripts sur votre page d'accueil, elle sera longue à charger et seuls les plus motivés attendront la fin du téléchargement. En conséquence, la meilleure position dans les résultats de recherche ne servira à rien si le webdesigner ne tient pas compte du temps de chargement ni des autres règles de base.

Règle n° 1 : facile à lire

J'entends tout le temps des clients me dire : "Bien sûr que mon site est lisible, je l'ai sous les yeux et il s'affiche bien". Cet argument serait valable si parmi la cible tout le monde avait exactement le même écran, le même navigateur, le même débit de connexion et le même type d'ordinateur. Or, il est probable que votre cible utilise différents ordinateurs, écrans, navigateurs et connexions Internet.

En réalité, personne ne peut savoir dans quelles conditions les visiteurs voient votre site web. Ils pourraient utiliser un PC portable ou un Macintosh, une connexion par modem ou par câble. Les webdesigners doivent prévoir un site adapté à autant de plates-formes, navigateurs et connexions Internet que possible.

Chacun des éléments de vos pages web doit être lisible dans les principaux navigateurs et avec les deux types d'ordinateurs (PC et Macintosh).

Tout le texte en HTML doit être lisible avec l'affichage des images activé ou désactivé (pour les malvoyants). Pour ce faire, le texte HTML sur les images d'arrière-plan et le texte inséré dans les images doivent apparaître avec un fort contraste. Il faut éviter de noyer le texte dans les images ou de choisir des couleurs qui nuisent à la lisibilité.

Il faut choisir une taille de police convenable pour le texte : trop petit, il est illisible et trop grand, il agresse le lecteur. Si le site s'adresse spécifiquement à un public malvoyant, il faut adapter la taille du texte en conséquence.

Le texte inséré dans des images doit toujours être lisible. Le contraste des couleurs et le choix de la police sont très importants pour la lisibilité du texte dans les images. En général, il vaut mieux choisir une police sans empattements (dite sans serif, voir Figure 1.9) pour une meilleure lisibilité du texte dans les images.

Times et **Times New Roman** sont des polices à empattements.

Arial et **Helvetica** sont des polices sans empattements.

Figure 1.9

Polices avec et sans empattements.

La vitesse des animations ne devrait pas empêcher les visiteurs d'en lire le contenu. S'ils doivent regarder une animation au moins trois fois pour voir le message complet, c'est que l'animation défile trop vite.

Juger la lisibilité d'un contenu est une opération à la fois objective et subjective, qui relève autant de l'art que de la science. Les éditeurs de sites web peuvent déterminer la partie subjective au moyen de séances de tests et d'outils d'analyse spécialisés.

Différentes ressources consacrées à l'étude des couleurs peuvent vous aider à choisir les palettes de couleurs à utiliser selon l'objectif à atteindre. Pour une lisibilité optimale, les experts préconisent un contraste de couleur d'au moins 90 %, surtout pour les sites qui visent un public âgé. Le jaune, par exemple, est l'une des couleurs que l'œil humain perçoit en premier. De ce fait, on devrait utiliser le jaune pour la mise en relief parce que (a) cette couleur est perçue en premier et (b) qu'elle ressort bien sur le bleu marine, le gris foncé et le noir.

Quand votre site est à l'étape de la maquette, vérifiez son affichage avec différents navigateurs, plates-formes et connexions Internet. Si besoin, rendez-vous dans un café Internet proposant différents types d'ordinateurs.

Il est fréquent de rencontrer des problèmes de lisibilité avec des sites en XHTML strict et en CSS. J'ai conçu et vu un grand nombre de sites exploitant ces deux langages, mais les testeurs ont parfois du mal à lire le contenu d'une page ou à utiliser le système de navigation quand ils vérifient de tels sites avec certains navigateurs sur certaines plates-formes. L'une des raisons est le chevauchement des couches CSS, chevauchement parfois si désastreux que des mots apparaissent superposés les uns sur les autres.

La meilleure solution est de faire vérifier les pages web par des personnes correspondant à la cible afin de savoir si tout est bien lisible pour elles. Ne vous contentez pas de votre avis personnel en ce qui concerne la lisibilité, ni de celui du webdesigner, du développeur ou des membres de votre service informatique. Ne vous fiez pas non plus à l'opinion de votre équipe marketing. Les personnes dont l'avis compte sont les visiteurs du site. S'ils ont du mal à lire votre texte, ils cliqueront sur le bouton Précédent pour retourner à la page de résultats du moteur de recherche sans rien acheter chez vous.

La lisibilité est capitale. Si les internautes arrivent chez vous depuis un moteur de recherche mais qu'ils peinent à lire votre contenu, ils partiront avec une mauvaise impression. Et cette mauvaise impression ne vous aidera pas à obtenir de la notoriété et des liens entrants.

Règle n° 2 : facile à explorer

"Facile à explorer" signifie que le visiteur doit pouvoir savoir à tout moment où il se trouve dans votre site. S'il se perd, le visiteur doit pouvoir accéder partout à un plan du site, à une page d'aide, à un champ de recherche ou à la page d'accueil afin de déterminer (a) où il se trouve, (b) où il pourrait aller et (c) où il est déjà passé. Sachez que la convivialité d'un site web dépend grandement de ses éléments de navigation.

Les pages web doivent toujours fournir une orientation dans l'espace et des pistes vers l'information. L'orientation est très importante dans le processus de SEO. Quand on clique sur un lien dans un moteur de recherche, on n'atterrit pas toujours à la page d'accueil du site. Le plus souvent, le lien dirige vers la page contenant l'information recherchée ou vers une page conduisant vers cette information. Afin d'assurer le visiteur que le site offre bien le produit, le service ou l'information qu'il recherche, les pages doivent pouvoir l'orienter clairement.

De plus, les internautes devraient pouvoir lancer une recherche dans un moteur et obtenir directement l'information qui les intéresse. Par exemple, lorsqu'une personne veut comparer le prix d'une télévision à écran plat de 42 pouces dans plusieurs sites marchands, elle veut arriver directement aux pages qui indiquent le prix avec une photo du produit.

Les systèmes de recherche d'informations sont loin d'être parfaits, toutefois, et la plupart des fournisseurs de contenu ne savent pas comment rédiger pour attirer les robots d'indexation. Quelles conséquences ? Les utilisateurs n'atterrissent pas toujours sur la page qui contient l'information voulue. Ils arrivent parfois sur une page qui pourrait les conduire vers l'information en question, telle qu'une page de famille de produits ou une FAQ (foire aux questions). Il importe donc d'aider le visiteur à s'orienter dans le site. C'est important non seulement pour conclure une vente, mais aussi pour fournir l'information promise.

Le système d'orientation sur le site est réussi quand les visiteurs se sentent suffisamment à l'aise pour continuer d'explorer son contenu. Pour aider le visiteur à s'orienter, il faut employer des mots clés pertinents dans les éléments de navigation : systèmes de navigation principal et secondaire, fil d'Ariane (*breadcrumbs*) et liens internes vers des sujets apparentés.

Tous les liens hypertextes doivent être évidents pour les visiteurs. Les images de boutons et d'onglets de navigation doivent être libellées clairement et faciles à lire. Comme je l'indique dans la règle n° 1 du webdesign, il faut choisir les couleurs, les arrière-plans, les textures et les effets spéciaux de sorte que le texte soit lisible avec la plupart des navigateurs, écrans et plates-formes.

Pour le texte des liens, choisissez des couleurs familières à votre cible. Le texte bleu souligné distingue généralement un lien qui n'a pas encore été suivi, tandis que le texte violet souligné signale un lien déjà suivi. Si vous décidez de ne pas utiliser ces couleurs par défaut, n'hésitez pas à mettre les liens en relief par d'autres techniques (gras, autre couleur, autre taille, encadrement par des lignes verticales ou une combinaison de ces effets). Pour que les liens se distinguent du reste, la couleur et les effets appliqués aux liens ne doivent pas être utilisés ailleurs dans vos pages.

Les webdesigners aiment bien retirer le soulignement des liens pour un effet plus créatif. Si votre site s'adresse à un public d'internautes expérimentés, ils n'auront pas besoin du soulignement pour repérer les liens, à condition qu'ils se distinguent d'une autre manière. En revanche, si vous ciblez un public moins averti, il vaut mieux conserver le soulignement dans les liens textuels.

Attachez beaucoup d'attention à vos éléments de navigation. Il faut que les visiteurs puissent s'orienter intuitivement et que les éléments de navigation contiennent des mots clés (si possible). Les éléments de navigation doivent être facilement interprétés et indexés par les robots des principaux moteurs de recherche si vous voulez que votre site soit facile à trouver à l'aide d'un moteur de recherche.

Règle n° 3 : facile à trouver

La règle n° 3 s'applique aussi bien à votre site qu'à son contenu. Votre site doit être facile à trouver au moyen des moteurs de recherche généralistes. Et une fois parvenu chez vous, le visiteur doit pouvoir trouver facilement les produits, services et informations proposés.

Pour une visibilité maximale sur le Web, votre site doit être facile à trouver avec les moteurs de recherche, les annuaires et les sites spécialisés très fréquentés. Par exemple, telecharger.com est spécialisé dans l'offre de téléchargement de logiciels gratuits. Si votre société propose une version de démonstration gratuite de votre logiciel, la présence d'un lien vers votre site sur telecharger.com ou depuis la logithèque de ZDNet peut attirer beaucoup de monde chez vous. Il existe d'autres type de sites fréquentés spécialisés dans la santé, la finance, la cuisine, etc. qui pourraient présenter un lien vers votre site web.

À l'intérieur de votre site, ce que vous avez à offrir (produits, services ou informations) doit être facile à trouver pour le visiteur. En règle générale, votre futur client ne veut pas atterrir sur la page d'accueil puis fouiller le site à la recherche d'informations. Il préfère nettement arriver tout de suite à la page qui contient ce qu'il cherche. Et s'il ne peut pas atteindre directement cette page, il faut qu'il la trouve en trois à cinq clics de souris, ou moins de préférence, sinon il renonce et va voir ailleurs.

Parvenu à la page qui contient l'information recherchée, le visiteur doit trouver cette information en haut de la page, dans la première partie visible à l'ouverture. Si le visiteur ne peut pas trouver le produit ou service en haut de l'écran, il faut au moins qu'il ait la certitude que ce qu'il cherche se trouve bien dans la page. Le visiteur ne devrait pas avoir besoin de faire défiler la page pour trouver ce qu'il cherche.

Ce principe de rendre disponible l'essentiel de l'information dans la partie supérieure de la page n'est pas toujours appliqué, notamment dans le cas des pages de FAQ (voir Figure 1.10). Disons que votre page de FAQ comporte dix questions et qu'un client potentiel cherche la réponse à la quatrième question. Supposons que le webdesigner a présenté la FAQ comme à la Figure 1.10 avec la réponse sous chaque question.

Figure 1.10

Page de FAQ construite sur le modèle Question 1 - Réponse 1, Question 2 - Réponse 2.

La personne consultant la page de cet exemple pourrait être une mère de famille victime de violence domestique. Sans faire défiler la page, elle ne peut savoir si la visite des enfants est autorisée dans le centre d'hébergement. En d'autres termes, la réponse à une question importante pourrait ne pas être disponible dans cette page ou dans le site parce que la partie supérieure de la page n'indique rien dans ce sens. Le visiteur n'est pas assez informé du contenu de la page.

Si au contraire vous mettez en haut de la page la liste des questions importantes (voir Figure 1.11), le public sait alors que la réponse à sa question se trouve dans cette page ou ailleurs dans le site.

Vous devriez présenter toutes vos pages de FAQ selon ce modèle. Cette présentation est non seulement utile pour les visiteurs, mais elle offre en plus l'avantage d'être adaptée aux robots d'indexation.

Il est très important pour obtenir de nouveaux liens entrants de rendre vos principaux produits et services faciles à trouver. Si votre page d'accueil indique que votre société est spécialisée dans trois services particuliers, ces trois services doivent figurer de façon évidente dans la page d'accueil, décrits par du texte HTML et par des images. Si les éditeurs d'annuaires web, puis vos futurs clients, doivent fouiller le site pour savoir ce que vous proposez, c'est que vos services ne sont pas mis en valeur, et surtout difficiles à trouver.

Figure 1.11

Page de FAQ optimisée pour la convivialité et pour les moteurs de recherche. Le visiteur constate tout de suite que des informations importantes sont disponibles sur cette page ou dans le site.

Si l'accès à l'information sur votre site est limité par un mot de passe ou nécessite l'emploi d'un plug-in, les éditeurs d'annuaires web et les visiteurs seront incapable de savoir si votre site fournit l'information promise. Assurez-vous de rendre disponible sans mot de passe au moins une partie des informations, de sorte que le public puisse se faire une idée du contenu du site sans avoir à fournir de données confidentielles ni à télécharger un plug-in.

Enfin, n'oubliez pas non plus de rendre évidentes les coordonnées de votre société (adresse physique, adresse e-mail et numéros de téléphone et de fax).

En général, les coordonnées se trouvent dans l'un de ces quatre emplacements :

- en-tête ou pied de page ;
- page ou section À propos de ;
- page ou section Contact ;
- page ou section expliquant où se trouvent vos locaux.

L'emplacement où les éditeurs d'annuaires cherchent en premier vos coordonnées est la page À propos de. Donc, même si vos coordonnées sont fournies ailleurs dans le site, il est judicieux de les répéter dans une page À propos de. Cette répétition est particulièrement utile si vous avez choisi de présenter vos coordonnées en pied de page, parce que les visiteurs font rarement défiler le texte jusqu'au bas des pages.

Règle n° 4 : uniforme dans la mise en page et le design

La mise en page se définit par l'emploi de codes HTML, de scripts et d'espacements entre les éléments. Autrement dit, c'est l'occupation de l'espace, la manière dont le texte, les images et les éléments de navigation se répartissent dans chaque page. Face à une mise en page uniforme, le visiteur se sent plus à l'aise dans son exploration du site, ce qui le met en bonne disposition à votre égard.

Le design se définit par le choix d'images, d'effets spéciaux sur les images, de polices et de couleurs. L'essentiel du design doit être répété partout dans le site. Les polices et les couleurs choisies pour le corps du texte principal, les liens et les titres doivent être les mêmes dans toutes les pages.

Si vous présentez des photos de vos produits, il est préférable de leur donner les mêmes dimensions. Les photos à l'horizontale devraient toutes avoir les mêmes dimensions, et même chose pour les photos à la verticale. Si vous ajoutez une ombre portée aux photos des produits, il faut appliquer le même effet à toutes les photos de produits.

Le positionnement du texte et des images dans la page ne peut pas être fait au hasard. Il faut un lien visuel entre tous les éléments de la page. Les éléments de même nature, tels que les systèmes de navigation principal et secondaire, devraient être regroupés afin d'apparaître comme un ensemble cohérent.

Le choix d'une présentation différente pour les deux systèmes de navigation crée un contraste visible tout en suggérant la relation de l'un à l'autre. Par exemple, le système de navigation principal peut se trouver en haut de la page, affiché dans un jeu de couleurs particulier, et le système secondaire peut apparaître à la verticale à gauche dans un autre jeu de couleurs qui s'harmonise avec le système principal.

La Figure 1.12 présente l'exemple d'une page web avec un bon contraste et un bon système de liaison des pages. Cette page est parfaitement adaptée aux moteurs de recherche, aux annuaires et à la cible :

1. Des images d'onglets conduisent vers la page d'accueil et le plan du site, à l'attention des visiteurs égarés. Cette série d'onglets est présente au même endroit dans toutes les pages.
2. Les boutons du système de navigation principal changent de couleur selon la page affichée, ce qui aide le visiteur à s'orienter.
3. Le système de navigation secondaire est contextuel. Les liens présentés varient selon la page affichée. Le titre du système secondaire reprend les intitulés du système principal afin que le visiteur comprenne que les liens de gauche dépendent du système de navigation principal.
4. Le fil d'Ariane indique le titre de la page à l'écran.
5. Le titre principal (qui pourrait être une image) indique quelle page le visiteur a sous les yeux.

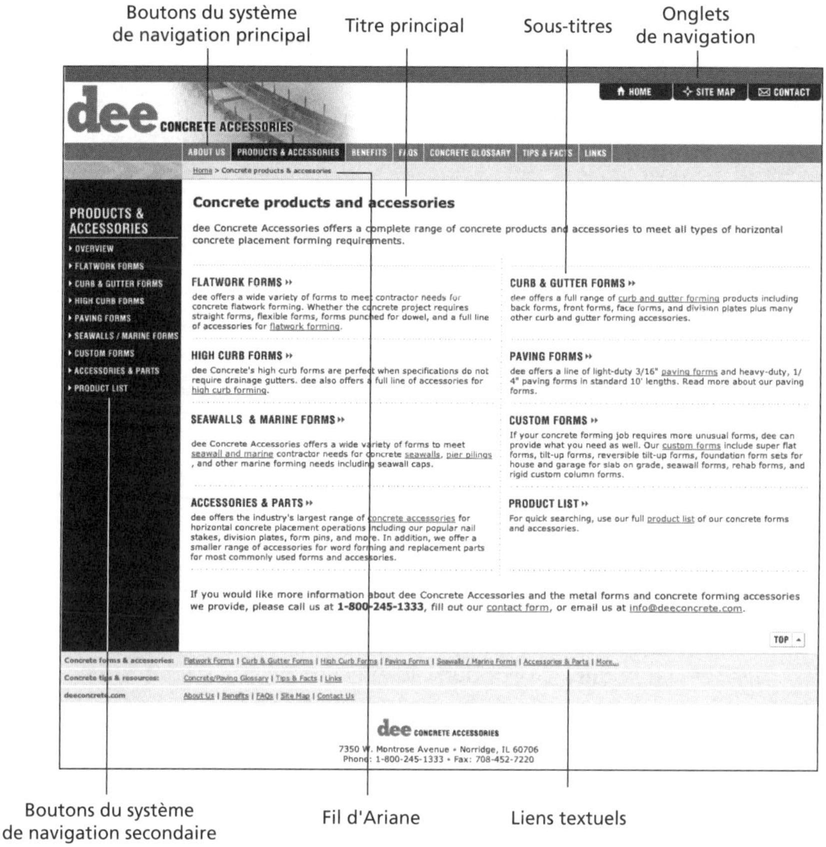

Figure 1.12

Exemple d'une page web parfaite.

6. Les sous-titres (images) mettent en évidence le contenu de cette partie du site. Les flèches à droite des sous-titres suggèrent qu'il s'agit de liens à cliquer.
7. Les liens au bas de la page reprennent les destinations du système de navigation principal. Ces liens signalent les pages déjà consultées par le visiteur. Les couleurs des liens sont les couleurs par défaut du navigateur, parce que le site ne s'adresse pas uniquement à des habitués du Web.

L'uniformité (et la sobriété) de la mise en page et du design dégage une impression de confiance, d'assurance, de fiabilité et de crédibilité.

C'est l'impression que devraient donner tous les sites web pour inciter les visiteurs à franchir le pas dans la direction voulue. Par ailleurs, la cohérence générale du site aide le visiteur à visualiser mentalement la composition du site et à s'y orienter. Et justement, en fournissant un système d'orientation cohérent utilisant des mots clés, vous augmentez aussi la visibilité de votre site dans les moteurs de recherche.

Règle n° 5 : rapide à télécharger

Les internautes veulent des pages web qui se chargent vite, de préférence en moins de trente secondes avec une connexion ordinaire par modem. Il existe bien sûr des exceptions, notamment pour les pages spécialisées dans les jeux en ligne nécessitant un plug-in Flash ou Shockwave qui doit se charger en premier. Voici quelques conseils qui devraient vous aider à réduire le temps de chargement de vos pages :

- **Utilisez les animations avec parcimonie.** Les animations devraient servir uniquement à attirer l'attention sur les parties importantes du site. Les graphistes spécialisés en animations peuvent bien sûr en insérer dans leurs pages dans la mesure où elles sont utiles. Pour savoir si les animations attirent ou distraient les visiteurs, il faut procéder à des tests d'utilisabilité du site.
- **Optez pour la sobriété.** Vous voulez que les visiteurs remarquent les produits, services et informations proposés sur le site et non pas votre joli design. Si les visiteurs apprécient le design du site sans passer à l'action (ajouter au panier, s'inscrire à un cours, s'abonner à un bulletin), c'est signe que le design est contre-productif, même s'il est très beau.

  Quelqu'un qui veut se documenter sur les logiciels de comptabilité ne lance pas une recherche sur les mots "joli site web".
- **Utilisez des versions miniatures des photos de produits.** Dans vos pages Produits, une série de photos miniatures se chargera plus vite que les grandes photos. Offrez aux visiteurs la possibilité de voir les photos en grand format.

  Pour accélérer le chargement, il faut toujours créer des fichiers séparés pour les miniatures. Toutes les images doivent être réduites dans un logiciel de retouche d'images et non pas par du code HTML.

- **Tâchez de reproduire les même images sur plusieurs pages du site.** La répétition des images suggère une certaine continuité dans la présentation.

  L'insertion de votre logo dans toutes les pages du site (avec un lien vers la page d'accueil) est utile à la fois pour la navigation et pour l'image de la société, tout en aidant le visiteur à identifier l'origine des pages.

  L'image du logo n'est téléchargée qu'une seule fois parce qu'elle est conservée en cache par le navigateur. L'insertion de nouvelles images à chaque page allonge le temps de téléchargement pendant les déplacements du visiteur à travers le site.

- **Identifiez les attentes du public ciblé.** Différentes clientèles tolèrent différentes durées de téléchargement. Si votre site est axé sur le graphisme ou les jeux en ligne, les visiteurs seront plus enclins à attendre les pages pour profiter de votre talent créatif. En revanche, si vous vendez des fournitures à des artisans débordés, vous mettrez l'accent sur la facilité d'accès vers les informations utiles.

Conclusion

Pour obtenir la meilleure visibilité à long terme dans les moteurs de recherche, les webdesigners devraient respecter les cinq règles de base du webdesign, qui définissent qu'un site web doit être :

- facile à lire ;
- facile à explorer ;
- facile à trouver ;
- uniforme en mise en page et en design
- rapide à télécharger.

En respectant ces règles, vous construisez le site dans l'optique de satisfaire la cible. L'avantage supplémentaire du respect de ces règles est que les moteurs de recherche et les annuaires cherchent aussi ces caractéristiques dans un site web. Ces règles de design participent donc aussi au fondement d'une optimisation à long terme pour les moteurs de recherche :

- composante texte ;
- composante liens ;
- composante popularité.

Les pages web qui contiennent les mots que votre cible saisit en requête bénéficient en général d'une meilleure visibilité dans les moteurs de recherche que les pages qui contiennent peu ou pas du tout de mots clés.

La manière dont vos pages web sont interconnectées influence aussi la visibilité du site. Si les robots d'indexation trouvent vos pages rapidement et facilement, le site a plus de chance d'apparaître en haut dans les résultats de recherche.

Si deux sites ont le même poids en terme de composante texte et composante liens, celui qui reçoit des liens de sites mieux cotés bénéficiera d'un meilleur classement, et ce pour une période plus longue. Il arrive qu'un site web construit sans tenir compte des mots clés se positionne toujours devant des sites qui utilisent beaucoup de mots clés. Par conséquent, construire un site qui satisfait les attentes des visiteurs, atteint ses objectifs commerciaux et respecte les directives définies par les moteurs de recherche a pour effet de générer une visibilité à long terme dans les moteurs de recherche.

2

Construire de meilleures pages web : fichiers de texte

Les fondements d'une optimisation réussie pour les moteurs de recherche reposent sur trois éléments essentiels : les composantes texte, liens et popularité. Les sites web qui exploitent ces composantes en synergie profitent d'une meilleure visibilité à long terme dans les moteurs de recherche.

Ce chapitre explique comment mettre en place ces fondements dans les fichiers de texte. Quel résultat ? Un site web qui satisfait les attentes des visiteurs, atteint ses objectifs commerciaux et respecte la charte définie par les moteurs de recherche.

Composante texte

Pour obtenir une visibilité maximale dans les moteurs de recherche, il est essentiel de comprendre de quelle manière la cible recherche des informations sur votre site. Quand vos clients potentiels utilisent un moteur de recherche du Web pour trouver les produits et services que vous proposez, ils tapent une suite de mots dans le champ de recherche. Cette suite de mots est ce qu'on appelle les *mots clés* ou *expressions clés* de votre site.

Afin de figurer dans les résultats de recherche, les pages les plus importantes de votre site doivent absolument contenir les expressions clés que la cible saisit en requête. Les pages web peuvent aussi contenir des propos purement commerciaux, puisqu'un site doit bien sûr réaliser des objectifs commerciaux pour se financer. Toutefois, il faudrait que les pages ciblées pour attirer les visites semblent consacrées au thème des mots clés choisis par la cible, sans trop d'accroches marketing.

Quand un robot d'indexation analyse une page web, il détermine la pertinence des mots clés à l'aide d'un algorithme, une formule complexe qui calcule la qualité du contenu de la page. Le texte le plus important pour les moteurs de recherche est le même que pour vos visiteurs, c'est le texte qu'ils voient en premier en arrivant sur votre site.

Les emplacements les plus stratégiques pour insérer les mots clés sont :

- la balise HTML du titre de la page ;
- le corps de texte visible qu'il est possible de copier et coller directement du navigateur vers un éditeur de texte (Bloc-notes sur PC ou SimpleText sur Mac) ;
- le texte à l'intérieur et autour des liens ;
- le corps de texte visible dans la première hauteur d'écran de la page (la portion visible sans faire défiler la page).

Le texte du titre et du corps du document sont considérés comme texte principal par les moteurs de recherche parce qu'ils indexent tous ce texte et lui accordent une importance particulière. Autrement dit, tous les moteurs de recherche généralistes exploitent ce texte pour déterminer la qualité d'une page web. Tous vos efforts de rédaction doivent se concentrer sur ce texte. Dans la pratique d'ailleurs, sans placement des mots clés dans le texte principal, très peu de pages reçoivent des visites qualifiées depuis les moteurs de recherche.

Le contenu des balises meta, le texte de remplacement des images et celui présent dans le nom de domaine et dans les noms de fichiers sont considérés comme texte secondaire par les moteurs de recherche parce qu'ils n'indexent pas tous ce type de texte dans l'estimation de la pertinence.

De façon générale, je me fie au test des cinq secondes, mis au point par la société de testing Jared Spool. Pour réaliser ce test, on montre aux participants une page web pendants cinq secondes, puis on leur demande d'écrire tout ce qu'ils ont retenu. S'ils n'écrivent aucun des mots clés (ou très peu), c'est preuve que la page n'est pas suffisamment axée sur les mots clés.

Une variante de ce test consiste à montrer aux participants une page web pendant huit à douze secondes. Lorsque la page n'est plus en vue, on leur demande si elle est consacrée à un ou plusieurs sujets puis lesquels. Si les mots clés figurent dans les réponses fournies par les participants, c'est preuve qu'elle est correctement axée sur les mots clés du site.

Par ailleurs, pour voir le contenu des balises meta il faut lancer une commande (Affichage > Source ; voir Figure 2.1). De ce fait, les métadonnées ne sont pas prises en compte, ou rarement, pour déterminer la pertinence des documents de texte.

Note

Ce genre de test de perception des pages web doit être effectué en individuel, pas en groupe. Le problème avec les tests en groupe est l'instinct grégaire, car certains participants pourraient hésiter à donner une réponse différente du reste du groupe.

Je recommande toutefois de remplir correctement la balise meta description à l'intention des moteurs qui utilisent ce texte pour déterminer la pertinence. De plus, beaucoup de moteurs de recherche affichent les descriptions des balises meta dans la page de résultats. Il est donc important de rédiger en métadonnées un descriptif qui remplit deux objectifs :

- obtenir un bon classement dans les moteurs qui déterminent la pertinence d'après la balise meta description ;
- inciter l'internaute à cliquer sur le lien vers votre page web dans les résultats de sa recherche.

Pour atteindre une bonne visibilité sur le long terme, il convient de consacrer plus d'efforts dans l'optimisation du texte principal que dans le texte secondaire. Très peu de pages gagnent en visibilité dans les moteurs de recherche en modifiant seulement le texte secondaire.

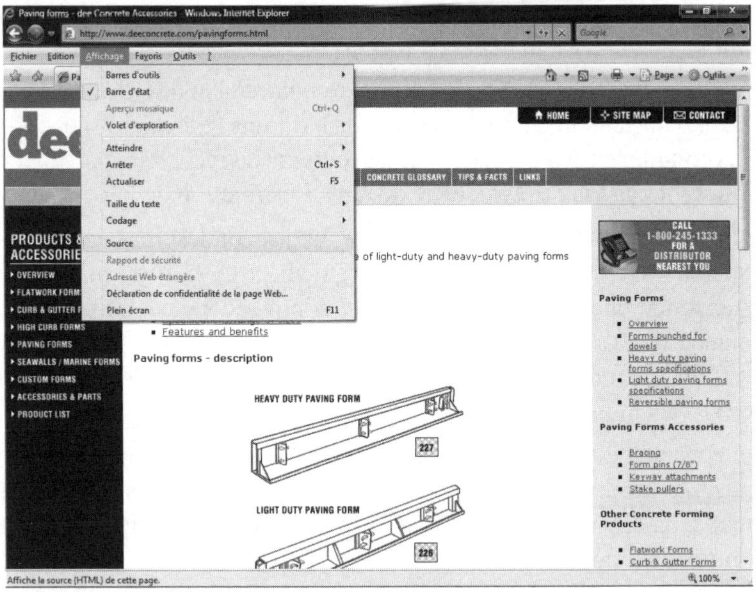

Figure 2.1

Pour voir le contenu des balises meta de la page web, l'utilisateur doit ouvrir le menu Affichage du navigateur et sélectionner la commande Source.

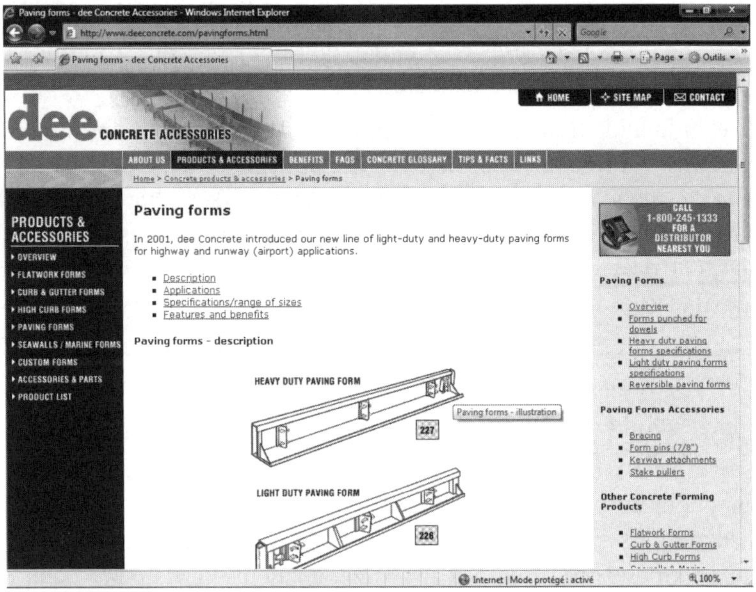

Figure 2.2

On peut voir apparaître le texte de remplacement d'une image en pointant la souris sur l'image (dans Internet Explorer). Notez que le contenu de la balise de titre est toujours visible sans intervention du lecteur.

Sélection des mots clés

La sélection des mots clés utilisés par les clients potentiels est le point de départ de toute campagne de webmarketing fructueuse. Le choix des bons mots clés exige un effort constant de recherche.

L'étude des mots clés a pour but de :

- découvrir des opportunités sur d'autres mots ;
- rattraper les opportunités sur les mots négligés ;
- établir un calendrier des mots clés (certaines expressions sont plus usitées à certaines périodes de l'année) ;
- accroître le nombre de clics des pages de résultats vers votre site ;
- renforcer la pertinence des pages web pour atteindre et conserver un bon positionnement dans les moteurs de recherche.

ASTUCE

Il est crucial en SEO d'établir et d'actualiser une liste des expressions clés les plus usitées selon les saisons. Par exemple, sur un site spécialisé dans la santé, les recherches sur les allergies sont plus fréquentes au printemps et en été, tandis qu'en hiver, les recherches portent plutôt sur la grippe et le rhume.

Je commence toujours la phase d'étude des mots clés par une séance de brainstorming. Vous prétendrez que personne n'a jamais entendu parler de votre société mais que tous cherchent à se documenter sur vos produits et vos services. N'oubliez pas, vous devez trouver les mots que vos *clients* potentiels pourraient taper dans un moteur de recherche, et non pas les mots que taperait votre chef, sa femme, l'équipe marketing, le service informatique ou votre meilleur ami. Pour une visibilité à long terme, les pages web doivent utiliser le langage des utilisateurs des services de recherche.

Vous possédez déjà sans doute une bonne liste de mots clés. Relisez les brochures marketing de votre société. Quels sont les mots les plus fréquents ? Éliminez les termes propres au jargon marketing, et ce qui reste peut très bien vous servir de mots et expressions clés pour le site.

Quand vous parlez au téléphone avec les clients, quelles sont les questions les plus fréquentes et comment sont-elles formulées ? Les clients mentionnent-ils un produit spécifique ? Demandent-ils souvent à parler à un service en particulier ? Demandez à vos clients actuels comment ils s'y prendraient pour vous trouver sur le Web. Vous pourriez découvrir qu'ils choisissent des termes que vous n'auriez pas pensé utiliser. Pensez à inclure ces termes inattendus dans votre liste de mots clés.

Les tests d'utilisabilité sont aussi un moyen efficace de déterminer les expressions clés ciblées. Du fait que les participants aux tests sont invités à penser tout haut pendant certaines phases (attente/exigence, tri de cartes et tri de cartes inversé, performance, exploration libre, etc.) et que les séances sont souvent enregistrées, les éditeurs de sites web peuvent identifier des mots clés en écoutant les résultats des tests. Tous les sites devraient employer le langage des utilisateurs dans les éléments de navigation et dans le contenu informatif.

En préparant la liste de mots clés, vous devez déterminer les différentes combinaisons de mots que la cible pourrait taper en requête. Les versions singulier et pluriel des mots clés les plus importants, les synonymes, les mots mal orthographiés, les acronymes et abréviations (avec et sans points) sont tous à inclure à la liste. Pensez également à utiliser les versions accentuées et non accentuées des mots clés. Je recommande une fois de plus d'organiser une séance de brainstorming pour établir la liste des mots clés représentatifs de votre activité.

Reprenons l'exemple d'une société fictive appelée Nos vins bio qui vend du vin biologique et des accessoires. Le site web de Nos vins bio pourrait disposer de la liste de mots clés suivante :

vin blanc	vin rouge
vins blancs	vins rouges
vin bio	vins bio
vin biologique	vins biologiques
vin blanc bio	vin rouge bio
vins blancs bio	vins rouges bio
champagne bio	vin champagne
vins champagne	vin bourgogne
vins bourgogne	vin bordeaux
vins bordeaux	vin loire
vins loire	vin alsace
vins alsace	vin beaujolais
vins beaujolais	vin sud ouest

vins sud ouest
vins provence
vin corse
vin france
degustation vin
grand vin
vins fins
vente vins
vente ligne vins
vin prix
promotion vin
vignoble vin
vinification
recette vin
vin chaud
cocktail vin
recettes cocktail
recette vin apéritif
cave vin
caves vin
stockage vin
verres vin
bouteilles vin
vin bib
vin cubi
magnum champagne
vin blanc sec
accessoires vin
services flutes champagne
porte-bouteille
vin provence
vin jura
vin pays
vins france
bon vin
grands vins
vente vin
vente ligne vin
achat vin
prix vin
vigne vin
fabrication vin
gastronomie vin
recettes vin
sangria
cocktails vin
recettes cocktails
recettes vin apéritif
cave vins
caves vins
verre vin
bouteille vin
vin bouteille
vin cubitainer
fontaine vin
champagne brut
vin blanc demi-sec
tire-bouchon
seau champagne

Vous avez dû remarquer que les mots clés de cette liste sont tous en minuscules et sans accents. Lcs internautes ont plutôt tendance à taper la recherche sans majuscule et souvent sans accent. Très peu de moteurs font la distinction entre majuscules et minuscules, il est toutefois préférable d'établir la liste en minuscules au départ et sans tenir compte des accents.

Tâchez de penser au plus grand nombre possible de combinaisons quand vous définissez la liste de mots clés. Quand on cherche quelque chose de très précis, on a tendance à utiliser plusieurs mots pour affiner la recherche. Par exemple, si une personne lance une recherche sur le mot "logiciel", elle obtient une très longue liste de résultats. Elle cherche peut être un logiciel de comptabilité et pas de retouche d'images. Si cette personne dirige une PME, une recherche plus précise pourrait porter sur "logiciel comptabilité pour PME".

Il est conseiller de cibler les expressions clés les plus longues parce que les internautes qui tapent une recherche très précise sont plus motivés à devenir clients. Une suite de trois à cinq mots clés produit des résultats plus précis dans les moteurs de recherche.

Cibler des suites de mots clés plus longues n'implique pas que vous renonciez aux chances d'un bon classement avec des expressions plus courtes ou un seul mot. En ciblant les mots "recettes avec vin blanc biologique", vous ciblez en même temps les mots et groupes de mots suivants :

recettes vin biologique	recettes vin
recettes vin blanc	vin biologique
vin blanc biologiquevin	
vin blanc	recettes

Après avoir défini la première liste de mots clés, vous pouvez la réduire à l'aide de différents outils disponibles en ligne.

Outils, techniques et astuces

En commençant à analyser votre liste de mots clés, vous devrez y chercher des tendances. Quand je prépare une liste de mots clés, je la mets toujours dans une feuille de calcul, car cette présentation m'aide à repérer les tendances.

La première série de données est la liste de mots que vous avez obtenue à l'issue de la séance de brainstorming. Muni de cette liste, vous devez déterminer les combinaisons de mots qui ont la plus haute probabilité d'être saisies en requête par votre cible. Vous devez alors vous poser les questions suivantes :

- Les gens ont-ils utilisé ce mot au singulier ou au pluriel ?
- Quels sont les trois ou quatre mots qui sont apparus le plus souvent ensemble ?
- Quel était l'ordre des mots ?

Si votre site web est tout neuf et que vous ne possédez aucune statistique sur les mots clés, vous trouverez de l'aide auprès des principaux moteurs de recherche.

Recherches apparentées

Plusieurs moteurs et annuaires présentent dans la page de résultats une rubrique de recherches apparentées qui propose d'autres pistes de recherche. Dans Google, par exemple, on obtient au bas de la page la rubrique "Recherches apparentées" après avoir lancé une recherche sur le terme "vin" (voir Figure 2.3).

Les expressions clés dans la rubrique Termes associés sont issues des requêtes sur le mot "vin" les plus fréquentes lancées par les utilisateurs du service Ask (voir Figure 2.4).

Vous constatez que "vinification" et "vin chaud" sont des associations de mots souvent cherchées. Si vous faites la même étude avec Yahoo!, vous obtiendrez sans doute des suggestions différentes à la rubrique Essayez aussi (voir Figure 2.5).

Remarquez dans les suggestions certaines expressions clés qui sont déjà dans notre première liste de mots clés (vente vin et achat vin) et une expression que nous n'avons pas songé à cibler (histoire de la vigne et du vin). Nous savons désormais que les internautes s'intéressent à l'histoire et à la fabrication du vin. Au moment de la rédaction du site, il faudra penser à inclure des recettes au vin et des pages consacrées à la vinification.

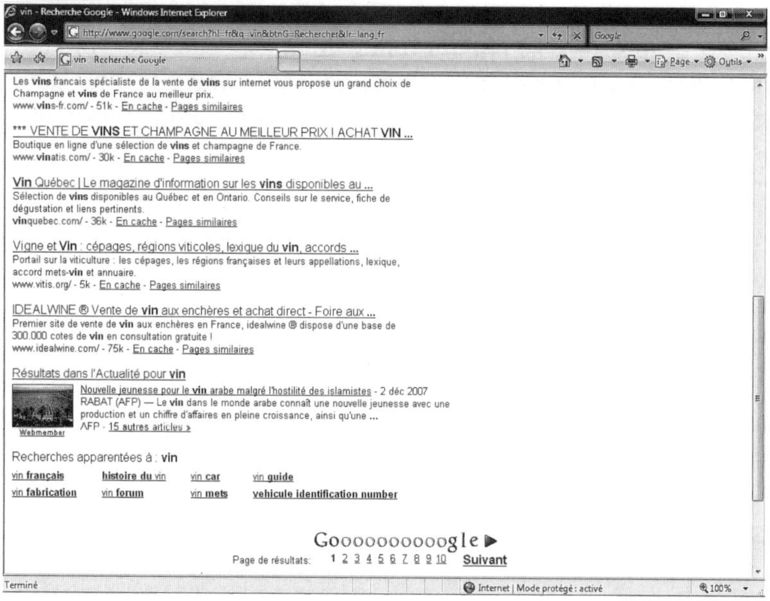

Figure 2.3

Suggestions de recherches sur Google pour le mot "vin".

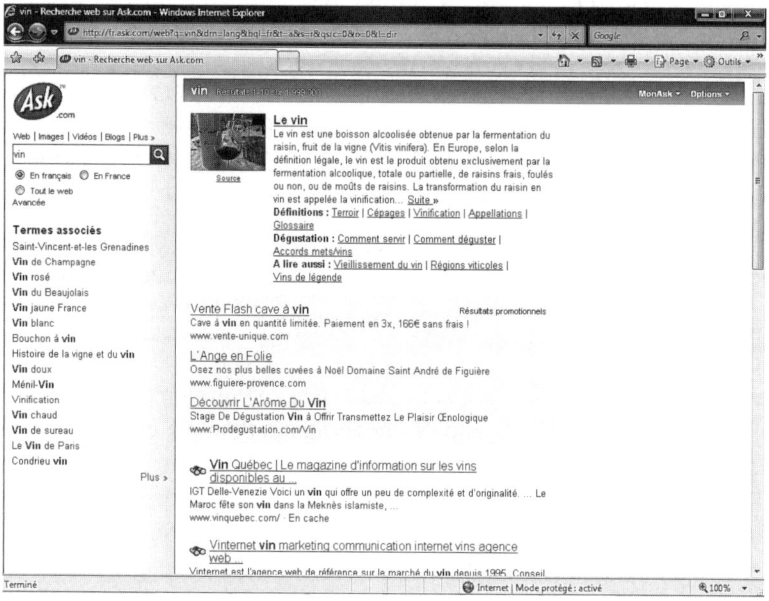

Figure 2.4

Termes associés au mot clé "vin" dans Ask.

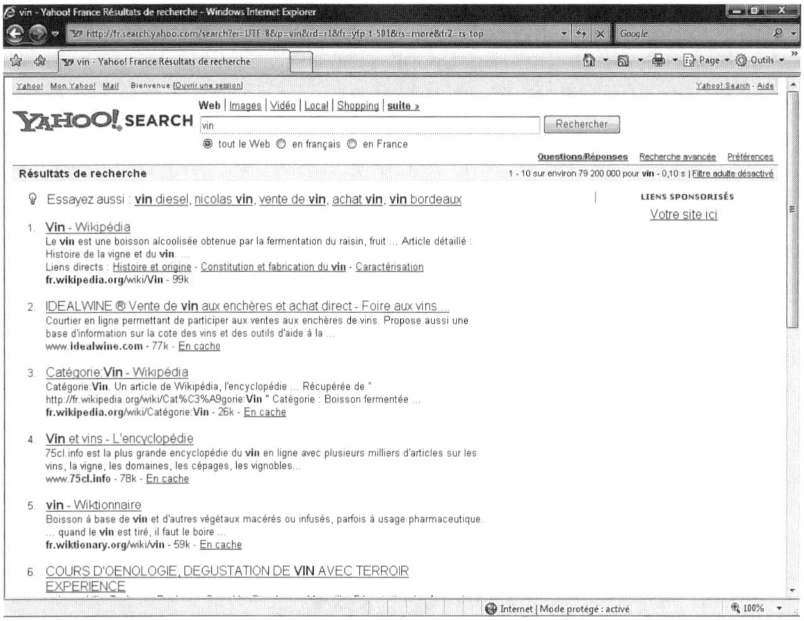

Figure 2.5

Suggestions de recherches sur Yahoo! pour le mot "vin".

Si vos requêtes n'ont généré aucune suggestion de recherches apparentées, c'est peut-être parce que les mots clés choisis ne sont pas souvent saisis dans le moteur de recherche, mais cela ne veut pas dire que votre cible ne penserait pas à les utiliser. Les données produites par un programme d'analyse du Web (WebTrends, Omniture, ClickTracks, etc.[1]) et celles issues du moteur de recherche interne de votre site vous indiqueront si les visiteurs trouvent votre site au moyen des mots clés que vous avez sélectionnés.

Générateurs de mots clés

En plus des recherches apparentées, certains moteurs de recherche donnent accès à des outils appelés générateurs de mots clés qui servent à connaître la fréquence des mots clés dans les requêtes et à identifier les associations de mots clés.

1. NdT. Exemples de services plus spécifiquement européens : Google Analytics, Xiti, CybereStat.

Yahoo! Search Marketing

Yahoo! Search Markcting est un programme de publicité payante au clic qui permet de déterminer facilement les associations de mots clés fréquemment saisies par les utilisateurs des services Yahoo!. Le générateur de mots clés de Yahoo! est idéal pour affiner une liste de mots clés.

La version française de cet outil se trouve à l'adresse suivante :

http://searchmarketing.yahoo.com/fr_FR/

Entrez l'un de vos mots clés dans le champ de saisie, et vous obtenez la liste des recherches les plus fréquentes contenant ce mot. Pour les mots "vin champagne", par exemple, on obtient la liste de la Figure 2.6.

Figure 2.6

Résultat de l'étude des mots "vin champagne" dans l'outil de Yahoo! Search Marketing.

Cette liste indique le nombre de fois où une recherche a été lancée sur les mots "vin champagne" en mai 2007. Au cours de ce mois, 11 707 personnes en France ont lancé dans Yahoo! une recherche sur l'expression "vin champagne" ; viennent en deuxième et troisième positions les expressions "vin et champagne" et "vente vin champagne".

Refaites l'étude autant de fois que nécessaire pour comprendre ce que les internautes recherchent sur le Web. Puisque notre société d'exemple vend du vin biologique, vérifions cette association de mots avec l'outil de Yahoo! (voir Figure 2.7).

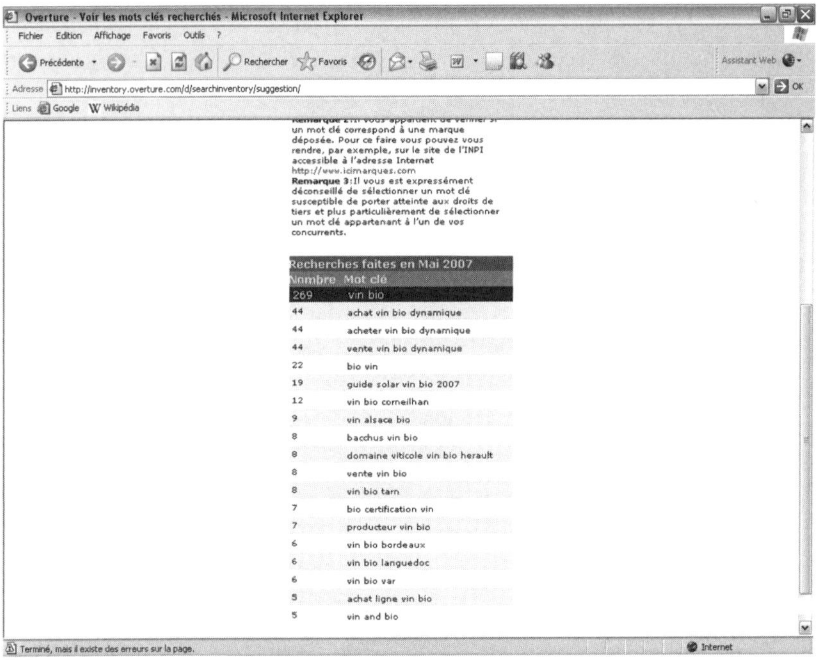

Figure 2.7

Résultat de l'étude de l'expression clé "vin bio" dans Yahoo! Search Marketing.

Nous constatons que l'expression "vin bio" est souvent associée aux mots "achat" et "vente" ainsi qu'à des noms de régions productrices de vin. En toute logique, le site Nos vins bios indiquera les noms de régions productrices dans les pages concernées.

Conservez les résultats de vos études dans une feuille de calcul. Le nombre de recherches effectuées importe moins que les associations de mots clés récurrentes que vous obtiendrez à partir de différentes sources. Cet outil fournit des expressions clés provenant du réseau Yahoo! et de ses partenaires.

Google AdWords

Google possède son propre générateur de mots clés pour son programme AdWords. Il s'adapte automatiquement à la langue de votre système d'exploitation et sa version française se trouve à l'adresse suivante :

https://adwords.google.fr/select/KeywordToolExternal

Pour utiliser cet outil, tapez un mot ou une expression clé, et Google présente la liste des requêtes contenant ce ou ces mots. Ce sont ici des tendances qui apparaissent, et non des données chiffrées. La Figure 2.8 montre les recherches apparentées à "vin bio", Si vous remarquez qu'une expression, comme "vente vin bio", apparaît à la fois dans l'outil de Yahoo! et dans celui de Google, vous avez confirmation qu'il faut la garder.

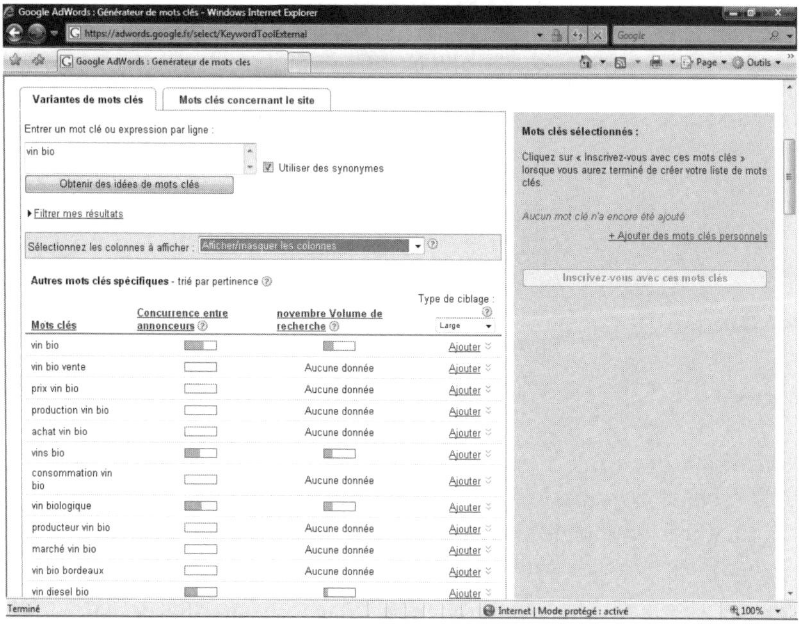

Figure 2.8

Résultat de l'étude des mots "vin bio" dans AdWords de Google.

Yahoo! et Google mettent ces deux outils à disposition de leurs annonceurs. De sorte que ces outils restent gratuits, évitez d'en abuser tous les jours. En général, il suffit d'une quarantaine de requêtes pour déterminer une liste de mots clés. Après avoir défini une première liste à l'aide des outils de Yahoo! et de Google, vous pouvez l'affiner avec d'autres générateurs de mots clés.

Microsoft adCenter

Contrairement à Google qui propose un outil gratuit pour l'étude de mots clés, Microsoft demande des frais réduits pour l'emploi de son outil, mais d'autres outils intéressants sont gratuits et disponibles sur http://adlab.msn.com/. Ils ne sont hélas pas encore adaptés au marché français.

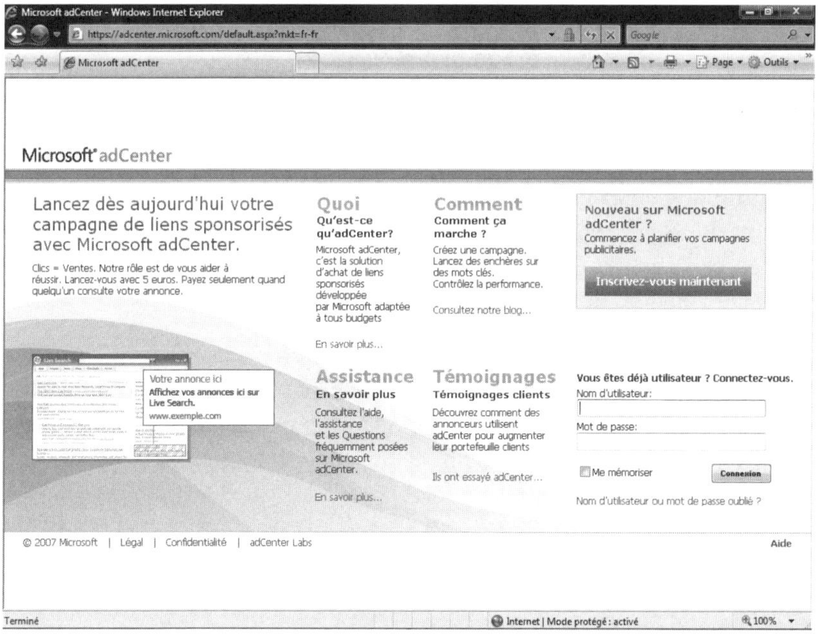

Figure 2.9

Écran de connexion au service adCenter de Microsoft.

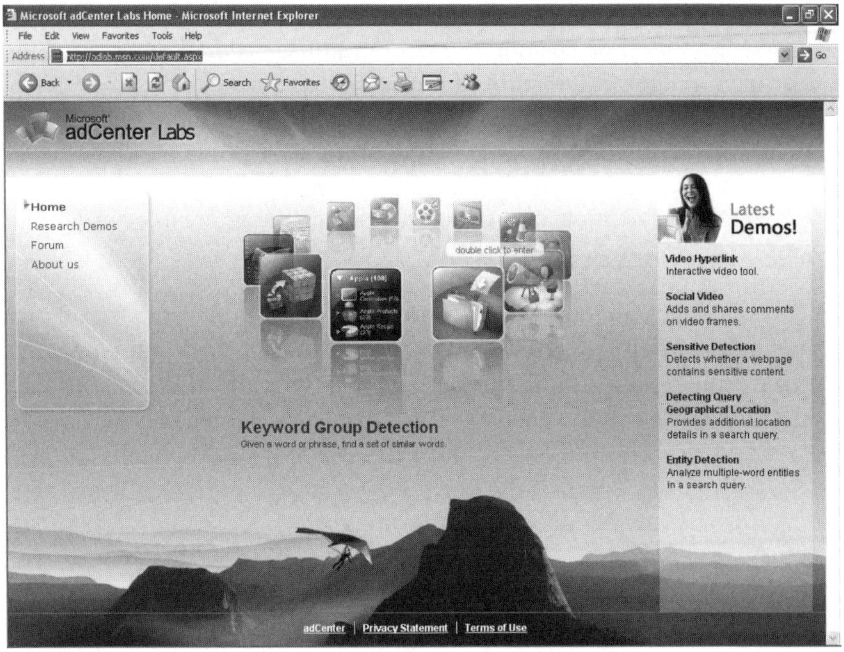

Figure 2.10

D'autres outils d'étude de mots clés sont disponibles sur adCenter Labs de Microsoft.

L'outil d'adCenter permet de voir des variantes des mots clés en fonction de la zone géographique ciblée. Vous avez ainsi le français de France et celui du Canada, et même chose pour l'anglais des États-Unis, du Canada, du Royaume-Uni ou d'Australie.

Si vous prévoyez de cibler plusieurs pays francophones, vérifier l'usage des mots clés ciblés pour chaque pays et comparez les listes fournies par adCenter. J'ai l'habitude d'exporter le résultat de ces études dans une feuille de calcul, ce qui facilite leur comparaison.

Voyez alors quelles sont les requêtes fréquentes dans chaque pays. Quels sont les mots clés les plus importants ? Voyez-vous des termes qui semblent spécifiques à un pays ?

Les pages de produits ne sont pas les seuls types de pages web où on peut insérer les mots clés importants sur un site de commerce en ligne. Le site Nos vins bio pourrait aussi fournir des informations sur la fabrication du vin et surtout sur les conditions d'obtention du label bio.

Quel intérêt ? Le contenu supplémentaire pourrait attirer des liens entrants, et les pages correspondantes pourraient ainsi obtenir un meilleur classement dans les moteurs de recherche.

Autres outils d'analyse des mots clés

Le générateur de mots clés de Miva, anciennement connu sous le nom Espotting, est aussi gratuit et fournit de longues listes de mots clés. L'outil Good Keywords (http://www.goodkeywords.com/) offre également un bon taux de réponse.

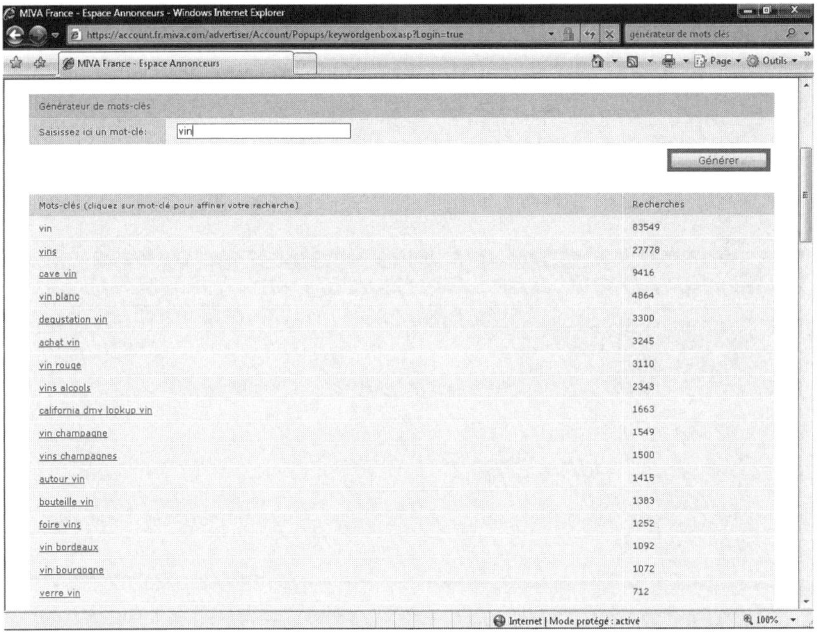

Figure 2.11

Résultat de l'étude du mot clé "vin" avec le générateur de mots clés de Miva.

Les générateurs de mots clés donnent une première idée pour la sélection d'expressions clés, mais les outils payants permettent d'approfondir cette étude. Ces derniers sont surtout utiles pour analyser les tendances et les comportements de recherches selon les saisons.

L'emploi d'outils payants permet de découvrir des associations de mots clés que vous n'auriez pas forcément trouvées avec les outils gratuits.

Je me suis rendu compte, par exemple, que nombre d'internautes ne tapent pas les mots dans l'ordre logique. Au lieu de taper "crédit voiture", par exemple, ils tapent "voiture crédit". Le nombre de personnes qui lancent des recherches avec l'ordre des mots inversé est trop élevé pour être négligé. En tant que rédactrice pour le Web, je sais que le texte principal des pages doit prendre en compte ce comportement courant chez les internautes. Mais comment insérer dans mon texte un ordre des mots illogique sans nuire à la lisibilité du message ?

Mots mal orthographiés

Les webmarketeurs suggèrent souvent d'utiliser des mots mal orthographiés dans la liste de mots clés. Cette astuce est parfois utile mais pas dans tous les cas, car le résultat dépend des mots ciblés.

Par exemple, le mot "beaujolais" n'est pas toujours écrit correctement. Quand on vérifie "baujolais" dans Miva, on constate que le mot apparaît associé à l'adjectif nouveau.

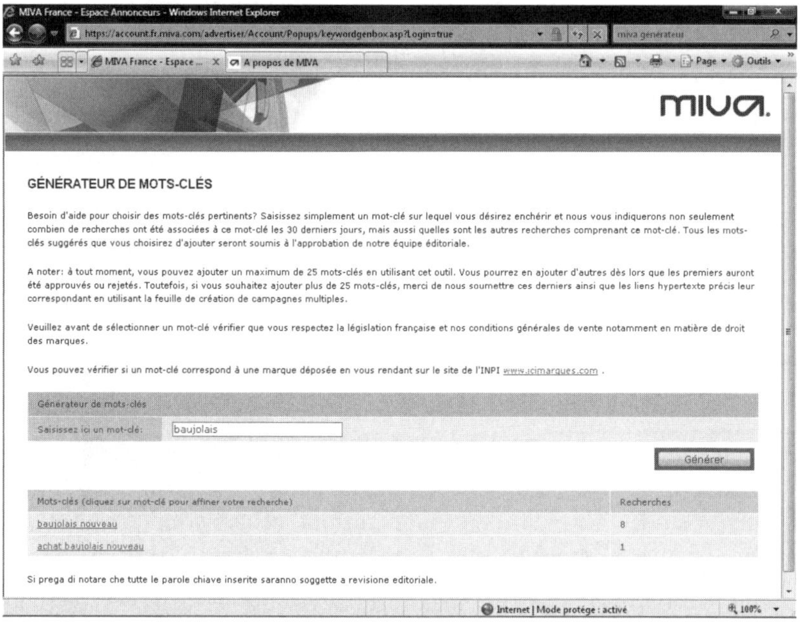

Figure 2.12

Recherche du mot "baujolais" dans Miva.

Puisque les requêtes avec cette variante ne sont pas nombreuses, il est inutile de s'en préoccuper. Vous pourriez néanmoins choisir d'inclure les versions rares ou mal orthographiées dans la balise meta keywords.

Dans le cas d'un mot clé important qui est souvent mal écrit par les internautes, comment peut-on inclure la version fautive dans le texte principal au lieu du texte secondaire ? L'utilisation de mots clés comprenant des fautes d'orthographe ne doit surtout pas nuire à la crédibilité et à la qualité du site. Une solution serait de composer des pages de références utiles, un glossaire ou un dictionnaire par exemple.

Chaque domaine d'activité possède son propre jargon de termes qui ne sont pas familiers au grand public. De plus, il se peut qu'une partie de votre cible utilise du jargon technique dans ses requêtes. Les pages informatives, ainsi que les pages de produits et de services, peuvent être exploitées pour la visibilité du site.

Dans le domaine de la santé, les mots "hémorroïde" et "diarrhée" font partie des mots souvent tapés avec une faute. Le site américain MedicineNet.com a choisi d'intégrer les variantes fautives dans son dictionnaire.

Astuce

La balise meta keywords a le statut de texte secondaire. En conséquence, peu de moteurs de recherche exploitent le texte de cette balise pour déterminer la pertinence des pages.

Je vous rappelle que les moteurs de recherche attachent plus d'importance aux mots du texte principal : balise HTML du titre et texte visible dans la page. Vous ne devriez donc pas avoir besoin de créer une page exprès pour un mot avec une faute d'orthographe, à moins que cette faute ne soit très courante.

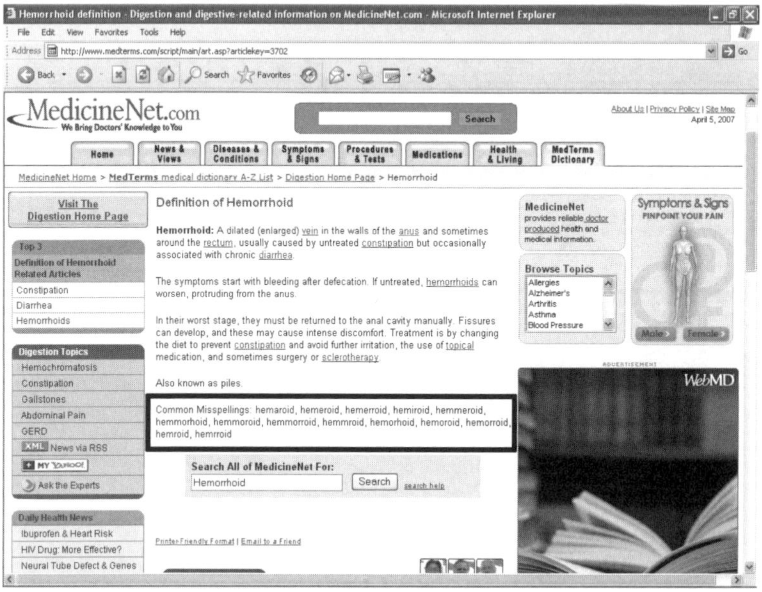

Figure 2.13

Le site MedicineNet.com cible un public de non-initiés au jargon médical. Puisque le mot "hemorroids" est souvent mal orthographié, comme beaucoup d'autres noms de maladies, le dictionnaire du site web intègre les variantes dans ses pages informatives.

Lemmatisation

La lemmatisation est la possibilité d'élargir les résultats d'une recherche à partir de la racine d'un mot. La fonction de lemmatisation permet, par exemple, d'obtenir les résultats de recherche du mot vin pour une requête lancée sur le mot vinification

La lemmatisation n'est pas disponible dans tous les moteurs de recherche. C'est à vous donc de prévoir les variantes possibles les plus fréquentes pour un mot particulier. La version pluriel d'un mot tend à être plus fréquente que la version singulier. Si vous estimez que les différentes variantes d'un mot (telles que cubi et cubitainer) sont toutes importantes, conservez-les toutes dans votre liste de mots clés.

Mots vides

Les mots vides sont des mots courants (un, une, le, la, les, de, du, des, à, et, ou, ni, pour, mais, etc.) que les moteurs de recherche ignorent dans les requêtes. Les mots vides sont filtrés parce que leur prise en compte ralentirait la recherche sans améliorer la pertinence. Le filtrage des mots vides allège considérablement l'index des moteurs de recherche.

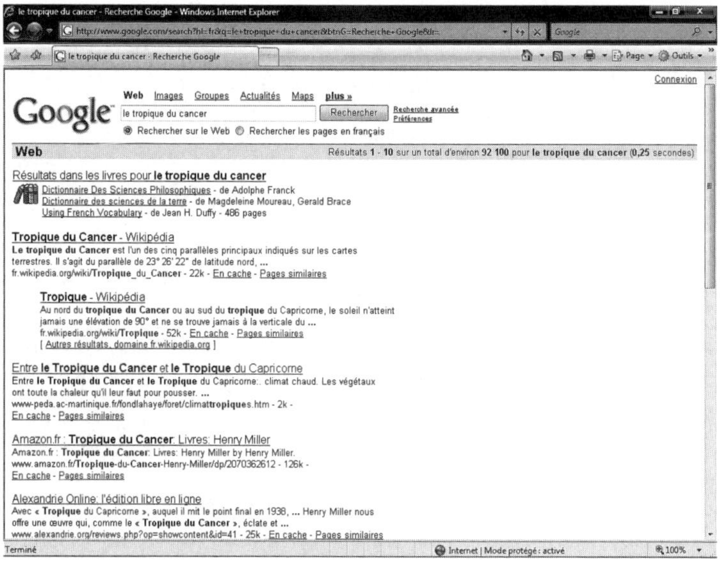

Figure 2.14

Google ignore l'article "le" parce que c'est un mot très fréquent dans les textes.

Quand vous préparez votre liste de mots clés, éliminez les mots vides si possible puisqu'ils seront ignorés. Pour vérifier si un mot est un mot vide, lancez une recherche avec un service comme Google. Dans le résultats de recherche, vous verrez quels mots sont ignorés par Google.

Moteur de recherche interne

Si un moteur de recherche est disponible sur votre site web, les mots saisis en requête dans votre moteur interne peuvent aussi faire partie de votre liste de mots clés.

En général, les visiteurs qui arrivent sur votre site à partir d'un moteur de recherche du Web veulent atteindre une information précise en trois à cinq clics. Dans l'idéal, il faudrait que les clients potentiels atterrissent directement à la page contenant l'information désirée. Mais dans la pratique, ce n'est pas toujours réalisable. Il est probable que les visiteurs parcourent le site si l'information n'est pas immédiatement disponible. Et s'ils ne trouvent pas l'information en ouvrant plusieurs pages, ils pourraient alors utiliser le moteur de recherche interne de votre site.

D'après les tests d'utilisabilité de sites web, il ressort que les gens préfèrent parcourir un site à la recherche d'une information plutôt que d'utiliser son moteur de recherche interne. Par conséquent, gardez à l'esprit que les mots recueillis dans votre moteur de recherche correspondent probablement à des informations que les visiteurs ne trouvent pas en ouvrant vos pages. Si les visiteurs ne sont pas en mesure de trouver l'information recherchée en parcourant les pages, c'est signe que l'architecture et la navigation de votre site sont à revoir puisqu'elles ne suffisent pas à orienter les visiteurs.

Comment exploiter la liste de mots clés

À partir des données recueillies de diverses sources, vous pouvez réduire votre liste de mots clés. Voici la liste que j'ai composée pour le site de la société fictive Nos vins bio :

vin bio	vins bio
vin biologique	vins biologiques
vin blanc bio	vin rouge bio

vins blancs bio
vin pays bio
vin bourgogne
vin loire
vin beaujolais
vin jura
degustation vin
vins fins
vente vins
vente ligne vins
vin prix
promotion vin
fabrication vin
gastronomie vin
recettes vin chaud
bouteilles vin
vin bib
vin cubitainer
accessoires vin
services verres vin
seau champagne
vins rouges bio
vin champagne
vin bordeaux
vin alsace
vin sud ouest
vin france
bon vin
vente vin
vente ligne vin
achat vin
prix vin
vigne vin
vinification
recette vin
bouteille vin
vin bouteille
vin cubi
fontaine vin
tire-bouchon
services flutes champagne
porte-bouteille

Désormais, la société Nos vins bio sait comment construire certaines parties de son site en fonction de cette liste de mots clés. L'éditeur du site devrait créer des pages consacrées aux vins de différentes régions productrices (Bordeaux, Bourgogne, Champagne, etc.).

Il pourrait aussi proposer sur le site des recettes puisque "recettes vin" semble être une requête courante. Dans la rubrique recettes, il y aurait des recettes de plats avec le vin comme ingrédient (coq au vin, et différentes recettes de poisson cuisiné au vin blanc) et des recettes de sangria ou de vin cuit. Il pourrait aussi y avoir des recettes saisonnières : recettes de vin chaud épicé pour l'hiver et sangria ou cocktails au champagne pour l'été. Soit dans une rubrique à part, soit pour chaque page de produit, il serait utile pour le client de fournir des conseils pour l'accompagnement des vins.

La liste de mots clés pourrait aussi alimenter les questions de vos pages de FAQ. Le public ne sait pas toujours à quoi correspond l'appellation vin bio. Nous pourrions donc avoir les questions suivantes dans une FAQ :

- Qu'est-ce que le vin biologique ?
- Quelle différence entre le vin bio et le vin ordinaire ?
- Quelle est l'origine des vins bio distribués par Nos vins bio ?
- Quels vins bios sont disponibles en cubi ?

Examinez ces quatre questions et voyez combien de fois apparaît le mot vin ou vins ? Comptez combien de fois vin bio et vins bio sont mentionnés. La création de pages de FAQ truffées des mots clés que la cible utilise est une bonne méthode pour attirer des visites, et c'est un procédé approuvé par les services de recherche.

Le Listing 2.1 présente une architecture possible pour le site web Nos vins bio, établie d'après la liste de mots clés.

Listing 2.1

Page d'accueil

Vins bio

    Champagnes bio

        Champagne brut

        Champagne demi-sec

        Champagne rosé

    Vins blancs bio

        Alsace

        Val de Loire

        Bordeaux

        Bourgogne

Listing 2.1 *(suite)*

- Vins rouges bio
  - Bordeaux
  - Bourgogne
  - Beaujolais
  - Côte du Rhône
  - Vins du Sud-Ouest
- Vins rosés bio
  - Vins de Corse
  - Côtes de Provence

Accessoires
- Services de verres à vin
- Verres à dégustation
- Services de flûtes à champagne
- Seau à champagne
- Porte-bouteilles
- Tire-bouchons

Promotions
- Sélection de vins en cubitainer
- Beaujolais nouveau

Coffrets cadeaux

FAQ
- Questions sur le label bio
- Questions sur le champagne
- Questions sur les vins blancs
- Questions sur les vins rouges
- Questions sur les vins rosés
- Comment passer une commande

Informations sur le vin biologique
- Champagne
- Vin blanc
- Vin rouge
- Cépages et AOC
- Histoire de la fabrication du vin
- Procédés de vinification
- Conseils pour le stockage du vin
- Conseils pour l'accompagnement des mets

Recettes au vin
- Recettes de plats
- Recettes de cocktails frais
- Recettes de vin chaud épicé

La société Nos vins bio
- Historique de la société
- Nos vins bios dans les médias
- Où nous trouver
- Conditions de vente
    - Politique de confidentialité

Liens recommandés

Nous contacter
- Page de remerciements

Demande de catalogue

Plan du site

L'architecture proposée ici pour le site Nos vins bio est loin d'être complète, mais vous voyez comment tous les mots clés apparaissent naturellement dans les titres. L'architecture du Listing 2.1 s'appelle communément une architecture de hiérarchisation des informations.

Attention

Si vous prévoyez de vendre des produits et des services directement sur votre site web, vous devez ajouter des pages qui indiquent les conditions de remboursement et votre politique de confidentialité. Les éditeurs d'annuaires web recherchent ces informations dans les sites de commerce en ligne.

> **Attention**
>
> Il n'est pas indispensable de créer une page de FAQ pour chacun des produits et services offerts, une page par famille de produits suffit. Toutes les pages de FAQ doivent se composer d'un contenu original et fournir des informations que votre cible pourrait avoir envie de lire. Chaque page de FAQ devrait comporter de quatre à quinze questions et réponses. En effet, deux ou trois questions/réponses ne suffisent pas à justifier la création d'une page séparée, et au-delà de seize questions/réponses la page devient plus longue à charger. Une bonne page de FAQ devrait compter entre 200 et 800 mots à peu près.

Thèmes évidents

Les thèmes sont les sujets traités avec une certaine cohérence dans tout le site. En réduisant votre liste de mots clés pour ne garder que vingt à cinquante expressions clés, vous allez voir apparaître les thèmes évidents.

Dans notre exemple du site Nos vins bio, le sujet principal est bien sûr le vin, et plus précisément le vin biologique. Les visiteurs du site comprennent que dans toutes les pages du site Nos vins bio ils trouveront des informations sur le vin issu de la culture biologique.

Les thèmes secondaires pourraient être les familles de produits, à savoir : champagne, vin blanc, vin rouge, etc. On peut créer de nombreuses pages autour de ces thèmes secondaires. Par exemple, une série de pages sur le champagne pourrait se composer de :

Champagne (produits) > Champagne bruts

Champagne (produits) > Champagne demi-sec

Champagne > Service de seau et flûtes à champagne

Champagne > Recettes de cocktails à base de champagne

Champagne > Histoire du vin de champagne

Champagne > FAQ sur le champagne et ses effets

De même, on pourrait développer un thème similaire à propos des vins d'Alsace :

Blancs d'Alsace (produits) > Gewurztraminer

Blancs d'Alsace (produits) > Riesling

Blancs d'Alsace > Service de verres à vin

Blancs d'Alsace > Conseils pour l'accompagnement des vins blanc d'Alsace

Blancs d'Alsace > Histoire des vins blancs d'Alsace

Blancs d'Alsace > FAQ sur les vins blancs d'Alsace

En fonction de ces thèmes évidents, l'éditeur du site Nos vins bio sait comment relier les pages entre elles horizontalement et verticalement d'après les mots clés.

Puisque les thèmes se définissent autour des familles de produits, il semble logique de créer une page de FAQ pour chaque gamme de produits ou de services. Dans le cas du site Nos vins bios, on peut insérer une page de FAQ pour les champagnes, vins blancs, vins rouges et vins rosés. Une autre approche aurait pu être d'organiser le site autour des régions productrices de vin biologique : Champagne, Alsace, Bourgogne, Bordeaux, côtes du Rhône et Sud-Ouest. De même, puisque "vin mets" semble une requête fréquente, le site Nos vins bio devrait inclure des pages de conseils pour l'accompagnement des différents types de vin.

Chaque fois que vous créez une page de FAQ, assurez-vous de la relier à la page des produits ou services correspondants. Si la page de FAQ reçoit un bon classement dans les moteurs de recherche, votre intérêt est d'inciter les visiteurs à consulter vos offres de produits et services après la lecture des questions/réponses.

Pour promouvoir les ventes, il est conseillé de proposer des produits apparentés. Par exemple, si un client potentiel est intéressé par l'achat de champagne, il pourrait aussi avoir envie d'un service de flûtes ou d'un seau à champagne. Inversement, le client intéressé par un service à champagne pourrait aussi acheter des bouteilles de champagne. Quand l'interconnexion des pages est soigneusement conçue, les liens incitent les visiteurs à effectuer plus d'achats tout en donnant aux robots d'indexation une indication des pages importantes dans le site.

Par conséquent, construire les pages web d'après l'analyse de mots clés et d'après les thèmes évidents rend le contenu plus facile à trouver avec les moteurs de recherche pour les raisons suivantes :

- la plupart des pages se composent d'un contenu spécifique parce qu'elles sont consacrées à un seul sujet ;
- les pages importantes sont interconnectées, ce qui aide le visiteur à les trouver et à y effectuer des achats.

Nous reviendrons sur l'interconnexion des pages internes plus loin dans ce chapitre.

Placement des mots clés

Après avoir composé une liste de vingt à cinquante expressions clés, vous pouvez construire les pages web et l'architecture d'information en fonction de ce que cherche votre cible. L'étape suivante dans le processus d'optimisation est de placer les mots clés dans les bonnes balises HTML des pages.

Bien remplir les balises HTML

La balise de titre a un rôle bien précis pour le design du site web et pour les moteurs de recherche. Le titre de chaque page s'insère entre les balises `<title>` et `</title>`.

`<title>`Plastic Surgery of Southern Connecticut`</title>`

Quand la page s'affiche dans un navigateur, son titre apparaît comme à la Figure 2.15.

Figure 2.15

Le contenu de la balise de titre s'affiche en haut de la fenêtre du navigateur. Remarquez dans cet exemple que le nom de la société (Plastic Surgery of Southern Connecticut) figure au début du titre parce qu'il comprend des mots clés très populaires.

La balise de titre est un élément très important pour la visibilité dans les moteurs de recherche parce que le titre remplit plusieurs fonctions :

- Le titre de la page est considéré comme texte principal par tous les moteurs de recherche, ce qui signifie qu'ils l'indexent tous et s'en servent pour déterminer la pertinence.
- Le titre de la page est le premier texte présenté pour chaque entrée dans les résultats d'une requête. Ce titre est mis en relief en tant que lien vers le site correspond. Ce lien est une invitation : il fait savoir à votre cible qu'il conduit vers des informations en rapport avec les mots de la requête.
- Le titre de la page apparaît dans les signets ou favoris des navigateurs.

Il en ressort que le titre remplit trois fonctions. La première est de favoriser la visibilité dans les moteurs de recherche. Tous les moteurs prennent en compte la balise de titre pour calculer la pertinence d'une page. La deuxième fonction est d'inspirer confiance aux utilisateurs du moteur de recherche. Ils ont plus l'impression que le moteur a fourni les meilleurs résultats s'ils voient figurer les mots de leur requête dans un lien. La troisième fonction du titre est d'inciter les internautes à cliquer sur le lien vers la page.

Toutes les pages de votre site devraient avoir un titre distinct puisque chacune propose un contenu différent. Votre page À propos de contient-elle les mêmes informations que vos pages produits ? Sûrement pas, et vos balises de titre doivent refléter les différences dans le contenu des pages.

À moins que votre société ne soit très renommée et bénéficie d'une bonne image de marque, il est préférable de ne pas mettre le nom de la société dans les titre des pages. Pour développer votre marque et pouvoir adapter le site en fonction de la cible, ne placez pas le nom de votre société au début de la balise de titre, sauf si ce nom contient un mot clé[1].

Astuce

En règle générale, rédigez pour chaque page un titre évocateur et unique, composé de cinq à dix mots ou de 60 à 69 caractères. Tâchez de limiter les mots vides tels que le, la, de, du, etc. Les titres devraient contenir vos mots clés les plus importants tout en reflétant fidèlement le contenu de vos pages web.

1. NdT. Toutefois, l'utilisation de la marque dans la balise titre peut également être une manière pour vous de bâtir cette marque et de fidéliser les internautes. À vous de trouver l'équilibre entre mise en avant de votre marque, et optimisation de vos titres par des mots clés forts.

Par exemple, le nom Nos vins bio est un nom de société qui convient tout à fait aux moteurs de recherche parce qu'il comprend les mots "vins bio". De ce fait, un bon titre pour une page qui vend du vin biologique serait :

`<title>`Nos vins bio : vin de champagne`</title>`

Puisque le mot clé vin est au pluriel dans le nom de la société, il est préférable de le répéter au singulier dans le titre.

Une autre solution tout aussi efficace pour la visibilité serait la suivante :

`<title>`Vin de champagne de Nos vins bio`</title>`

Combinaison idéale

Les meilleurs titres sont ceux qui contiennent une combinaison idéale de mots clés. Si possible, les trois premiers mots significatifs du titre devraient être des mots qui s'associent pour former des expressions clés fréquemment saisies en requête. Par exemple :

`<title>`Vin de champagne bio de Nos vins bio`</title>`

Ici, les expressions clés ciblées contenues dans la balise de titre sont :

- vin champagne bio ;
- vin bio ;
- vin champagne.

Astuce

Il n'est pas toujours possible de placer une combinaison idéale dans les titres. Si l'association de trois mots vous semble trop artificielle, ne l'employez pas.

Je vous rappelle que votre cible verra le contenu de vos balises de titre dans les résultats de recherche. Les internautes ne veulent pas voir une liste de mots clés. Ils veulent voir une phrase courte qui décrit brièvement et clairement le contenu de la page qu'ils s'apprêtent à visiter.

De plus, il importe de regrouper les mots clés, lorsque c'est possible, parce que les moteurs de recherche prennent aussi en compte la proximité des mots clés. La proximité est analysée dans les titres mais aussi dans tout le texte principal de la page.

Singulier et pluriel

Constatant que leur cible utilise aussi bien la version singulier que pluriel d'un mot pour trouver leur site web, de nombreuses sociétés choisissent d'inclure les deux versions d'un mot clé dans les titres.

La balise de titre suivante contient le mot "vin" au singulier et au pluriel :

`<title>`Vin de champagne de Nos vins bio`</title>`

Établissez une liste de titres possibles, de sorte qu'au moment de définir le titre d'une nouvelle page ciblant les mêmes mots clés vous disposerez d'un choix de titres optimisés. Procédez au test de vos titres en mesurant la réponse de votre cible. Optez pour les titres et mots clés qui obtiennent la meilleure réponse et adaptez les titres des autres pages d'après les résultats du test.

Voici une liste de titres qui conviendraient dans le site Nos vins bio pour une page traitant du champagne :

Vin de champagne

Vins de champagne

Vin de champagne bio

Vins de champagne bio

Vin de champagne biologique

Vins de champagne biologiques

Vin de champagne de Nos vin bio

Vins de champagne de Nos vin bio

Vin de champagne biologique de Nos vin bio

Vins de champagne biologiques de Nos vin bio

Nos vins bio : vin de champagne

Nos vins bio : vins de champagne

Nos vins bio : vin de champagne biologique

Nos vins bio : vins de champagne biologiques

Corps du texte

Le corps de texte visible dans une page web est le texte HTML, délimité par les balises `<body> et </body>`, qu'il est possible de copier et coller directement du navigateur vers un éditeur de texte. Le texte à l'intérieur des titres de section, des paragraphes, des listes à puces ou numérotées et des tableaux fait partie du corps de texte visible.

À cause de divers abus dans l'emploi des balises et des attributs, notamment dans les descriptions en métadonnées et dans le texte de remplacement des images, les moteurs de recherche n'indexent plus le même contenu pour déterminer le classement des pages. Une chose est sûre à propos des robots d'indexation, c'est qu'ils continueront toujours à déterminer la pertinence d'après le titre des pages et le corps de texte visible. Pour cette raison, il est important de répartir les mots clés dans le corps de texte visible des pages pour s'assurer que les moteurs de recherche pourront trouver et indexer les mots clés pertinents.

Proéminence des mots clés

Tous les moteurs de recherche considèrent les mots en haut d'une page web, dans la partie visible à l'ouverture, comme plus importants que les mots du reste de la page. On appelle proéminence d'un mot clé sa position relative dans la page[1].

Par exemple, l'organisme Elgin Area Chamber voulait une page d'accueil agréable à l'œil et capable d'aider la population d'Elgin à trouver le site. Pour garantir que la page d'accueil soit trouvable avec un moteur de recherche, les mots clés les plus importants ont été mis en bonne position en haut de la page (voir Figure 2.16).

Pour placer les mots clés importants en haut d'une page web, la solution la plus simple est de les utiliser dans un titre (page ou section).

---

1. NdT. Certaines techniques avancées des feuilles de style en cascade (CSS 2.0) permettent au besoin de contourner cette contrainte, en affichant en haut du code source (lu par les moteurs) un contenu important affiché en bas de page.

Figure 2.16

Elgin Area Chamber s'est assuré que le texte le plus important du site est bien visible dans la partie supérieure de la page d'accueil.

Choisissez une variante du titre de la page pour le titre d'une section du texte. Par exemple, on pourrait avoir les titres suivants respectivement pour la page et pour une section :

`<title>`Vin de champagne de Nos vins bio`</title>`

`<h1>`Vin de champagne biologique`</h1>`

Si vous préférez un titre plus énergique, tentez d'y intégrer un verbe d'action comme dans cet exemple :

`<h1>`Commandez notre champagne bio`</h1>`

Le premier paragraphe d'une page web devrait décrire fidèlement son contenu en utilisant les mots clés les plus ciblés. Si le contenu de la page ne tient pas dans la hauteur de l'écran, il faut absolument que la première portion de texte confirme au lecteur qu'il trouvera le reste de l'information voulue dans cette même page.

Une solution efficace pour optimiser une longue page web est de placer en tête les titres de section en utilisant des mots clés. Vous devriez donc placer des liens de titres en haut des pages comme dans l'exemple de la Figure 2.17.

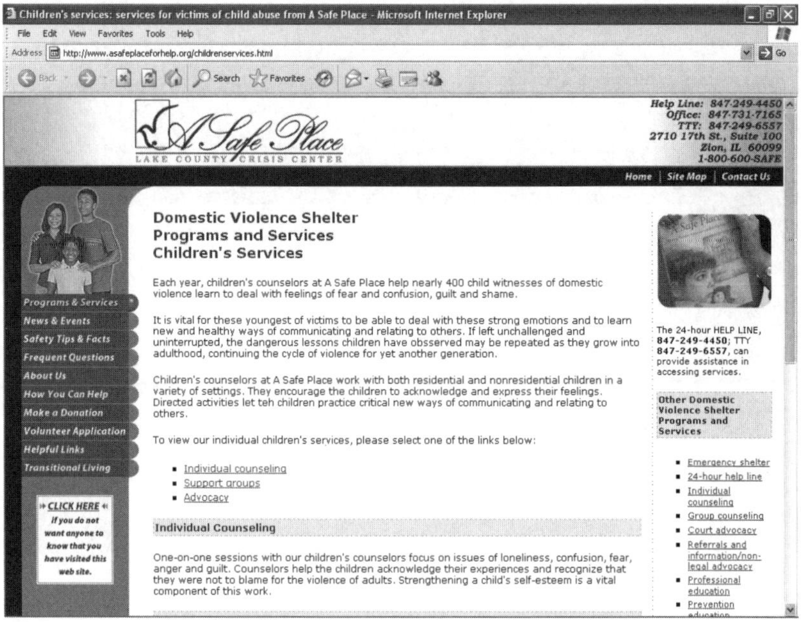

Figure 2.17

L'organisme A Safe Place propose divers services pour les enfants. Pour s'assurer que la cible en prend connaissance, on a placé un lien vers chacun des services pour enfants dans la première partie de la page.

Il est important de mettre des mots clés dans le paragraphe d'introduction, mais il s'avère que les pages web qui contiennent des mots clés répartis dans tout le corps du texte bénéficient d'une meilleure visibilité dans les moteurs de recherche.

Une autre technique pour répéter les mots clés est de rédiger un paragraphe ou une phrase de conclusion passe-partout pouvant être inséré dans presque toutes les pages du site. Toutes les phrases de conclusion devraient contenir les mots clés et une incitation comme dans cet exemple :

<p>Si vous souhaitez obtenir davantage d'informations sur notre champagne biologique, veuillez contacter par e-mail Émile Dubois du département Champagne et Alsace.</p>

Si vous préférez que la cible téléphone au lieu d'envoyer un e-mail, la conclusion se présenterait ainsi :

<p>Si vous souhaitez obtenir davantage d'informations sur notre champagne biologique, veuillez contacter Émile Dubois du département Champagne et Alsace au 0802 XXX XXX.</p>

Incitation à l'action

Rendre son site visible dans les moteurs de recherche n'est que la première étape. Pour faire tourner la boutique, il faut aussi persuader le client potentiel de cliquer sur le lien menant à votre site puis d'y effectuer des achats (ou toute autre action bénéfique à vos affaires). Que voulez-vous que les visiteurs fassent une fois qu'ils sont arrivés sur votre site ? Voulez-vous qu'ils s'abonnent à un bulletin d'information ? Qu'ils prennent le téléphone pour vous appeler ? Passent une commande au moyen d'un panier virtuel ? Ou qu'ils remplissent un formulaire en ligne ?

Les pages web adaptées aux moteurs de recherche doivent aussi plaire aux visiteurs et surtout répondre à leurs attentes pour vous aider à atteindre vos objectifs commerciaux. De ce fait, toutes les pages que vous souhaitez voir référencées dans les moteurs de recherche devraient contenir des incitations à l'action. L'une des incitations les plus simples se matérialise par un lien textuel.

Les liens textuels présentent les avantages suivants :

- La plupart des moteurs de recherche attachent une certaine importance au texte autour de la balise de lien parce qu'il n'est pas logique de créer des liens vers des pages au contenu sans valeur.
- Les visiteurs du site comprennent tout de suite que les mots bleus soulignés (ou juste soulignés) devraient les conduire vers les informations résumées par ces mots. En d'autres termes, le lien est en lui-même une incitation à l'action.

Disons que votre site contient une page web qui résume les principaux types de produits proposés. Il est courant de voir un lien intitulé "Pour en savoir plus" qui indique que des informations complémentaires sur un produit sont disponibles au bout du lien. Si vous avez des informations supplémentaires à propos d'un produit particulier, pourquoi ne pas ajouter des mots clés pour les mettre en valeur ?

Ainsi, au lieu du lien :

<a href="champagne.html>Pour en savoir plus</a>

Préférez celui-ci :

<a href="champagne.html>Pour en savoir plus sur notre vin de champagne</a>

ou celui-là :

Pour une information complémentaire sur notre <a href="champagne.html>vin de champagne</a>

Pour ne pas oublier d'insérer plus de mots clés je me pose toujours la question suivante :

Quel type de _________ ?

Si vous proposez des services, de quel type de services s'agit-il ? Si vous vendez des produits, quel type de produits offrez-vous ? Si vous voulez que le visiteur continue à lire, que voulez-vous lui faire lire ? S'il doit se documenter sur vos produits, à propos de quel type de produits voulez-vous qu'il s'informe ?

En répondant à la question "Quel type de ________ ?", vous trouverez naturellement la série de mots clés à insérer dans le corps du texte de vos pages web.

Balises meta

Une balise meta est une balise HTML qui fournit des informations à propos du contenu de la page web. Elle peut servir à indiquer selon quelle spécification HTML la page est encodée ou à donner un résumé de son contenu. Les balises meta n'ont aucune influence sur l'affichage de la page dans les navigateurs. En ce qui concerne la visibilité dans les moteurs de recherche, on utilise surtout les balises meta pour leurs attributs de mots clés, de description et d'exclusion aux robots.

L'une des fausses croyances les plus répandues à propos des balises meta est qu'elles constituent l'ingrédient secret indispensable à un classement optimal par les moteurs de recherche. En réalité, seuls certains moteurs exploitent les balises meta pour définir la pertinence des pages. De nombreux moteurs reprennent le contenu des balises meta dans l'affichage des résultats de recherche. Il est certain que peu de moteurs de recherche (et aucun annuaire) n'utilisent le contenu des balises meta dans le calcul de la pertinence. Les balises meta n'ont donc rien d'un ingrédient magique. En revanche, les descriptions fournies en métadonnées sont considérées comme texte secondaire destiné à favoriser le classement du site dans les moteurs de recherche.

Balise meta description

Lorsque vous remplissez les balises meta, accordez plus de temps à la rédaction d'une bonne description qu'à la saisie d'une liste de mots clés. Pour la visibilité dans les moteurs de recherche, la description a beaucoup plus d'importance que la liste de mots clés.

Puisque les descriptions insérées dans les balises meta apparaissent dans les résultats d'une requête, cette description doit remplir deux objectifs :

- aider à obtenir un bon classement dans les moteurs de recherche qui exploitent la balise meta description dans le calcul de la pertinence ;
- inciter les internautes à cliquer le lien vers le site web.

La description en métadonnées se place entre les balises `<head>` et `</head>`. Le code HTML d'un descriptif en métadonnées se présente ainsi :

```
<meta name="description" content="La description de la page
s'insère ici."/>
```

Lorsque vous tapez les descriptions en métadonnées, sélectionnez dans chaque page les quatre à cinq mots les plus importants d'après vos conclusions de l'étude des mots clés. Rédigez avec soin des phrases de 200 à 250 caractères en intégrant les mots les plus importants de vos pages web. Tâchez d'éliminer autant de mots de liaison que possible dans les descriptions afin de garder de la place pour les mots clés.

> **ASTUCE**
>
> Si les mots de la description ne sont pas aussi utilisés dans la page, la plupart des moteurs de recherche interprètent cela comme du spam. Je pourrais citer l'exemple extrême d'un site pornographique qui aurait le mot Disney ou Barbie dans ses balises meta description.

Voici quelques conseils pour la rédaction des descriptifs dans la balise meta :

- Évitez de répéter l'intitulé exact du titre de la page (balise title), car cela pourrait être interprété comme du bourrage de mots clés par les robots d'indexation.
- Placez les mots clés essentiels au début de la description.

- Si possible, utilisez les mots les plus importants au singulier et au pluriel.
- Essayez de ne pas couper les expressions clés importantes.
- Limitez la répétition des mots clés. Bien que les moteurs de recherche ne donnent pas de chiffre précis à ce sujet, tâchez de vous limiter à trois ou quatre répétitions pour éviter les problèmes de bourrage de mots clés.
- Sachez que certains moteurs considèrent les variantes singulier et pluriel comme un même mot.
- Insérez une invitation incitant votre cible à cliquer sur le lien de votre site, par une formulation du type "renseignez-vous sur" suivie des mots clés ciblés.
- L'insertion d'une liste de mots clés dans la description n'est pas une bonne méthode pour attirer les visiteurs. De plus, cela ne plaît pas aux robots qui l'interprètent comme une technique de spam.

Voici un exemple de descriptif simple mais efficace :

```
<meta name=description content="Commandez nos meilleurs
crus de vin bio à prix de gros. Nos vins bio propose une
variété de champagnes, vins blancs et rouges. Bordeaux,
beaujolais et côtes du Rhône sont disponibles en
bouteilles et en cubi."/>
```

Dans cet exemple, la description compte 173 caractères sans espaces et 208 caractères espaces compris. Le compte des mots s'obtient dans Microsoft Word avec la commande Outils > Statistiques.

Il existe des techniques simples pour varier les descriptions en métadonnées.

Changer le verbe

Dans le descriptif que je viens de vous présenter, vous pouvez supprimer le verbe "Commandez", ce qui donne :

```
<meta name=description content="Nos meilleurs crus de vin
bio à prix de gros. Nos vins bio propose une variété de
champagnes, vins blancs et rouges. Bordeaux, beaujolais
et côtes du Rhône sont disponibles en bouteilles et en
cubi."/>
```

Vous pourriez aussi remplacer le verbe "Commandez" par :

- Dégustez nos meilleurs crus de vin bio...
- Savourez nos meilleurs crus de vin bio…
- Sélectionnez parmi nos meilleurs crus de vin bio…
- Votre caviste en ligne vous propose ses meilleurs crus de vin bio...
- Ne ratez pas nos meilleurs crus de vin bio…

Vous pourriez aussi changer la forme d'un verbe ou son sujet, comme ici dans la deuxième phrase :

```
<meta name=description content="Nos meilleurs crus de vin
bio à prix de gros. Chez Nos vins bio nous proposons une
variété de champagnes, vins blancs et rouges. Bordeaux,
beaujolais et côtes du Rhône sont disponibles en
bouteilles et en cubi./">
```

Ajouter une incitation à l'action à la fin du descriptif

Une solution pour ajouter des mots clés capitaux dans la description consiste à insérer une phrase du type "Renseignez-vous sur … (mots clés)". L'invitation peut aussi se formuler ainsi :

- Informez-vous sur notre sélection de vins bio.
- Contactez-nous pour toute information sur nos vins bio.

Changer l'ordre des mots ou des phrases

```
<meta name=description content="Nos meilleurs crus de vin
bio à prix de gros. Bordeaux, beaujolais et côtes du
Rhône sont disponibles en bouteilles et en cubi. Nos vins
bio propose une variété de champagnes, vins blancs et
rouges."/>
```

Quand vous reformulez le descriptif, prenez garde de ne pas faire de bourrage de mots clés. N'oubliez pas que la description en métadonnées doit refléter fidèlement le contenu de la page.

Si vous ne remplissez pas la description dans la balise meta, les moteurs de recherche qui affichent cette description dans les résultats en produiront une eux-mêmes d'après le contenu de la page. Or, le

ASTUCE

Si vous n'avez pas le temps de rédiger une bonne description pour chacune de vos pages, copiez et collez les deux premières phrases du texte de la page dans la balise meta description.

descriptif généré par le moteur risque de ne pas mettre votre page en valeur, comme le prouve l'exemple de la Figure 2.18.

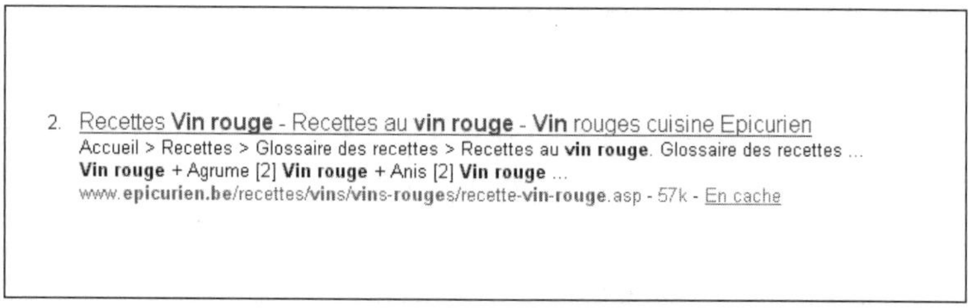
2. Recettes **Vin rouge** - Recettes au **vin rouge** - **Vin** rouges cuisine Epicurien
Accueil > Recettes > Glossaire des recettes > Recettes au **vin rouge**. Glossaire des recettes ... **Vin rouge** + Agrume [2] **Vin rouge** + Anis [2] **Vin rouge** ...
www.**epicurien.be**/recettes/**vins**/**vins-rouges**/recette-**vin-rouge**.asp - 57k - En cache

Figure 2.18

Cette page web obtient une bonne position dans un moteur de recherche, mais sa description débute par le contenu d'un fil d'Ariane au lieu d'une phrase d'invitation.

Nombre de webmarketeurs préfèrent placer une liste de mots clés dans la balise meta description. Non seulement cette technique s'apparente à du spam, mais elle n'est pas très efficace pour encourager les internautes à cliquer sur le lien du site. Iriez-vous visiter un site présenté ainsi dans les résultats de recherche ?

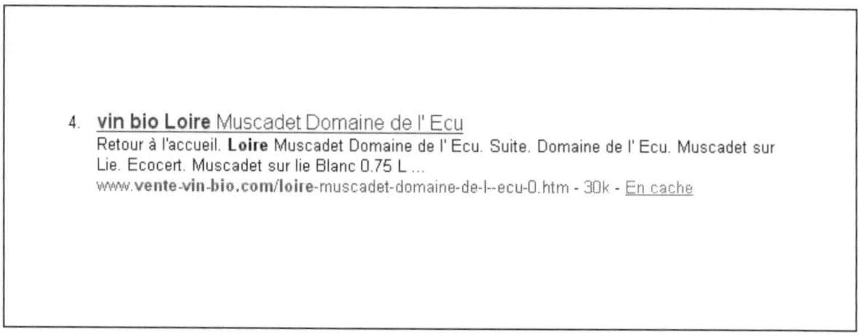
4. **vin bio Loire** Muscadet Domaine de l' Ecu
Retour à l'accueil. **Loire** Muscadet Domaine de l' Ecu. Suite. Domaine de l' Ecu. Muscadet sur Lie. Ecocert. Muscadet sur lie Blanc 0.75 L ...
www.**vente-vin-bio.com**/**loire**-muscadet-domaine-de-l--ecu-0.htm - 30k - En cache

Figure 2.19

Cette page web obtient aussi une bonne position. Mais la description débute par Retour à l'accueil et se compose d'une suite de mots clés, elle n'est pas plaisante à lire et ne contient aucune incitation à l'action.

Utiliser le nom de la société dans la description

Même règle que pour la balise de titre, à moins que le nom de la société ne contienne des mots clés, évitez de l'utiliser dans les descriptions des balises meta. Si vous tenez à l'insérer, mettez le nom de la société à la fin du descriptif.

Balise meta keywords

La balise meta keywords d'une page web doit bien sûr contenir des mots clés présents dans la page. Si un mot figure dans la balise meta keywords alors qu'il n'apparaît nulle part dans le corps de la page, c'est signe que vous tentez de duper les robots d'indexation. En conséquence, la page pourrait recevoir une mauvaise note pour sa pertinence.

Quand vous sélectionnez les mots et expressions clés pour la balise meta keywords, pensez aux déclinaisons suivantes

- **Singulier et pluriel.** Lorsque vous tapez la liste de mots clés, mettez au début de la liste la version que les visiteurs du site utilisent le plus souvent.
- **Majuscules et minuscules.** La différence de casse n'est pas prise en compte dans les algorithmes de la plupart des moteurs de recherche. Par conséquent, si vous tapez toutes les variantes (tout en majuscules, tout en minuscules et majuscule initiale), c'est une perte de temps et cela qui risque d'être assimilé à du spam et d'entraîner des pénalités pour bourrage de mots clés. Quand les internautes tapent une requête, ils veulent aller vite, et pour ça ils n'utilisent pas du tout de majuscules.
- **Avec ou sans virgule.** Pour les moteurs de recherche qui exploitent la balise meta keywords, il ne fait aucune différence que les mots et expressions soient séparés ou non par des virgules. Si vous préférez séparer les expressions par des virgules, faites-le. L'emploi de virgules n'a pas d'incidence sur la pertinence des pages.
- **Fautes d'orthographe.** Puisque certains mots clés sont souvent mal orthographiés par les internautes, vous pourriez avoir la tentation d'ajouter les mots avec faute dans la balise meta keywords. Or, si la version erronée n'apparaît pas dans le corps du texte, cette technique se révèle une perte de temps.

Balise meta revisit

La balise meta revisit a la réputation de commander aux robots d'indexation de revenir visiter la page à l'issue d'un délai donné. Le code HTML de cette balise se présente ainsi :

```
<meta name="revisit-after" content="14 days" />
```

ici, d'après les instructions de cette balise, les robots reçoivent l'ordre de retourner sur la page tous les quatorze jours.

Je m'amuse souvent à tester les connaissances de mes collègues à propos de cette balise.

Personne ne peut donner d'ordres à un robot d'indexation. Vous ne pouvez pas lui commander de revisiter votre page tous les quatorze jours. De même, vous ne pouvez pas indiquer à un moteur de recherche dans quelle langue indexer votre site. D'ailleurs, dans les formulaires de soumission d'URL, les moteurs de recherche ne garantissent nullement que les pages soumises seront référencées.

En conclusion, il est inutile d'utiliser cette balise pour favoriser la visibilité dans les moteurs de recherche.

Balise meta robots

Certains éditeurs de site web préfèrent que les robots n'indexent pas le contenu d'une page particulière. Pour ce faire, ils utilisent l'attribut d'exclusion aux robots dans une balise meta. Voici comment encoder cette exclusion :

```
<html>
<head>
<title>Champagne de Nos vins bio</title>
<meta name="robots" content="noindex" />
</head>
```

Cette instruction n'est pas suivie par tous les moteurs de recherche. Dans ce cas, il faut utiliser le fichier robots.txt (voir plus loin dans ce chapitre, à la section Protocole d'exclusion aux robots).

Les webmarketeurs aiment bien se servir de cette balise pour commander aux robots d'indexer une page :

```
<html>
<head>
<title>Champagne de Nos vins bio</title>
<meta name="robots" content="index, follow" />
</head>
```

Selon ce code, le robot est censé indexer le texte de la page contenant la balise, puis suivre les liens de la page. Cette balise est inutile, elle aussi. En effet, les robots indexent automatiquement le texte et suivent les liens de la page à moins d'en avoir reçu l'instruction contraire.

Texte de remplacement des images

Le texte de remplacement des images se place dans la balise d'insertion d'une image et apparaît à l'écran quand le navigateur ne peut pas télécharger l'image.

Le code HTML du texte de remplacement se rédige ainsi :

```
<img src="images/accueil.gif" height="25" width="60"
alt="Accueil chez Nos vins bio" />
```

- **IMG** est le code HTML qui demande au navigateur d'insérer une image dans la page web.
- **SRC** est l'attribut qui indique la source ou chemin d'accès vers le fichier graphique à charger. Dans cet exemple, l'image est un fichier GIF nommé accueil.gif qui se trouve dans le dossier images du site web. Le chemin du fichier doit être délimité par des guillemets.
- **HEIGHT** et **WIDTH** définissent les dimensions en pixels de l'image à l'écran. L'emploi de ces attributs dans la balise IMG préserve la mise en page. De plus, les pages utilisant les attributs HEIGHT et WIDTH se chargent plus vite que celles qui ne précisent pas les dimensions des images.
- **ALT** est l'attribut d'alternative qui permet d'afficher du texte à la place de l'image. Le texte de remplacement doit être encadré de guillemets.

Le texte de remplacement apparaît à la place des images quand le navigateur est en mode texte seulement. De plus, le texte de remplacement sert aux malvoyants qui utilisent un appareil de lecture d'écran. Cet appareil convertit en braille le contenu de la page ou le lit avec une voix de synthèse. Par conséquent, pour que les images puissent être lues, il faut fournir un texte de remplacement dans la balise de chaque image.

Les webmarketeurs et les webdesigners négligent souvent cet attribut. De nombreux moteurs de recherche d'images indexent le texte de remplacement, ce qui fait de cet attribut un emplacement stratégique pour l'insertion de mots clés.

De plus, le navigateur Internet Explorer affiche le texte de remplacement en infobulle quand le pointeur survole l'image.

Par exemple, disons que vous avez un site web qui propose des services de graphisme et illustration. L'un des boutons de navigation porte l'intitulé "Services". L'image du bouton pourrait avoir le texte de remplacement suivant :

```
<img src="images/services.gif" height="20" width="120"
alt="Services" />
```

Le mot "services" n'indique rien sur la nature des services offerts. Rappelez-vous la question "Quel type de ________ ?" Répondez à la question. Quel type de services sont proposés sur le site ? Si vous proposez des services d'illustration, il serait plus judicieux d'insérer le texte de remplacement suivant :

```
<img src="images/services.gif" height="20" width="120"
alt="Services d'illustration" />
```

Les webmarketeurs qui trichent insèrent un maximum de mots clés dans les balises d'images. C'est une technique de spam appelée bourrage de mots clés. Voici un exemple de bourrage de mots clés dans le texte de remplacement :

```
<img src="images/services.gif" height="20" width="120"
alt="graphisme, illustration, illustrations, graphiste,
graphistes, illustrateur, illustrateurs, services
d'illustration" />
```

Le texte de remplacement doit être pertinent et décrire fidèlement l'image.

Images transparentes

ATTENTION

La proéminence des mots clés s'applique aussi aux images. Ainsi, les images (avec un texte de remplacement) qui apparaissent en haut de la page ont plus d'importance que celles qu'on voit en bas de la page.

Il est fréquent d'utiliser une image transparente d'un pixel de côté, couramment appelée blanc.gif ou vide.gif, pour parfaire l'alignement des éléments dans la page. Cette technique est nécessaire pour compenser les incompatibilités des navigateurs actuels.

D'après les règles de bonne conduite dictées par les moteurs de recherche, le texte de remplacement d'une image doit être pertinent à l'image et à la page qui la contient. Cacher des mots clés ou des liens dans une image est considéré comme du spam.

Donc, si vous devez utiliser des images transparentes, n'ajoutez pas de texte de remplacement ou tapez seulement un signe de ponctuation, tel qu'un astérisque (*). Les moteurs de recherche ne lisent pas les signes de ponctuations.

URL et noms de fichiers

Nombre de webmarketeurs croient que l'insertion de mots clés dans le nom de domaine et dans les noms de fichiers a une influence très positive sur le positionnement dans les moteurs de recherche. Selon cette théorie, le nom de domaine :

http://www.nosvinsbio.com/

devrait bénéficier d'une bonne visibilité dans les moteurs de recherche parce qu'il comprend le mot "vin". Et le nom de domaine :

http://www.nosvinsbiodistributionvinbiologique.com/

devrait obtenir une meilleure position puisqu'il contient plus de mots clés.

En fait, le meilleur nom de domaine devrait être :

http://www.nos-vins-bio-distribution-vin-biologique.com/

Selon ce principe, le site Nos vins bio devrait nommer ainsi la page consacrée au champagne :

http://www.nos-vins-bio-distribution-vin-biologique.com/vin-champagne.html

En réalité, le placement des mots clés dans le nom de domaine et dans les noms de fichiers ne suffit pas à améliorer la visibilité dans les moteurs de recherche. N'oubliez pas que les robots indexent le texte et suivent les liens. Si une page web ne contient pas de mots clés ou si sa mauvaise architecture empêche les robots de les trouver, la présence de mots clés dans le nom de domaine et dans les noms de fichiers ne vous aidera pas à obtenir une meilleure visibilité.

Les mots clés dans le nom de domaine et dans les noms de fichiers n'ont pas autant d'importance qu'on le croit. Malheureusement, dès qu'une personne lit qu'un élément a un impact sur le positionnement dans les moteurs de recherche, elle attache trop d'importance à des éléments mineurs qui n'ont pas le pouvoir de générer un bon positionnement. Pourquoi se fatiguer à suivre une stratégie à l'impact négligeable au lieu de concentrer ses efforts sur des stratégies éprouvées, telles que la rédaction, l'architecture du site et la popularité ?

De très nombreuses pages web obtiennent un bon classement et des visites qualifiées sans avoir aucun mot clé dans l'URL. Parallèlement, de très nombreuses pages web n'obtiennent pas un bon classement et contiennent des mots clés dans l'URL. Il y a dans votre site d'autres éléments beaucoup plus importants pour assurer la visibilité à long terme dans les moteurs de recherche.

Densité des mots clés

> **Astuce**
>
> À conditions égales (composantes texte, liens et popularité), la présence des mots clés dans le nom de domaine procure un léger avantage. Le nom des fichiers graphiques est important si vous voulez que votre site apparaisse dans les moteurs de recherche d'images. Autrement, il est inutile de trop vous soucier des noms de fichiers pour la visibilité sur le Web. Les noms de fichiers sont toutefois importants pour la convivialité du site.

L'indice de densité des mots clés se calcule d'après le nombre d'occurrences des mots dans le texte d'une page web :

$$\frac{\text{Nombre d'occurrences d'une expresion clé}}{\text{Nombre total de mots dans la page}} = \text{Densité des mots clés}$$

Les webmarketeurs ne calculent pas tous l'indice de densité de la même manière. Certains comptent tous les mots de la page, tandis que d'autres ne comptent pas les mots vides dans le nombre total de mots. Vous risquez donc d'obtenir des indices différents selon les méthodes des spécialistes consultés.

Une page web devrait contenir 250 à 800 mots (en comptant les mots vides mais pas le contenu des balises meta ni le texte de remplacement des images), parce qu'avec un tel volume de texte la page peut offrir une information valable sur un sujet. Au-delà de 800 mots, le lecteur doit faire défiler la page sans cesse pour en lire le contenu. Or, dans la pratique, les internautes vont rarement jusqu'au bas de la page.

De plus, si vous ne parvenez pas à présenter un argument de vente en moins de 800 mots, vous risquez de perdre l'attention de vos lecteurs. Donc, prenez soin de rédiger des pages avec un contenu pertinent et de qualité en utilisant le moins de mots possible.

Du fait qu'il est facile d'augmenter artificiellement la densité des mots clés, les moteurs de recherche y accordent de moins en moins d'importance. D'ailleurs, plusieurs moteurs ont annoncé qu'ils ne tiennent plus compte de la densité des mots clés dans l'estimation de la pertinence.

Mise en relief des termes

Les mots clés ont aussi leur importance en ce qui concerne la convivialité des services de recherche. Chaque fois qu'un internaute tape une suite de mots clés en requête, les mots clés sont mis en gras à divers endroits dans les résultats. On voit en gras les mots clés se trouvant dans la balise de titre, dans l'URL et dans la balise meta description ou dans le snippet, extrait affiché de la page (voir Figure 2.20).

> **Astuce**
>
> Il est évidemment important d'utiliser des mots clés pour faire savoir aux moteurs de recherche et aux visiteurs de quoi traitent vos pages web, mais je ne vous conseille pas de passer trop de temps à mesurer l'indice de densité des mots clés dans toutes les pages.
> Il est inutile de faire une fixation sur un indice sans grande conséquence.

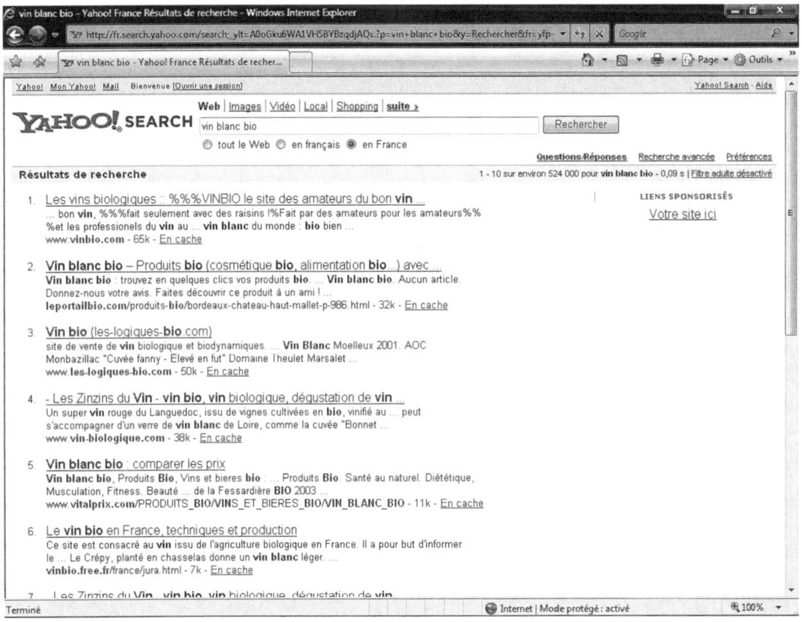

Figure 2.20

Mise en relief dans Yahoo! des mots "vin blanc bio". Remarquez que les termes de la requête sont mis en gras dans les titre de pages, dans les descriptifs et dans les URL.

La mise en gras a pour but de rassurer les utilisateurs sur la qualité du service, à savoir sur la pertinence des résultats fournis. Dans notre exemple, si l'utilisateur tape le groupe de mots "vin blanc bio" (sans les guillemets) dans Yahoo!, il a davantage l'impression de pouvoir trouver réponse à sa question parce qu'il voit les termes en relief (en gras) à différents endroits.

Astuce

Les moteurs de recherche continuent de tester l'effet de la mise en relief dans leurs pages de résultats de manière à améliorer la qualité du service. Un excès de relief nuit à la lisibilité des résultat, car la page semble alors surchargée. À l'inverse, s'il n'y a pas assez de termes mis en gras, l'utilisateur risque de douter de l'efficacité du service. Or, il faut gagner la confiance des utilisateurs pour satisfaire leur désir d'information, ce qui est capital dans le succès d'un site web.

Après avoir cliqué sur un lien vers une page web, le visiteur s'attend à trouver une page qui contient les mots saisis dans sa requête. Par exemple, si l'utilisateur lance une recherche sur le vin de Bordeaux biologique, il veut retrouver les mêmes mots dans la page de chute, et de préférence en haut de la page.

Langues étrangères

Aujourd'hui encore, la recherche sur le Web reste très largement dominée par les États-Unis. Google et Yahoo! sont au départ des services américains qui se sont adaptés aux marchés de divers pays dont la France. En revanche, Voila.fr est un moteur de recherche purement français.

Si votre société est basée en France, votre nom de domaine se termine par .fr ou .com (ou .net, .edu ou .org dans certains cas). Pour enregistrer votre nom de domaine, vous devez fournir des coordonnées officielles contenant une adresse physique en France, un numéro de téléphone, un numéro de fax et une adresse e-mail.

Si votre site est rédigé en français, il sera automatiquement recensé par les robots des moteurs de recherche des pays francophones (France, Canada, Belgique, Suisse, etc.).

Astuce

Avec un nom de domaine spécifique à un pays, vous augmentez les chances de toucher les moteurs de recherche de ce pays. Si l'opération entre dans votre budget, je vous recommande de créer un site distinct pour chaque pays ciblé. Si vous ne voulez pas créer un site entier par pays, vous pouvez créer des sous-domaines ou sous-répertoires dans le site principal.

Si vous comptez cibler un public non francophone, vous devrez adapter votre site à la cible. Il faut bien sûr traduire les textes dans la langue des pays ciblés et aussi prévoir d'acheter des noms de domaine spécifiques à ces pays.

Imaginons que la société fictive Nos vins bio cible le marché français, américain, allemand et britannique.

Elle pourrait déposer les noms de domaine suivants :

www.nosvinsbio.com	(France)
www.nosvinsbio.us	(États-Unis)
www.nosvinsbio.de	(Allemagne)
www.nosvinsbio.co.uk	(Royaume-Uni)

Les quatre noms de domaine peuvent pointer vers le même site web. Il suffit de laisser le visiteur choisir une langue dans la page d'accueil. Après sélection d'une langue, le visiteur est dirigé vers une page rédigée dans la langue choisie.

Les pages web ciblant un pays doivent toujours être rédigées dans la langue officielle du pays. Si par exemple, vous ciblez le marché britannique, vos pages doivent être écrites en anglais. Vous pourriez placer les pages en anglais dans un sous-dossier nommé UK ou english :

http://www.nosvinsbio.com/english/

Vous pourriez sinon créer un sous-domaine ne contenant que les pages en anglais. Et le sous-domaine pourrait avoir une URL comme celle-ci :

http://english.nosvinsbio.com/

Quand vous soumettez votre site à des moteurs de recherche et à des annuaires étrangers, assurez-vous de fournir le nom de domaine approprié. Google et Yahoo! sont présents dans presque tous les pays, mais il existe sans doute des moteurs spécifique à un pays, comme Voila.fr en France. La société Nos vins bios soumettra l'URL www.nosvinsbios.de aux moteurs et annuaires allemands et l'URL www.nosvins-bios.co.uk aux moteurs et annuaires britanniques.

Astuce

Vous ne pouvez pas indiquer aux robots des moteurs de recherche quelle langue est employée dans une page. (Je l'ai déjà dit, ils ne reçoivent d'ordres de personne.) Les moteurs de recherche déterminent automatiquement la langue des pages web en vérifiant les mots les plus courants. Ainsi, si le robot trouve un mot courant typique de l'allemand, la page web est étiquetée en interne comme une page allemande et pourra apparaître dans les résultats de recherche en allemand.

Caractères spéciaux et accents

Quand on écrit des pages web en français, il faut sans cesse recourir à du code HTML spécial pour insérer les voyelles accentuées. Le mot "thé", par exemple, se présente ainsi en HTML :

```
th&eacute;
```

ou

```
th&#233;
```

À l'heure actuelle, les moteurs de recherche avec robots n'interprètent pas toujours très bien les caractères accentués dans les pages de résultats.

INFO

À l'heure actuelle, les différents moteurs de recherche n'ont pas le même comportement à l'égard des caractères accentués.

Google France reconnaît très bien ceux-ci, mais utilise différentes règles de reconnaissance syntaxique pour déterminer si un mot doit être accentué ou non. Ainsi, une recherche effectuée à l'aide d'un mot accentué sur Google France vous fournira de préférence les résultats présentant des accents, sans pour autant exclure ceux n'en présentant pas. A contrario, une recherche effectuée sans les accents privilégie les orthographes sans accents. C'est à noter, quand on sait que Google représente fin 2007 plus de 90 % du marché de la recherche d'information sur le Web. Les moteursYahoo! et Live Search, quant à eux, considèrent en général les expressions accentuées et non accentuées comme parfaitement similaires, et renvoient dans la majorité des cas des résultats identiques pour les requêtes accentuées et non accentuées.

En attendant qu'ils s'améliorent concernant les langues autres que l'anglais, évitez l'emploi d'accents dans les balises de titre et dans les balises meta. Si le mot thé figure dans le titre d'une page, vous voulez qu'il apparaisse ainsi dans les pages de résultats :

thé

et non pas comme cela :

th&eacute

Si vous prévoyez de cibler des moteurs de recherche spécifiques à certains pays, il vous faudra composer une liste de mots et groupes de mots clés pour chaque langue en tenant compte des particularités des pays. Aux États-Unis, par exemple, un téléphone portable s'appelle un *cellular phone* ou *cell phone*, tandis qu'au Royaume-Uni on parle plutôt de *mobile phone*.

En conclusion, l'étude des mots clés doit être adaptée à la langue du pays ciblé en utilisant des outils prévus pour cette langue. Pour l'anglais, vous avez la chance de bénéficier de beaucoup plus d'outils d'analyse de mots clés que pour le français. Pour trouver les différences d'usage entre divers pays anglophones, servez-vous des outils d'adCenter.

Composante liens

L'un des éléments de base les plus importants dans une campagne de marketing visant les moteurs de recherche est la composante liens, qui se réfère aussi à l'architecture de l'information et à l'interface correspondante. Certains spécialistes en SEO parlent plus volontiers d'architecture du site que de composante liens. Quelle que soit l'appellation, la composante liens est formée des éléments suivants :

- système(s) de navigation du site ;
- renvois internes pertinents (verticaux et horizontaux) ;
- repères d'orientation pour le visiteur ;
- incitations à l'action et pistes vers l'information ;

- mise en page ;
- structure des URL.

L'architecture du site est capitale parce que les robots doivent pouvoir accéder à tous les éléments de vos pages web, y compris le texte concentré en mots clés, les images et les fichiers multimédias. Par conséquent, la manière dont vos pages sont reliées entre elles et la manière dont votre site est relié à d'autres sites web ont un impact majeur sur la visibilité de votre site dans les moteurs de recherche.

Si possible, les éléments de la composante liens devraient fournir ceci :

- accès ;
- pertinence des mots clés ;
- orientation dans l'espace ;
- pistes vers l'information ;
- contexte.

En l'absence d'une bonne architecture de l'information assortie d'une mise en page correspondante, les éditeurs de sites web ont souvent besoin de payer pour assurer leur visibilité sur le Web (référencement payant ou programme de rémunération au clic) ou d'avoir recours à des techniques de référencement abusives.

L'optimisation pour les moteurs de recherche et la convivialité du site ne sont pas incompatibles. Le plus souvent, ces deux aspects sont étroitement liés. Il faut analyser et comprendre le comportements de recherche de la cible puis intégrer les résultats de cette étude dans la construction du site pour être en mesure de proposer un service qui donne satisfaction à tous : votre entreprise, vos clients actuels et futurs et les moteurs de recherche généralistes.

Systèmes de navigation

Les webdesigners devraient toujours prendre en compte les préférences des visiteurs du site avant de mettre au point son système de navigation. Les systèmes de navigation devraient permettre aux visiteurs de trouver ce qu'ils cherchent aussi vite et aussi facilement que possible.

Il est courant de voir plusieurs systèmes de navigation dans un même site. Il peut y avoir, par exemple, une série de boutons de navigation sur le bord gauche de l'écran et les mêmes destinations proposées en liens textuels au bas de la page (voir Figure 2.21).

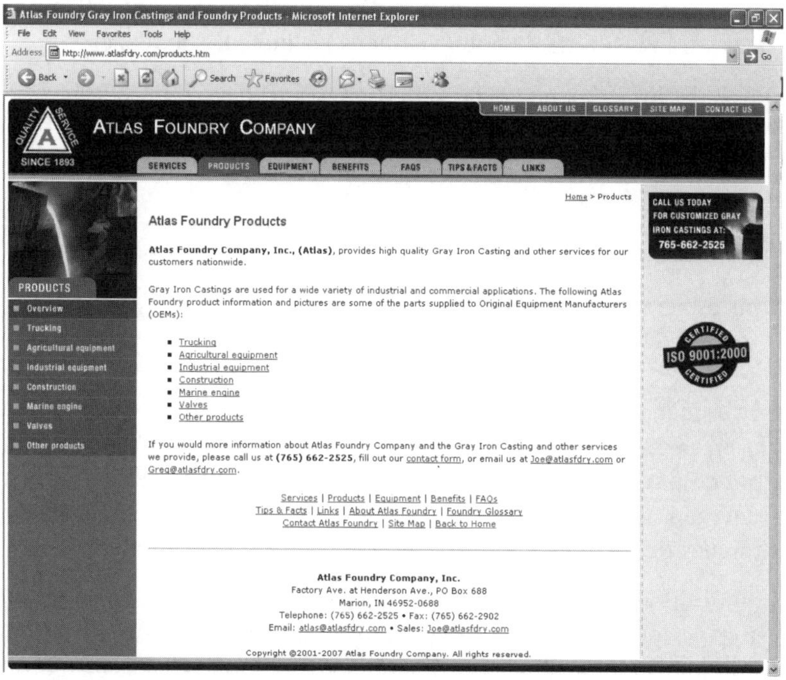

Figure 2.21

Atlas Foundry propose plusieurs systèmes de navigation pour s'assurer que les visiteurs trouvent le service recherché. Les liens texte sont placés au bas des pages à l'attention des visiteurs qui lisent de longues pages en entier, et les boutons de navigation se trouvent en haut à gauche de l'écran. Pour un site plus pratique, les liens textuels sont intégrés au corps de la page.

Les systèmes de navigation courants se composent de liens textuels, de boutons de navigation, d'images réactives (*imagemaps*), de menus déroulants et d'éléments en Flash.

Nous verrons ensemble chacun de ces types de systèmes de navigation, leurs avantages et désavantages et comment le choix d'un système se répercute sur la visibilité du site.

Liens textuels

Un lien textuel est un mot ou une suite de mots placé à l'intérieur d'une balise d'ancrage. Le texte d'ancrage (partie visible du lien) se trouve entre les balises `<a>` et `</a>`. Dans sa forme la plus simple, le code HTML d'un lien textuel se présente ainsi :

```
<a href="vinbordeaux.html">vin de Bordeaux</a>
```

- `<a` marque le début de la balise d'ancrage du lien.
- `href` est l'attribut de la balise d'ancrage. Son nom est l'abréviation de *hypertexte reference* et il sert à définir l'emplacement du document de destination du lien. Dans cet exemple, la destination est une page web nommée vinbordeaux.html. Il est impératif que l'emplacement de destination soit délimité par des guillemets.
- `vin de Bordeaux` est le texte d'ancrage du lien.
- `</a>` marque la fin de la balise d'ancrage et la fin du lien textuel.

Tous les robots d'indexation adorent les liens textuels parce qu'ils peuvent enregistrer le texte à l'intérieur et autour du lien et parce qu'ils peuvent tous suivre ces liens de page en page. On appelle *texte d'ancrage* le texte visible par lequel le lien se matérialise dans la page.

Nombre de moteurs de recherche considèrent le texte d'ancrage comme pertinent parce qu'on choisit généralement de mettre un lien vers des informations qui pourraient intéresser la cible. Le texte d'ancrage revêt donc une certaine importance.

> **Astuce**
>
> Tous les liens textuels doivent se distinguer par leur apparence. Sauf en de rares exceptions, le texte d'ancrage ne doit pas ressembler au reste du texte de la page. Les visiteurs devraient pouvoir identifier les liens à cliquer sans avoir à les survoler avec le pointeur.

Les spécialistes de l'ergonomie des sites web apprécient aussi les liens textuels parce ces liens fournissent des renseignements précieux sur les pages visitées et non visitées. Par convention, le texte bleu souligné (ou seulement souligné) indique un lien non suivi, et le texte violet ou de couleur pâle signale un lien déjà suivi.

Les ergonomes recommandent souvent d'ajouter des liens en fil d'Ariane (*breadcrumbs*) en tant que système de navigation complémentaire. Le fil d'Ariane est une suite de liens textuels représentant la structure hiérarchique des pages, qui sert à indiquer au visiteur (a) la page actuellement affichée et (b) les pages précédemment ouvertes.

On place généralement le fil d'Ariane en haut de la page, comme à la Figure 2.22.

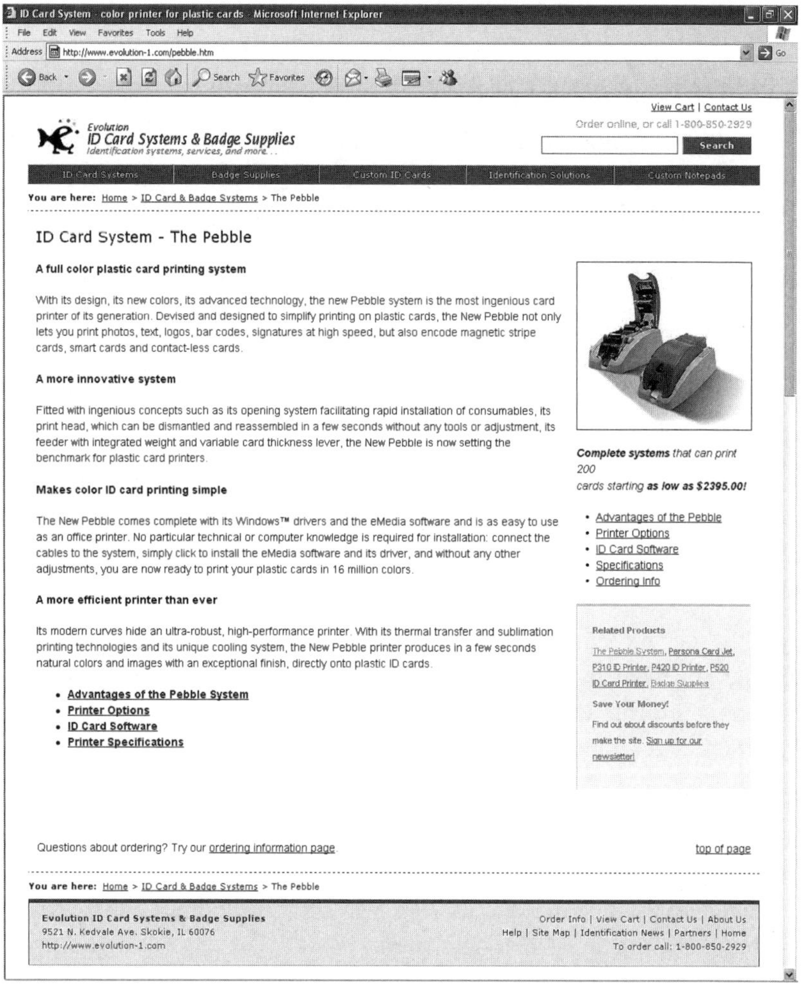

Figure 2.22

Dans le site Evolution Design Systems, le fil d'Ariane fait partie du système de navigation secondaire.

Les annuaires web font aussi usage de liens en fil d'Ariane (voir l'exemple de Yahoo! à la Figure 2.23).

Les liens d'un fil d'Ariane se trouvant généralement en haut de la page, les moteurs de recherche leur attribuent une certaine importance. Par conséquent, si vous avez un fil d'Ariane dans la navigation, tâchez d'utiliser les mots clés avec cohérence dans ses liens.

Figure 2.23

Le fil d'Ariane du guide Web Yahoo! apparaît en haut de l'écran. Dans cet exemple, il dévoile la hiérarchie des rubriques : Guide Web > Commerce et économie > Produits et services pour les particuliers > Boissons > Alcools et spiritueux > Vin > Boutiques et caves.

Placement des liens textuels

Puisque tous les moteurs de recherche peuvent indexer le texte et suivre la destination d'un lien textuel (dans la mesure où la structure de l'URL ne pose pas de problème), je recommande vivement l'emploi des liens textuels pour le système de navigation principal ou secondaire d'un site.

Les Figures 2.24 à 2.27 démontrent où placer des liens à travers plusieurs exemples de sites web.

Le haut de la page n'est pas toujours le meilleur emplacement pour mettre les liens textuels parce que c'est souvent la première portion de texte que les robots verront. Tant que le texte est court, il ne risque pas nuire à la visibilité dans les moteurs de recherche.

Les liens d'orientation d'un fil d'Ariane en haut de la page ne posent généralement pas de problèmes parce que leur texte est bref. Pour tirer parti de ces liens dans vos efforts d'optimisation, tâchez d'y inclure des mots clés.

Figure 2.24

Divers emplacements stratégiques pour les liens dans cette page commerciale s'adressant à des professionnels.

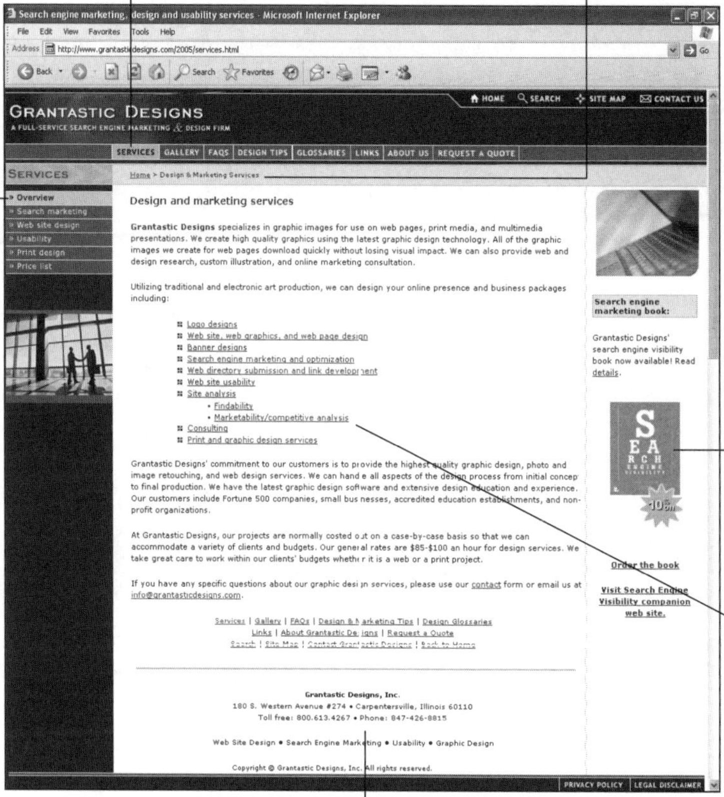

Le bord droit de la page est un bon emplacement pour des liens textuels apparentés parce qu'ils y sont bien visibles.
Vous mettrez du contenu important et pertinent à droite dans la première partie de la page.

Le bord gauche de la page n'est pas non plus le meilleur endroit pour mettre des liens textuels parce que les robots les voient en premier.
Si le texte des liens est trop long, les moteurs de recherche l'utilisent souvent dans leurs snippets dans les résultats de recherche. De plus, la page web risque de ne pas sembler centrée sur un sujet précis.

L'insertion de liens au milieu de la page met en évidence les points importants dans le document. N'abusez pas de ce procédé parce que le soulignement nuit à la lisibilité du texte.

Le bas de la page est aussi un bon emplacement pour placer des liens textuels qui reprennent les liens graphiques (boutons de navigation ou images réactives) situés en haut. L'ajout de liens textuels en bas de la page évite ainsi au lecteur de refaire défiler la page vers le haut pour atteindre les éléments de navigation.

Puisque le volume de texte des liens en haut de cette page commerciale ne représente qu'une petite portion du texte de la page, les liens n'ont pas d'influence négative sur la visibilité dans les moteurs de recherche.

Les liens du fil d'Ariane contiennent des mots clés et aident le visiteur à s'orienter.

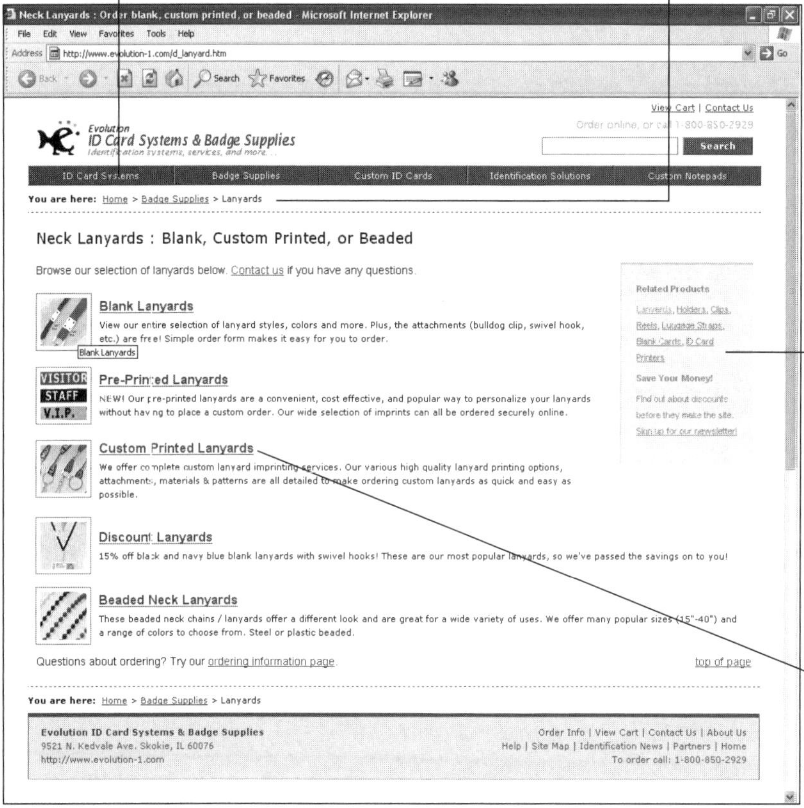

Affichage de produits apparentés.

Les liens intégrés au texte informent le visiteur sur l'existence d'autres produits et familles de produits.

Figure 2.25

Divers emplacements stratégiques pour les liens dans cette page commerciale s'adressant à des professionnels.

Puisque le volume de texte des liens en haut de cette page commerciale ne représente qu'une petite portion du texte de la page, les liens n'ont pas d'influence négative sur la visibilité dans les moteurs de recherche. Le lien vers le plan du site est utile à la fois aux visiteurs et aux robots.

Figure 2.26

Divers emplacements stratégiques pour les liens dans cette page informative.

Les liens du fil d'Ariane contiennent des mots clés et aident le visiteur à s'orienter, ce qui est extrêmement utile dans un site d'information médicale comprenant des milliers de pages.

Les termes médicaux contiennent des liens qui conduisent vers leur définition à l'intention des lecteurs peu familiers du jargon médical.

Les ouvrages et articles médicaux recommandés sont tous en rapport avec la définition présentée. Dans cette page, tous les liens apparentés contiennent des mots clés, sont pertinents et fournissent de solides informations.

Le lien textuel intégré en haut de la page oriente le visiteur : cette page du blog fait partie de la rubrique Google et SEO.

Le système de navigation principal se compose de noms de rubriques où figurent des mots clés.

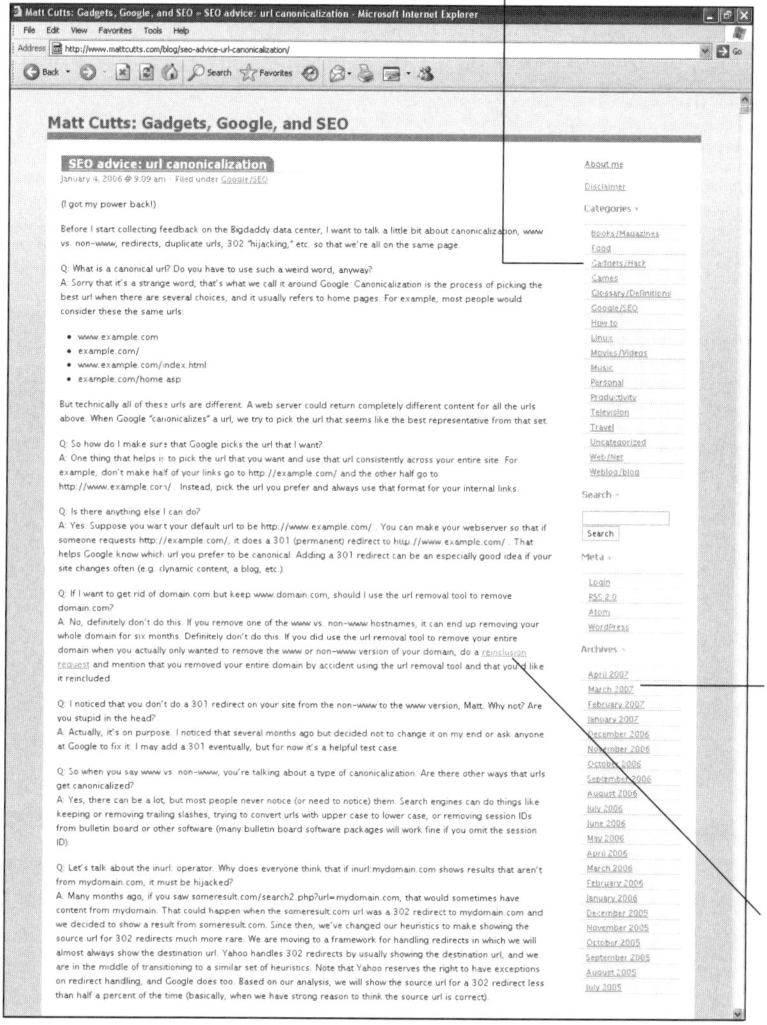

Figure 2.27

Les auteurs de blogs n'ayant pas toujours le savoir-faire nécessaire pour réaliser des pages conviviales et optimisées pour les moteurs de recherche, leurs sites n'attirent pas les robots. Ce blog est une exception l'information y est classifiée et archivée, ce qui clarifie l'architecture de l'information.

Le système de navigation secondaire se compose de liens vers de nouveaux articles ou vers les archives, ce qui est utile dans un site d'actualités.

Le texte est parsemé de liens pour informer le lecteur plus efficacement.

Problèmes potentiels avec les liens textuels

À première vue, un système de navigation par des liens textuels semble une solution idéale puisque tous les moteurs de recherche préfèrent ce type de liens. Une page web pleine de liens textuels se charge plus vite qu'une page pleine de liens graphiques. L'emploi de liens textuels pour le système de navigation principal peut donc satisfaire aussi bien les robots que les visiteurs humains.

Un trop grand nombre de liens textuels, toutefois, risque de donner l'impression d'une page hétéroclite, moins concentrée sur les mots clés. Si au final vous avez plus de mots dans le texte des liens que dans le texte du document, vous devriez songer à utiliser des liens graphiques dans le système de navigation.

Un autre inconvénient des liens textuels en système de navigation principal est qu'il s'agit souvent du premier texte que lisent les robots. Et puisque le texte des liens se répète sur toutes les pages ou presque, les robots ne trouvent pas tout de suite un contenu distinctif dans chaque page, mais les robots ont fait des progrès pour déterminer l'individualité d'une page en éliminant les éléments purement fonctionnels.

Par ailleurs, quand un moteur de recherche n'affiche pas dans les résultats le contenu de la balise meta description, il utilise à la place la première portion de texte trouvée au début de la page. Or, une série de liens textuels ne peut pas donner pas une bonne idée du contenu de la page ni fournir d'incitation à cliquer. Dans ces conditions, la description apparaît juste comme une suite de mots sans rapport entre eux.

La présence d'un trop grand nombre de liens textuels risque aussi de nuire à la lisibilité de la page. L'intérêt d'écrire une page web est que les visiteurs la lisent puis agissent dans la direction attendue. Les internautes préfèrent une navigation simple et facile. À vous donc de trouver des procédés pour rendre les liens textuels plus évidents, lisibles et faciles à trouver, en les insérant dans un pavé coloré par exemple.

Si vous vous rendez compte que les liens textuels nuisent à la lisibilité des pages et à la visibilité dans les moteurs de recherche, pensez à les remplacer par des liens graphiques.

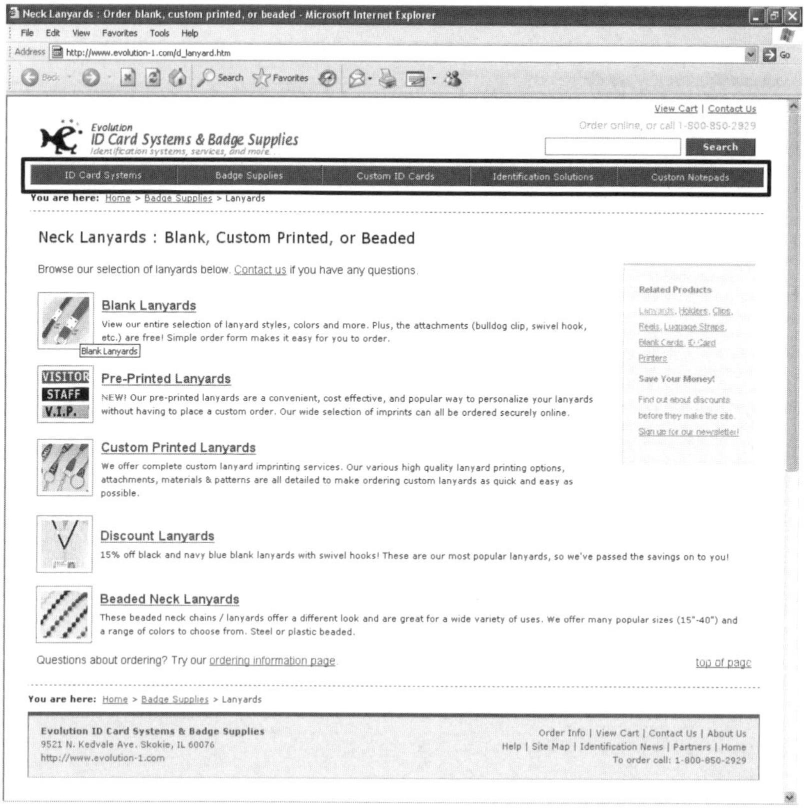

Figure 2.28

Ce site utilise surtout des liens textuels dans son système de navigation. Puisque le texte des liens représente un faible volume de texte par rapport au contenu principal et qu'il comprend des mots clés, le système de navigation est bien optimisé pour les moteurs de recherche.

Boutons de navigation

Un bouton de navigation est un image, généralement au format GIF ou JPEG, qui contient un lien conduisant vers une URL.

Les boutons de navigation donnent immédiatement aux visiteurs une représentation visuelle du mode de navigation du site, surtout s'ils se trouvent en haut de l'écran. Les boutons sont décoratifs et attirent l'œil vers les parties importantes des pages web. On sait que l'œil humain est naturellement attiré par une tache de couleur ou par un changement de taille.

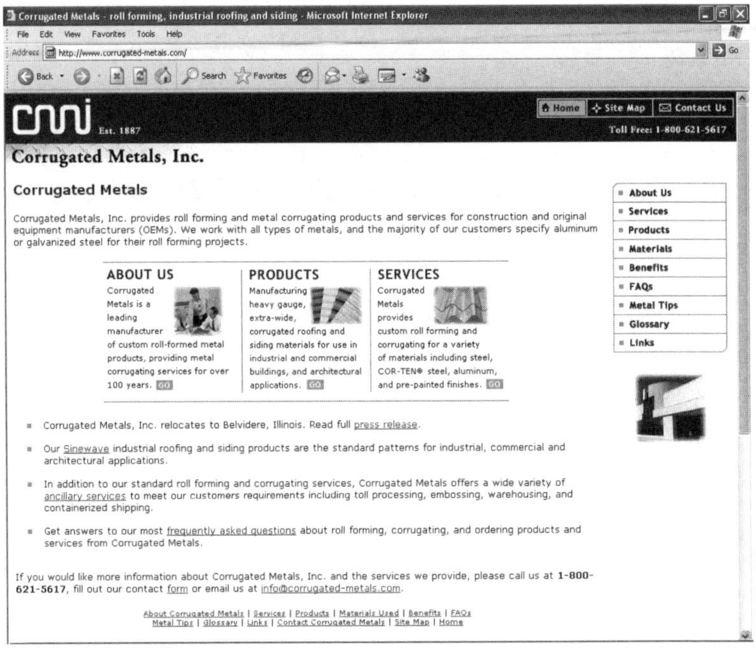

Figure 2.29

Le système de navigation du site de Corrugated Metals, Inc. se compose de boutons placés en haut et le long du bord droit de la page. La série de boutons semble former une seule image, mais quand on choisit la commande Imprimer l'image en faisant un clic droit sur un bouton, on constate qu'il y a une image de bouton pour chaque lien.

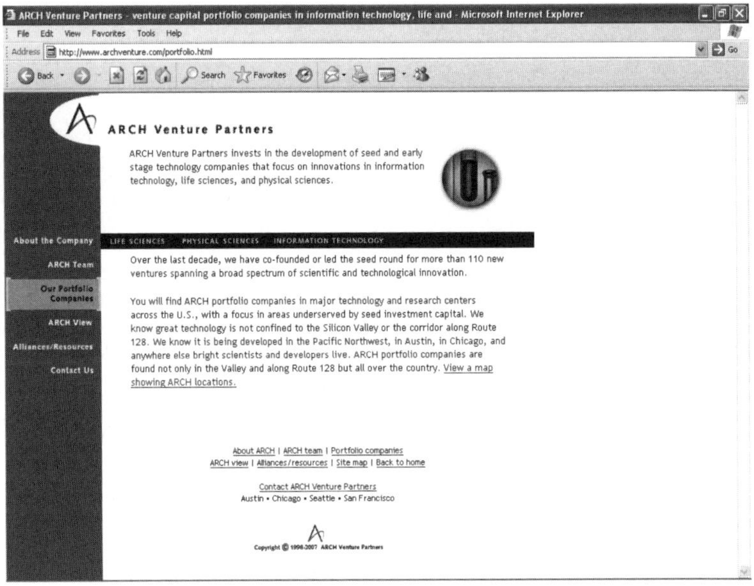

Figure 2.30

Chez ARCH Venture Partners, le bouton de lien vers la page en cours apparaît dans une couleur contrastée par rapport aux autres boutons. La différence de couleur attire l'œil vers le système de navigation tout en indiquant graphiquement au visiteur sur quelle page il se trouve.

Les graphistes et webdesigners aiment bien utiliser des boutons de navigation parce qu'ils savent ainsi que le texte du bouton s'affiche exactement comme prévu dans tous les environnements matériels. En effet, le texte inséré dans les images n'a pas besoin d'être rendu par une police particulière installée sur l'ordinateur des internautes, il ne risque donc pas de changer d'aspect. Les tests auprès des utilisateurs révèlent que les visiteurs préfèrent une police peu commune qui est rarement installée sur les ordinateurs.

Les boutons de navigation doivent toujours contenir un texte de remplacement à l'intention des internautes qui choisissent de désactiver l'affichage des images. Tant que les images de bouton ont un texte de remplacement, les visiteurs peuvent cliquer sur ce texte pour naviguer dans le site.

Figure 2.31

Sur le site de Corrugated Metals, les images ont toutes un texte de remplacement. Dans cet exemple, l'image du bouton Materials n'ayant pu se charger, le texte apparaît à la place. Les visiteurs peuvent cliquer sur le texte de remplacement pour atteindre la page Materials.

Problèmes potentiels avec les boutons de navigation

Tous les robots d'indexation peuvent suivre le lien associé à un bouton, à condition qu'il n'y ait pas de code JavaScript dans la balise du lien. Le code JavaScript pose problème aux robots, donc certains moteurs de recherche risquent de ne pas suivre ce type de liens.

Le type de lien suivant est bien accepté par les robots :

```
<a href="vinbordeaux.html"><img src="images/bordeaux.gif"
width="60" height="20" alt="Bordeaux bio" /></a>
```

- `<a` marque le début de la balise d'ancrage du lien ;
- `href` est l'attribut de la balise d'ancrage du lien, désignant la destination du lien, à savoir une page web nommée vinbordeaux.html ;
- `>` marque la fin de la balise d'ancrage du lien ;
- `<img` marque le début de la balise d'image ;
- `src` est l'attribut de la balise `img`, on l'appelle attribut de source ; la source de la balise d'image est le fichier graphique "bordeaux.gif" qui se trouve dans le dossier "images" ;
- les attributs `width` et `height` indiquent au navigateur les dimensions de l'image ; Précisez toujours les dimensions des images, car cela accélère le chargement de la page ;
- `/>` marque la fin de la balise `img` ;
- `</a>` marque la fin du lien vers la page Vin bio de Bordeaux.

Quand vous ajoutez trop d'attributs dans une balise de lien, notamment un script de rollover, les attributs risquent de rendre les liens plus difficiles à interpréter par les robots, bien que certains scripts soient moins gênants que d'autres. Pour l'instant, les principaux moteurs de recherche préfèrent les codes de liens simples sans aucun script. Donc, si vous savez qu'il y aura des effets de rollover sur les boutons de navigation, prévoyez en plus un autre système de navigation adapté aux robots d'indexation.

Quand des boutons de navigation sans rollover sont utilisés parallèlement à un système de liens textuels, on peut placer des mots clés à plusieurs endroits : dans les liens textuels et dans le texte de remplacement des images de boutons. Cette solution est souvent recommandée pour le double avantage qu'elle procure.

Images réactives

Une image réactive (*imagemap*) est une image contenant des liens vers différentes destinations. La destination dépend de la zone cliquée dans l'image. La Figure 2.32 présente un exemple d'image réactive.

Peu de robots suivent les liens d'une image réactive à cause du risque élevé de spam camouflé dans les images. Par conséquent, s'il y a une image réactive dans votre système de navigation, ajoutez des liens textuels ou des boutons de navigation ailleurs dans vos pages web.

Figure 2.32

Dans le site de Tesko Enterprises, le système de navigation principal se compose de deux images réactives : la série de liens à gauche et l'image centrale.

Sachant que peu de robots suivent les liens d'une image réactive, les webmarketeurs ont tendance à croire qu'il faut éviter l'emploi d'images réactives. Or, très souvent une seule image se charge plus vite qu'une série d'images, la navigation par une image réactive n'est donc pas une solution à écarter.

Par exemple, s'il y a seize boutons de navigation de 2 Ko chacun, le poids total des images de boutons atteint 32 Ko. Une image réactive peut faire seulement 8 à 10 Ko, ce qui est beaucoup plus léger que la série de boutons. Avec une image réactive, le navigateur n'envoie qu'une seule requête au serveur, au lieu de seize requêtes, ce qui accélère aussi le chargement quel que soit le poids des fichiers.

Certains conseillers en SEO ont une opinion tranchée à propos des images réactives. Si les robots n'aiment pas les images réactives, alors ils estiment qu'il ne faut pas les utiliser du tout comme éléments de navigation d'un site. Certaines images réactives sont très utiles, comme celle de la Figure 2.33.

Attention

Les navigateurs téléchargent les images des pages web, mais les moteurs de recherche ne chargent pas les images quand ils font la requête d'une page de votre serveur. N'oubliez pas, les robots indexent le texte et suivent les liens. Ils ne recherchent pas des images mais du texte HTLM et des liens à suivre depuis ce texte. Seuls les moteurs de recherche d'images emmagasinent des données à propos des images.

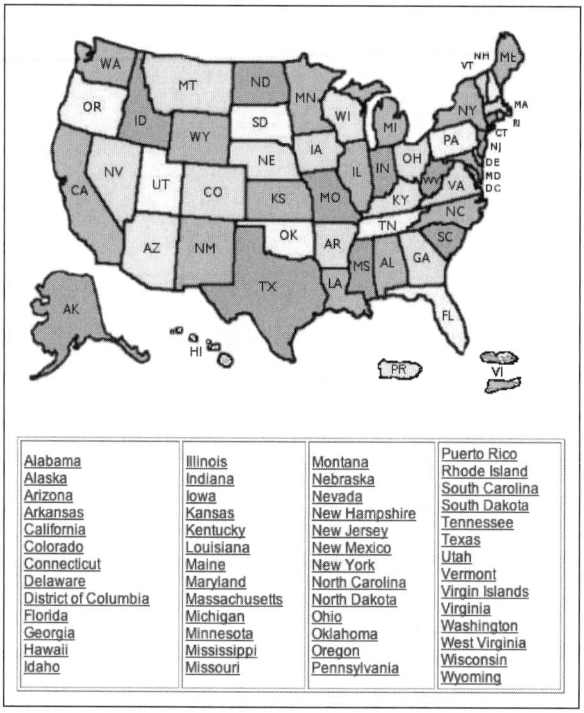

Figure 2.33

Les visiteurs préfèrent souvent cliquer sur un état dans une image plutôt que de chercher son lien textuel dans une longue liste. Les études l'ont d'ailleurs prouvé.

La combinaison de deux éléments de navigation (image réactive et liste de liens textuels) est une très bonne solution parce qu'elle facilite la navigation pour tous les visiteurs. Par exemple, la personne qui cherche des informations sur la Californie cliquerait certainement dans l'image réactive parce que ce grand état est bien visible dans la carte. Il est plus facile pour les utilisateurs de cliquer dans l'image que de trouver le mot "California" dans la liste de liens.

En revanche, Delaware et Rhode Island étant de petits états, les utilisateurs trouvent la liste de liens plus utile que la carte du pays, surtout si la liste est triée alphabétiquement.

Bien que conçue et encodée pour le confort des visiteurs, cette page est tout à fait adaptée aux moteurs de recherche. Au cas où les robots ne pourraient pas, ou ne voudraient pas, suivre les liens de l'image réactive, les liens textuels équivalents donnent accès au contenu.

Dans quelles circonstances faut-il éviter l'emploi d'images réactives ? Si la navigation dans le site ne se fait que par le biais de liens graphiques, alors il vaut mieux utiliser des boutons de navigation puisque tous les robots peuvent suivre les liens associés aux boutons. En revanche, si vous avez des liens graphiques et des liens textuels, tenez compte du temps de téléchargement. Si l'image réactive se charge plus vite qu'une série de boutons, l'image réactive semble un meilleur choix.

Astuce

N'oubliez pas qu'une image réactive est avant tout une image. Insérez toujours du texte de remplacement dans le code HTML d'une image réactive, surtout si elle se trouve en haut de la page.

Menus déroulants

La Figure 2.34 présente deux types de menus déroulants.

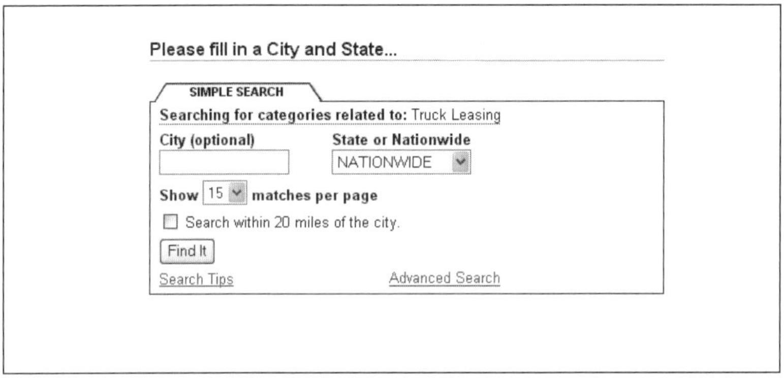

Figure 2.34

Exemple de deux menus déroulants. Le premier menu ne plaît pas aux robots parce qu'ils ne remplissent pas les champs de saisie. Le second menu est plus adapté aux robots parce qu'il utilise du code DHTML et des couches CSS invisibles destinées aux visiteurs humains. La plupart des éditeurs HMTL sont capables de générer automatiquement des menus déroulants.

L'intérêt principal des menus déroulants dans le système de navigation est la place qu'ils économisent par rapport à une série de boutons ou de liens textuels. En libérant de l'espace dans la page, on peut placer dans la première hauteur d'écran plus de contenu susceptible d'intéresser les visiteurs.

Problèmes potentiels avec les menus déroulants

Les menus déroulants sont rarement appréciés des robots parce qu'ils nécessitent le recours à du code JavaScript ou CGI. Puisque les robots ne suivent pas ces liens en général, prévoyez un système de navigation complémentaire à l'usage des robots.

Les experts en ergonomie web ne préconisent pas toujours les menus déroulants en tant que système de navigation parce que les internautes choisissent sur quoi il vont cliquer avant de déplacer le pointeur sur un élément de navigation. De plus, les menus déroulés masquent souvent du texte ou des images dans la zone principale de la page, ce qui empêche les visiteurs de voir des éléments importants et d'agir dans le sens désiré.

Dans la mesure où les menus ne contiennent pas une longue liste d'éléments, on peut combiner des menus déroulants et une série de liens textuels équivalents au bas de la page à l'usage des robots.

Astuce

Il faut toujours tester et mesurer l'efficacité des menus déroulants. Ne croyez pas que les visiteurs les utilisent, même les habitués du Web. On pourrait croire que, comprenant très bien le principe des menus déroulants, les utilisateurs d'ordinateurs n'auront pas de mal à parcourir un site à l'aide de menus. Or, les données recueillies sur les sites web démontrent que les visiteurs préfèrent naviguer à l'aide des liens textuels ou du moteur de recherche du site.

Navigation en Flash

À l'heure actuelle, certains robots d'indexation sont capables de suivre les liens intégrés à une animation Flash, mais ils n'y parviennent qu'une fois sur deux.

Si vous avez déterminé que vos visiteurs actuels et potentiels préfèrent naviguer un site en Flash, donnez-leur satisfaction. Pour adapter aux robots les pages avec un système de navigation en Flash, assurez-vous que le site contient les éléments suivants :

- un jeu supplémentaire de liens textuels (reprenant les liens en Flash) au bas de chaque page ;
- un plan ou un index du site ;
- des liens internes pertinents (horizontaux et verticaux).

Presque tous les sites web devraient contenir des éléments de navigation sous forme de liens textuels (fil d'Ariane ou liens intégrés au texte).

Astuce

Ne suivez pas aveuglément les conseils d'un expert en SEO s'il vous recommande de remplacer la navigation en Flash par des liens textuels formatés en CSS. Il faut toujours procéder à des tests et analyser les préférences de la cible.

Renvois internes pertinents

Les liens internes vont d'une page du site vers une autre page du même site. Certains confondent les renvois internes (*cross-linking*) avec la mise en place de liens entrants (*link development*). On s'occupe dans le second cas de la qualité et du nombre de liens externes provenant d'autres sites web (tels qu'un annuaire web).

Les liens internes sont de deux types : verticaux et horizontaux. Les deux types doivent toujours coexister dans un site web pour suggérer l'importance du contenu dans toutes les pages.

Voici un exemple de liaison interne verticale sous forme de fil d'Ariane :

Accueil > Famille de produits > Nom du produit

Le problème avec l'architecture de l'information dans la plupart des sites web est qu'elle est hiérarchisée par nature. Et c'est justement à cause de cette hiérarchie que les robots ne vont pas recenser les pages les plus profondes. Les liaisons internes verticales suggèrent que les pages en profondeur ne sont pas importantes.

Les pages d'un site doivent bien sûr être regroupées par catégories, mais s'il n'y a que des liens internes verticaux, les robots attachent plus d'importance à la page d'accueil (voir Figure 2.35).

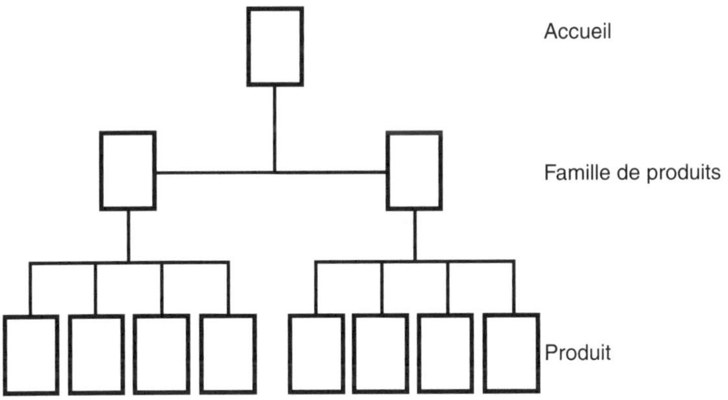

Figure 2.35

La présence de liaisons internes uniquement verticales suggère aux visiteurs et aux robots que la page d'accueil est la page la plus importante du site.

Quand un visiteur arrive sur votre site à partir d'un moteur de recherche, en général ce n'est pas sur la page d'accueil qu'il veut atterrir. Il préfère atteindre directement la page qui contient l'information désirée. Par conséquent, la page d'accueil ne devrait pas être mise en avant, puisque les visiteurs sont plus intéressés par les pages de produits ou de familles de produits.

Voici ce que veulent les internautes :

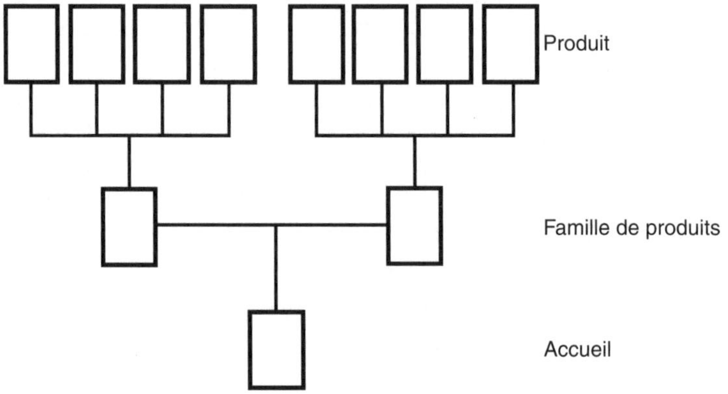

Figure 2.36

La présence combinée de liens internes verticaux et horizontaux qui contiennent des mots clés suggère aux visiteurs et aux robots que les pages de produits et de familles de produits contiennent des informations importantes.

Je ne suis pas en train de vous dire qu'il faut mettre des liens internes au hasard juste pour améliorer la visibilité sur le Web. Je vous conseille plutôt de définir les renvois internes qui sont les plus appropriés pour tous les types de pages de votre site. Par exemple, une page de glossaire pourrait contenir une liste alphabétique de liens internes, des systèmes de navigation principal et secondaire et les liens d'un fil d'Ariane. Il est moins probable que la page d'un produit ou d'un article contienne une liste alphabétique de liens internes, mais elle aura les autres types de liens.

Les renvois internes pertinents évitent aussi au visiteur de tourner en rond à la recherche d'une information. Les liens internes sont donc aussi importants pour la visibilité dans les moteurs de recherche que pour la facilité de navigation du site.

Repères d'orientation

Aider le visiteur à s'orienter est important pour conclure des ventes mais aussi pour favoriser la visibilité dans les moteurs de recherche.

Quand les internautes cliquent sur un lien dans un moteur de recherche, ils n'atterrissent pas toujours à la page d'accueil du site. Le plus souvent, ils se retrouvent sur une page interne du site qui contient l'information recherchée ou qui devrait pouvoir les conduire facilement vers cette information. Afin d'assurer les visiteurs que le site offre bien le produit, le service ou l'information qu'ils recherchent, les pages web doivent contenir des repères d'orientation évidents.

Les repères les plus importants sont les mots clés. Quand on tape des mots clés dans un moteur de recherche, on veut voir apparaître ces mots dans la page de résultats, c'est pour cette raison que l'emploi de mots clés dans le titre des pages et dans les descriptions en métadonnées est crucial pour la visibilité dans les moteurs de recherche. Après avoir cliqué sur un lien dans les résultats de recherche, on veut retrouver les mêmes mots clés dans la page de chute, et de préférence dans la première partie de la page sans avoir à la faire défiler.

Comme nous l'avons vu, les mots clés peuvent se trouver en différents endroits dans une page web. Le titre de la page apparaît en haut de la fenêtre du navigateur, dans sa barre de titre, mais les internautes prêtent peu attention à cette partie de l'écran. En revanche, ils ont tendance à porter leur attention sur le centre de l'écran, à environ huit à dix centimètres du bord supérieur de l'écran. Les webdesigners ont l'habitude de mettre les titres de section dans cette zone centrale.

Les fils d'Ariane aussi se trouvent souvent dans cette partie capitale de l'écran. Bien que les visiteurs utilisent rarement les liens d'un fil d'Ariane pour se déplacer dans un site, ces liens sont important pour l'orientation et parce qu'ils peuvent contenir des mots clés.

En utilisant ces dernières années le test des cinq secondes de Jared Spool (le participant voit la page pendant cinq secondes seulement avant de répondre aux questions), j'ai pu constater que les visiteurs mémorisent surtout les titres de sections. J'explique cela par le fait que les titres sont stratégiquement placés au centre, entourés d'espaces et apparaissent dans des couleurs et des tailles distinctives. Durant les tests, je pose les questions suivantes :

- Quelle page web voyez-vous ?
- À qui est le site que vous avez sous les yeux ?
- Quelle information présente cette page web (ou quel contenu est disponible dans cette page web) ?

Astuce

Au cours des séances de tests, je me rends compte que les participants mentionnent beaucoup de repères (titres et sous-titres, liens des fils d'Ariane, éléments de navigation et texte de la zone principale). Si des mots clés importants se trouvent dans tous ces endroits, les visiteurs ont un sentiment de confiance plus fort que la page contient l'information qu'ils recherchent. Cette confiance s'applique au site entier si les repères sont utilisés partout avec cohérence.

- Quelle section, s'il y en a, regardez-vous ?
- Avez-vous le sentiment que vous trouverez dans cette page l'information recherchée ?

Fournir des repères d'orientation dans tout le site de façon cohérente met le site en valeur auprès des moteurs de recherche si les repères contiennent des mots clés employés à bon escient. De plus, cette cohérence accroît le sentiment de confiance des visiteurs, ce qui augmente les chances qu'ils agissent dans le bon sens (ajouter au panier, s'abonner au bulletin d'information, etc.).

Pistes vers l'information

Dans l'idéal, les internautes devraient pouvoir interroger un moteur de recherche et obtenir les pages qui contiennent l'information précise demandée. Par exemple, si une personne veut comparer le prix d'un foulard en soie bleu marine dans plusieurs sites marchands, elle veut arriver directement aux pages qui indiquent le prix avec une photo du foulard.

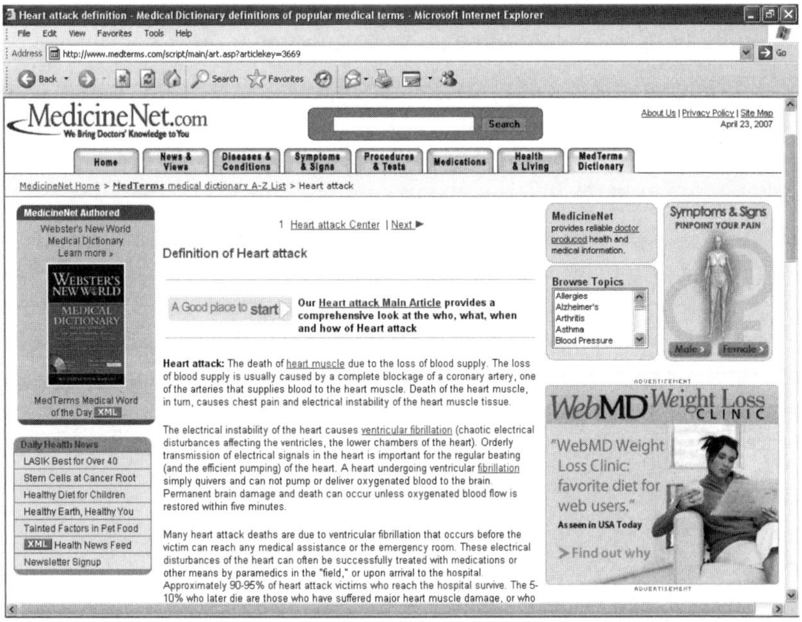

Figure 2.37

Le site MedicineNet bénéficie d'une excellente visibilité dans les moteurs de recherche, due au fait que ses pages contiennent de bons repères et des informations utiles. Dans cette page de définition, l'onglet du dictionnaire médical est mis en évidence et le fil d'Ariane contient des mots clés essentiels : medical dictionary.

Les systèmes de recherche d'informations sont loin d'être parfaits, toutefois, et la plupart des fournisseurs de contenu ne savent pas forcément comment exploiter les mots clés dans la rédaction du contenu. En conséquence, les utilisateurs n'atterrissent pas toujours sur la page qui contient l'information recherchée. Ils arrivent parfois sur une page qui pourrait les conduire vers l'information en question, telle qu'une page de famille de produits ou une FAQ. Fournir l'information promise est important non seulement pour conclure une vente, mais aussi pour favoriser la visibilité dans les moteurs de recherche.

Pour aider les visiteurs à trouver l'information, il faut d'abord les mettre à l'aise, qu'ils aient envie de parcourir les pages. L'emploi de mots clés importants dans les éléments de navigation (systèmes de navigation principal et secondaire, fil d'Ariane et autre liens internes justifiés) est crucial pour faire comprendre au visiteur que l'information est présente quelque part. Au cours des tests d'utilisabilité, je pose aussi les questions suivantes :

- Est-ce que l'information que vous cherchiez se trouve dans cette page ?
- Si non, où pourriez-vous aller pour la trouver ?
- Comment pouvez-vous parvenir à cette information ?
- Quelles pages avez-vous visitées ? Quelles pages n'avez-vous pas visitées ? Comment le savez-vous ?
- Comment retourner sur les pages que vous avez déjà vues ?
- Pensez-vous trouver l'information voulue en cliquant sur ce lien ?
- Après avoir suivi un lien, voyez-vous l'information voulue dans la page qui apparaît ?

Fournir des pistes vers l'information en employant des mots clés est aussi positif pour les visiteurs que pour les moteurs de recherche.

Structure des URL

La structure des URL fait partie de l'interface web. Dans l'idéal, le nom du domaine et des fichiers devrait fournir des renseignements sur l'architecture des informations. Par exemple, on peut montrer seulement une URL statique comme celle-ci pendant un test d'utilisabilité :

www.nosvinsbio.com/vinbordeaux.html

Les participants supposent alors que la page présente du bordeaux bio de la société Nos vins bio. Les URL générées dynamiquement, ou qui contiennent certains caractères spéciaux, posent souvent des problèmes d'indexation pour les moteurs de recherche.

URL générées dynamiquement

Les URL générées dynamiquement sont en général produites par une technologie comme Active Server Pages (.aspx), Cold Fusion (.cfm), Hypertext PreProcessor (.php), Java Server Pages (.jsp) ou Perl. Les webmarketeurs affirment souvent que les moteurs de recherche ne peuvent pas suivre les URL générées dynamiquement. C'est partiellement vrai. Il serait plus juste de dire que les moteurs de recherche risquent de ne pas pouvoir recenser l'URL utilisée pour fournir les pages web ou qu'ils choisissent de ne pas recenser une structure d'URL particulière parce que leurs données indiquent qu'une certaine structure d'URL tend à fournir du contenu redondant et/ou de mauvaise qualité.

Comparons une URL de page statique et une URL de page dynamique. Un site Web statique se compose d'une série de pages Web qui se terminent par l'extension .htm ou .html. Chaque page est un fichier distinct avec un contenu distinct et son URL ne comprend pas de caractères de séparation tels que ?, &, $, =, + ou %. Dans l'exemple du site Nos vins bio, une page Web statique traitant du vin de Bordeaux aurait l'URL suivantes :

www.nosvinsbio.com/vinbordeaux.html

Au contraire, un site Web dynamique possède très peu de fichiers avec un contenu distinct. Les fichiers d'un site dynamique sont des modèles qui indiquent comment présenter le contenu, mais le modèle renferme très peu ou pas du tout de contenu distinct. Le contenu des sites Web dynamiques est stocké dans une base de données. Quand une page est ouverte dans un site dynamique, le modèle charge le contenu depuis la base de données. Afin d'indiquer au modèle ce qu'il faut charger, des paramètres (ou variables) sont ajoutés à l'URL.

Par exemple, si le site Nos vins bio utilise une base de données pour présenter ses différents produits, l'URL pourrait ressembler à ceci :

www.nosvinsbio.com/produits.aspx?produit_no=25

Le nom de la page de modèle est produits.aspx. Le point d'interrogation (?) indique aux moteurs de recherche que l'URL est dynamique, produit_no est le nom d'une variable et 25 est la valeur attribuée à la variable. Dans cet exemple, le numéro 25 correspond au contenu relatif au vin de Bordeaux dans la base de données.

L'URL dynamique de cet exemple n'est pas un souci pour les moteurs de recherche parce qu'elle ne contient qu'un seul paramètre et que les moteurs de recherche n'ont en général pas de problème à indexer les URL à une seule variable. Quand une URL contient plusieurs variables, il devient de plus en plus difficile pour les moteurs de recherche de déterminer si la page Web correspondante contient un contenu distinct. De plus, les statistiques des moteurs de recherche indiquent qu'il est plus probable d'obtenir un contenu redondant quand l'URL contient de nombreuses variables.

Les URL contenant un point d'interrogation (?) ne sont pas automatiquement rejetées par les moteurs de recherche, car ce caractère est simplement interprété comme l'indication d'un contenu dynamique. D'autres symboles (&, $, =, + et %) servent aussi d'indicateurs de contenu fourni dynamiquement.

Pourquoi les moteurs de recherche n'aiment-ils pas explorer les pages qui contiennent ces caractères ? En gros, il y a trois raisons à cela :

1. **Les moteurs de recherche ne veulent pas recevoir toujours le même contenu.** Or c'est souvent le cas avec les URL dynamiques.

   De plus, les usagers du service de recherche ne veulent pas voir les résultats de la recherche monopolisés par des pages identiques. En s'arrêtant au point d'interrogation, ou un ou deux paramètres après le point d'interrogation, les moteurs évitent la présence de contenus identiques dans les résultats de recherche.

   Les sites qui génèrent des identifiants de session dans les URL rencontrent aussi le même problème. Par exemple, si le site Nos vins bio avait les URL suivantes :

   http://www.nosvinsbio.com/produits.jsp?BV_SessionID=0532038767

   http://www.nosvinsbio.com/produits.jsp?BV_SessionID=0235426067

Ces deux pages risquent de ne pas plaire aux moteurs de recherche à cause du point d'interrogation (?) et du signe égal (=). Les deux URL ont le même contenu mais des adresses différentes. En revanche, Les moteurs de recherche devraient pouvoir indexer la page ayant l'URL suivante :

http://www.nosvinsbio.com/produits.jsp

2. **Les moteurs de recherche veulent fournir des résultats adéquats.**

   En général, les moteurs ne mettent pas leur index à jour en temps réel. S'ils intègrent dans leurs résultats des URL générées dynamiquement, le contenu risque de changer entre le moment où l'URL a été enregistrée et le moment où elle apparaît dans les résultats. Quelles sont les conséquences ? L'adresse fournie dans les résultats de recherche pourrait être inadéquate par rapport à la requête.

3. **Certaines URL générées dynamiquement risquent de bloquer un robot et d'entraîner une panne.**

   Dans certains cas, le robot d'un moteur de recherche pourrait tomber sur une page web dynamique pour laquelle le programme CGI ou de base de données lui fournit un nombre infini d'URL. Les programmeurs qui oublient de clôturer leurs instructions `if` ou `while` peuvent provoquer des pannes dans les robots d'indexation.

Les moteurs de recherche ont fait des progrès considérables dans leur capacité à recenser les URL dynamiques. Parallèlement, les développeurs web devraient concentrer leurs efforts pour fournir aux moteurs des pages plus faciles d'accès en réduisant l'apparition de caractères bloquants dans les URL.

Voyons un exemple. Dans une URL dynamique, une technique pour afficher une page web avec plusieurs variables consiste à les séparer par le caractère &. Une URL avec deux paramètres pourrait donc se présenter ainsi :

http://www.nosvinsbio.com/produits.asp?produit_no=25&produit_ordretri=asc

Cette URL est beaucoup plus difficile à indexer pour les robots parce qu'ils n'ont aucun moyen de savoir quels paramètres identifient une nouvelle page et lesquels servent juste à trier le contenu ou toute autre chose qui ne justifierait pas d'indexer l'URL comme une page web unique et distincte.

En conclusion, pour adapter les sites dynamiques aux moteurs de recherche, il faut tâcher de réduire le nombre de variables dans les URL. D'autres solutions pour favoriser la visibilité d'un site dynamique seraient d'ajouter des pages informatives statiques, de changer les caractères de séparation dans les URL et de payer pour le référencement du site ou pour des liens publicitaires.

Liens absolus et liens relatifs

Il existe deux types de liens : absolus et relatifs. Un lien absolu définit l'emplacement précis d'un fichier du Web en indiquant (a) le protocole à utiliser pour obtenir le document, (b) le serveur qui héberge le fichier, (c) le répertoire dans lequel se trouve le fichier et (d) le nom du fichier lui-même.

Voici un exemple de lien absolu :

```
<a href="http://www.nosvinsbio.com/vinbordeaux.html">
vin de Bordeaux</a>
```

- <a marque le début du lien.
- `href` est l'attribut de la balise qui indique la destination du lien. L'URL entre guillemets va donner l'emplacement du fichier dès que le lien est activé. Dans cet exemple, en cliquant sur le lien on arrive à la page consacrée au bordeaux dans le site Nos vins bio.
- `http://` est le protocole (*hypertext transfer protocol*).
- `www.nosvinsbio.com` est le nom de domaine, qui correspond à une adresse spécifique sur un serveur web.
- `vinbordeaux.html` est le nom du fichier HTML sur le serveur web de la société Nos vins bio.
- `vin de Bordeaux` est le texte du lien.
- `</a>` marque la fin de la balise de lien.

Avec un lien relatif, le robot ou le navigateur sait déjà où se trouve le document actuel. Donc, quand vous ajoutez un lien vers un autre document dans le même répertoire, il est inutile de préciser l'URL

ASTUCE

Puisqu'il ne fait aucune différence pour les robots que vous utilisiez un lien absolu ou relatif, choisissez la formule qui vous convient. Les robots convertissent automatiquement les liens relatifs en liens absolus, vous n'avez donc pas besoin de définir des liens absolus partout.

complète. Seul le nom du fichier est nécessaire. Voici un exemple de lien relatif en HTML :

```
<a href="vinbordeaux.html">vin de Bordeaux</a>
```

Assurez-vous que votre site comporte les redirections appropriées, notamment les redirections permanentes, appelées 301, pour échanger dans l'adresse le préfixe www par un autre préfixe (ou http par htpps). De plus, si jamais votre site avait le malheur d'être configuré pour accepter des sous-domaines génériques, vous auriez de sérieux soucis à utiliser des liens relatifs à la place de liens absolus.

Attribut title des liens

Les webmarketeurs s'imaginent qu'insérer des mots clés dans l'attribut title d'un lien peut favoriser le classement de la page. Voici un exemple de lien avec l'attribut title :

```
<a href="http://www.nosvinsbio.com/champagne.html" title
="Champagne biologique de Nos vins bio">Champagne</a>
```

- `<a` marque le début du lien.
- `href` est l'attribut de la balise qui indique la destination du lien. Dans cet exemple, le lien conduit vers la page Champagne du site web Nos vins bio.
- `http://` est le protocole (*hypertext transfer protocol*).
- `www.nosvinsbio.com` est le nom de domaine, qui correspond à une adresse spécifique sur un serveur web.
- `champagne.html` est le nom du fichier HTML sur le serveur web de la société Nos vins bio.
- `Champagne biologique de Nos vins bio` est le contenu de l'attribut title, correspondant au titre de la page de destination.
- `Champagne` est le texte du lien.
- `</a>` marque la fin de la balise de lien.

Dans le calcul de la pertinence, les moteurs de recherche ne tiennent pas compte de l'attribut title des liens. Par contre, si vous avez le temps d'insérer cet attribut dans tous vos liens, cela renforcera les pistes vers l'information dans les navigateurs qui affichent le texte de l'attribut title quand le pointeur survole un lien.

Conseils pour l'emploi d'URL dynamiques

Les moteurs de recherche ont de moins en moins de problèmes à recenser les pages web dynamiques. Vous le constatez dans les résultats de recherche, où apparaissent désormais des URL contenant le point d'interrogation (?) ou le signe égal (=).

Pour favoriser la visibilité des URL dynamiques dans les moteurs de recherche, une solution consiste à convertir les symboles problématiques dans l'URL par des symboles, tels que la virgule ou la barre oblique, qui sont plus faciles à interpréter pour les robots.

S'il n'est pas possible de modifier les URL, vous favoriserez la visibilité en incluant des pages informatives statiques, en limitant le nombre de paramètres dans les URL ou en payant pour le référencement du site ou pour des liens publicitaires.

Pages informatives statiques

L'une des solutions les plus simples pour les sites web dynamiques est de créer des pages HTML statiques que les moteurs de recherche pourront indexer. Dans un site web, il n'est pas nécessaire que toutes les pages soient dynamiques, en particulier celles dont le contenu n'a pas besoin d'être régulièrement mis à jour. D'ailleurs, il y a des pages informatives dans de très nombreux sites. Dans votre site, avez-vous une page de FAQ, un glossaire des termes propres à votre activité, des astuces et informations relatives à vos produits et services ? Ce type de contenu peut très bien se placer dans des pages statiques. Les Figures 2.38 et 2.39 présentent deux excellents exemples de pages informatives.

Pages informatives et pages satellites

On fait souvent l'amalgame entre pages informatives et pages satellites. La vocation de ces deux types de pages vis-à-vis des moteurs de recherche est totalement différente. Les pages satellites relèvent d'un procédé douteux à l'égard des moteurs de recherche, c'est une forme de spam, tandis que les pages informatives sont bien acceptées par les services de recherche.

Figure 2.38

Le site A Safe Place contient toute une série de pages qui présentent des informations utiles sur la violence domestique et des conseils de sécurité.

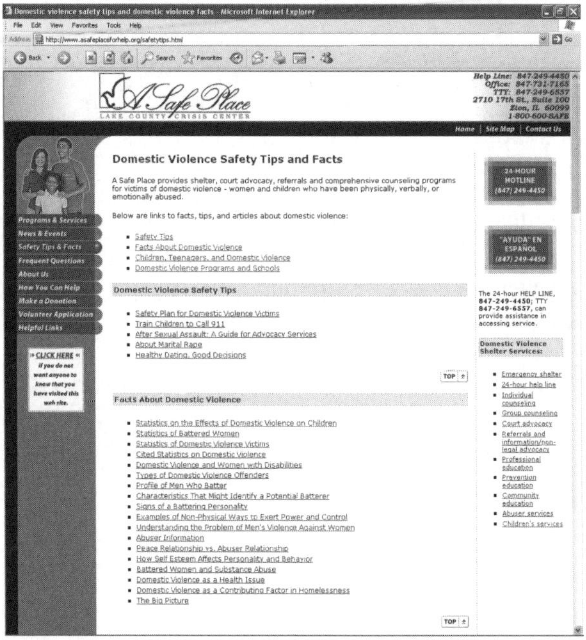

Figure 2.39

Koch Group, Inc. fournit des solutions de marketing industriel pour les sociétés manufacturières. Son site présente une série de conseils sur mesure pour ses clients potentiels. L'une des pages les plus visitées propose des astuces pour le publipostage direct.

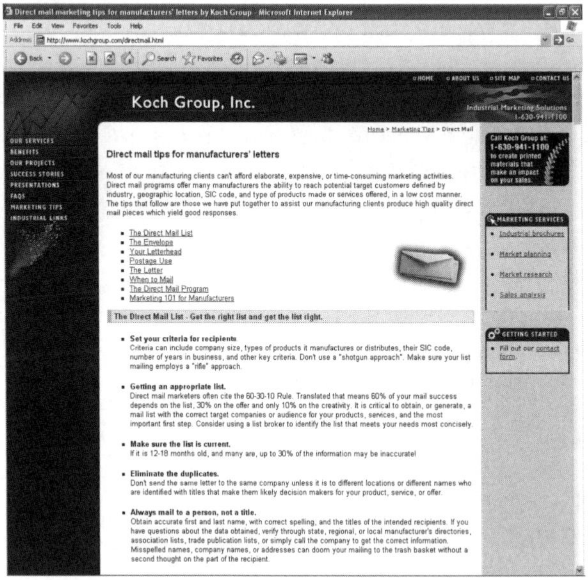

Les pages satellites sont des pages web créées dans l'unique but de favoriser le positionnement dans les moteurs de recherche. Elles n'apportent rien du tout aux visiteurs. En général, le texte des pages satellites est généré par ordinateur au lieu d'être écrit par un rédacteur professionnel. Les société qui usent de ce procédé créent des milliers de pages générées automatiquement autour d'un mot ou groupe de mots clés. Toutes ces pages sont soumises aux moteurs de recherche par le biais du formulaire d'ajout d'URL, ce qui encombre les index avec des données inutiles et redondantes. Les pages satellites ne sont pas belles à voir et leur contenu est tellement incompréhensible qu'il vaut mieux le camoufler. Les internautes quittent le site immédiatement dès qu'ils tombent sur ce type de pages.

Les pages informatives, en revanche, sont utiles aux visiteurs parce qu'elles leur apportent des renseignements intéressants, d'ailleurs on les appelle aussi pages d'intérêt. Puisque les pages informatives sont toujours intégrées à un site web, elles peuvent favoriser le classement du site dans les moteurs de recherche *et* dans les annuaires web.

Le Tableau 2.1 compare les caractéristiques des pages informatives et des pages satellites.

Tableau 2.1 : Caractéristiques des pages informatives et des pages satellites

Pages informatives	*Pages satellites*
Conçues et rédigées en premier pour les visiteurs.	Conçues et rédigées uniquement pour le positionnement.
Apparence en accord avec le reste du site.	Pages de texte sans mise en forme soignée
Jamais générées par ordinateur, toujours conçues pour être appréciées par l'œil humain.	Pages générées par ordinateur.
Toujours hébergées sur le même serveur que le serveur principal du site pour favoriser son classement.	Souvent hébergées sur un serveur indépendant du serveur principal du site web.
Les pages au contenu particulièrement intéressant peuvent se voir référencées dans les annuaires web.	Ne sont jamais acceptées dans les annuaires sérieux.
Les internautes et les robots voient tous la même page.	Les internautes et les robots ne voient pas la même page en général.
Ne contiennent aucun procédé de spam (redirection, texte masqué, bourrage de mots clés, etc.)	Contiennent souvent des procédés douteux, surtout la redirection, c'est pour ça que les pages satellites doivent être camouflées par *cloaking*.

Changer les caractères de séparation dans les URL

Une autre technique pour favoriser la visibilité des URL dynamiques consiste à remplacer les caractères de séparation dans la chaîne de requête par des caractères comme la barre oblique (/) ou la virgule (,) qui sont plus faciles à interpréter pour les moteurs de recherche. Par exemple, cette URL dynamique :

http://www.nosvinsbio.com/produits.asp?produit_no=25

peut se transformer en :

http://www.nosvinsbio.com/produits.asp/produit_no/25

afin que les moteurs de recherche incluent les pages à leur index.

Il existe sur le Web des logiciels spéciaux et des solutions pour aider les développeurs web avec ASP, Cold Fusion, CGI/Perl et les sites sur serveurs Apache. Les informations les plus récentes sont réservées aux abonnés de Search Engine Watch sur :

http://www.searchenginewatch.com

Vous trouverez aussi ces renseignements en anglais sur le site web compagnon de la version anglaise de ce livre.

Programmes de référencement payant

Le référencement payant est utile pour les sites web dynamiques. En contrepartie d'un paiement, le moteur de recherche garantit que des pages d'un site web seront intégrées à son index. Cette formule est bénéfique pour les webmarketeurs et pour les éditeurs de sites pour les raisons suivantes :

- Ils savent que leurs pages web ne seront pas retirées de l'index.
- Les pages seront de nouveau explorées assez vite.

Ce type de programme garantit que les pages web soumises resteront dans l'index pour une période donnée, de six mois à un an. Pour vous assurer que vos pages restent dans l'index, vous devez renouveler le paiement. Cette garantie fait épargner du temps et des dépenses au propriétaire du site, parce qu'il n'a pas besoin de vérifier sans cesse la présence de son site dans les moteurs de recherche ni de refaire les démarches pour son référencement.

Le référencement payant ne garantit aucunement que les pages apparaîtront en bonne position dans les résultats, c'est pourquoi il faut optimiser toutes les pages pour les moteurs de recherche.

Les webmarketeurs estiment que le référencement payant leur fait épargner beaucoup de temps et d'argent parce qu'au départ une page web ne peut pas figurer dans les résultats d'un moteur de recherche s'il ne l'a pas indexée. De plus, le référencement payant permet d'inclure à l'index des pages dynamiques sans avoir recours à des solutions aussi complexes que coûteuses en remodelant le site.

Identifiants de session et moteurs de recherche

Malheureusement, les moteurs de recherche n'apprécient pas du tout les URL qui contiennent des identifiants de session. Le problème avec ces identifiants c'est que c'est toujours le même contenu mais avec des URL différentes qui est fourni dans les résultats de recherche. Or, pour éviter de répéter les mêmes références dans les résultats, la plupart des moteurs choisissent de ne pas inclure les pages avec identifiant de session.

Si l'éditeur du site estime que les identifiants de session sont indispensables pour fournir un contenu de qualité adapté à ses visiteurs, il peut souscrire à un programme de positionnement payant sous forme publicitaire.

Programmes de positionnement publicitaire payant

Nombre d'éditeurs de sites web constatent qu'il est plus rentable de souscrire à une formule de positionnement payant dans les moteurs de recherche, comme celle du service Yahoo! Search Marketing, que de perdre du temps à chercher des solutions pas forcément économiques. Le positionnement publicitaire offre une garantie importante qu'on n'a pas avec le référencement payant : la garantie de figurer dans les premières positions. Si le montant de vos enchères correspond aux deux ou trois premières positions, vous êtes certain que votre lien publicitaire se trouvera en haut de la liste des résultats dans le moteur de recherche et chez ses partenaires. Il y a des exceptions à cette garantie pourtant, telle qu'un faible taux de clics (CTR, *click-through rate*) avec AdWord qui a pour conséquence de faire descendre le classement de la page même si l'annonceur a été le plus généreux dans les enchères.

Protocole d'exclusion aux robots

Le protocole d'exclusion aux robots est un fichier texte que l'on place sur le serveur pour demander aux robots de ne pas explorer ni indexer le contenu de certaines parties du site web. En clair, le protocole indique aux robots d'indexation à quelles sections du sites ils ne doivent pas accéder.

Avec ce protocole d'exclusion, les éditeurs de sites web donnent aux robots l'instruction de ne pas indexer certaines pages, certains sous-répertoires ou même le site entier. Les instructions peuvent être rédigées sur mesure pour un moteur de recherche particulier.

À titre d'exemple, Google est actuellement le seul moteur de recherche qui indexe les sites en Flash de façon relativement correcte. Le protocole d'exclusion aux robots peut donc servir à demander au robot de Google d'indexer le site en Flash et de commander aux autres robots de ne pas l'indexer du tout.

Dans quelles circonstances utiliser le protocole d'exclusion aux robots

Certains fichiers web ne sont pas importants pour les moteurs de recherche, notamment ceux d'un répertoire CGI-BIN. Quand votre cible cherche des informations, elle ne s'intéresse pas aux programmes de votre site qui génèrent des formulaires ou des menus déroulants. De même, personne ne s'intéresse à une page inachevée qui annonce "Travaux en cours". La cible s'intéresse aux produits et services que votre site propose.

L'emploi du protocole d'exclusion aux robots empêche l'apparition de données inutiles dans les résultats de recherche. Prenez soin de mettre le protocole d'exclusion sur le serveur avant d'y mettre le contenu à exclure. Pourquoi ? Un robot pourrait venir recenser votre site avant que vous n'ayez le temps de mettre le protocole d'exclusion sur le serveur. Il suffit de quelques secondes à un moteur de recherche pour extraire les données de vos pages web.

Le protocole d'exclusion peut aussi être nécessaire pour des pages générées dynamiquement qui risqueraient de piéger le robot, pour des pages prévues pour l'impression et pour celles qui contiennent des données identiques mais présentées sous différentes formes.

Balise meta robots

Une solution pour demander aux robots de ne pas indexer le contenu d'une page particulière et de ne pas suivre ses liens consiste à insérer l'exclusion en métadonnées dans le code de la page en question. Dans le code HTML, la balise meta robots se présente ainsi :

```
<html>
<head>
<title>Titre de la page web</title>
<meta name="robots" content="noindex, nofollow" />
</head>
```

Fichier robots.txt

Le fichier robots.txt est un document texte qui commande aux robots de ne pas indexer certaines parties du site web. Vous pouvez taper ce fichier dans le Bloc-notes (Windows) ou dans SimpleText (Macintosh).

Il faut placer le fichier robots.txt dans le répertoire source du serveur. En d'autres termes, vous mettrez votre fichier robots.txt au même emplacement que votre page d'accueil (voir Figure 2.40). Tous les fichiers robots.txt devraient avoir une URL de ce type :

http://www.nomsociété.com/robots.txt

Les moteurs de recherche qui tiennent compte du fichier robots.txt font toujours une requête pour ce fichier avant de commencer à explorer les pages du site. Par exemple, si votre site est en construction et que vous ne voulez pas que les robots l'indexent avant qu'il ne soit terminé, tapez le texte suivant dans un éditeur de texte :

```
User-agent: *
Disallow: /
```

Vérifiez que le fichier s'appelle bien robots.txt et ne changez surtout pas l'extension. Si vous enregistrez le fichier dans Word et obtenez robots.doc, le fichier ne sera pas lu par les robots.

Dans cet exemple, la ligne User-agent permet de spécifier l'agent (moteur de recherche ou navigateur) à qui s'adresse l'instruction de la deuxième ligne. Pour exclure tous les moteurs de recherche, il suffit de taper l'astérisque qui sert de caractère générique.

L'instruction Disallow (refuser) sert à spécifier les répertoires et les fichiers sur le serveur qui ne doivent pas être indexés par les robots.

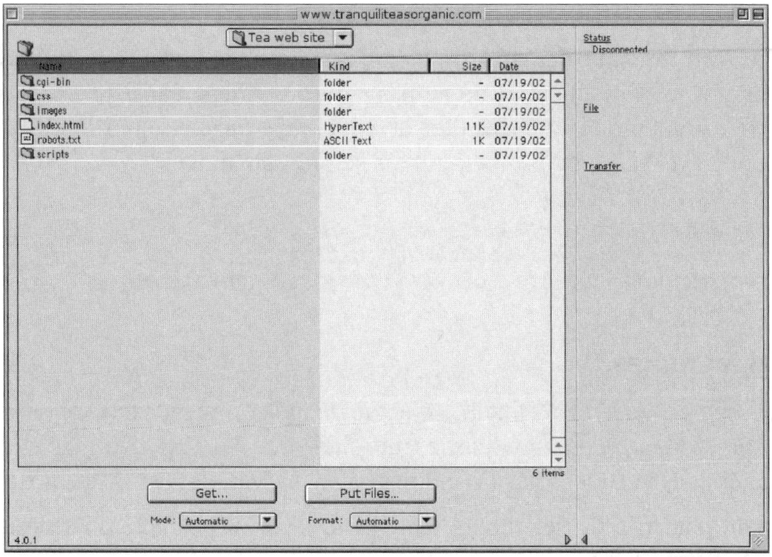

Figure 2.40

Le fichier robots.txt se trouve toujours dans le même répertoire que la page d'accueil du site. Dans cet exemple, la page d'accueil est le fichier index.html.

Dans cet exemple, la barre oblique donne l'instruction d'ignorer tout ce qui se trouve dans le répertoire racine, ce qui signifie que l'instruction de ne pas indexer s'applique au site entier.

Il est rare que l'éditeur d'un site demande aux robots d'ignorer tout son site web. L'exclusion s'applique plutôt à des portions du site. Par exemple, des sites dont la navigation se fait au moyen de menus déroulants pourraient utiliser un script CGI ou JavaScript dans les menus. Puisque les scripts n'intéressent pas les moteurs de recherche, on peut créer un fichier robots.txt qui demande aux robots d'ignorer les répertoires qui contiennent les scripts. Pour ce faire, tapez le texte suivant dans un éditeur de texte :

```
User-agent: *
Disallow: /cgi-bin/
```

Les moteurs de recherche qui tiennent compte du fichier robots.txt n'iront pas indexer ce qui se trouve à l'URL suivante :

http://www.nosvinsbio.com/cgi-bin/

Il est judicieux d'inclure au fichier robots.txt les pages inachevées ou celles, telle une page de calendrier, qui risquent de piéger les robots.

Pour exclure une page spécifique, tapez le texte suivant dans un éditeur de texte :

```
User-agent: *
Disallow: /calendrier.html
```

Les moteurs de recherche qui tiennent compte du fichier robots.txt n'iront pas indexer ce qui se trouve à l'URL suivante :

http://www.nosvinsbio.com/calendrier.html

SSI

SSI (*Server Side Include*) est un type de commentaire HTML qui donne au serveur web l'instruction de générer dynamiquement des éléments d'une page web avant de l'envoyer au navigateur ou au robot. Il est capital de se rappeler que le serveur construit la page avant de l'envoyer aux moteurs de recherche. Par conséquent, toute page générée avec SSI doit contenir les éléments les plus importants pour plaire aux moteurs de recherche : du texte concentré en mots clés et un système de navigation dont les robots peuvent suivre les liens.

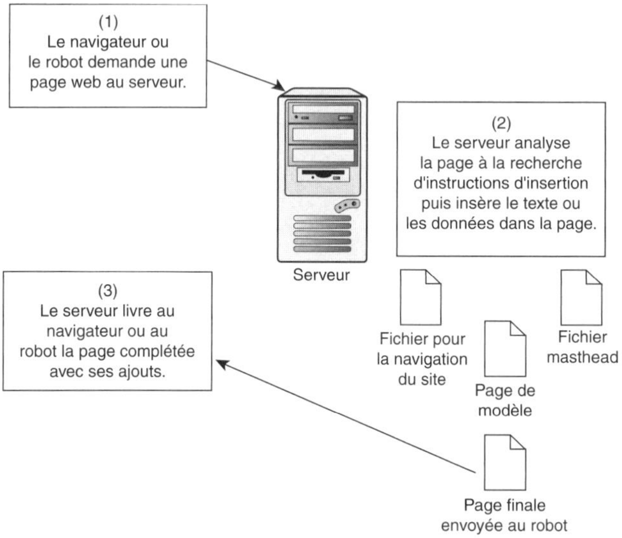

Figure 2.41

Les pages web construite avec SSI sont d'abord créées sur le serveur et sont ensuite livrées aux moteurs de recherche. Tant qu'elles sont optimisées, les pages ainsi construites peuvent obtenir un bon positionnement dans les moteurs de recherche.

La Figure 2.41 illustre comment les pages web avec des commentaires SSI sont présentées aux moteurs de recherche.

> **ATTENTION**
>
> L'un des principaux problèmes avec une page web qui contient de nombreuses inclusions dynamiques est le temps de téléchargement. Quand un robot demande une page à un serveur, ce dernier devrait pouvoir lui fournir la page complétée aussi vite que possible. Or, il est fréquent que la construction de la page prenne beaucoup de temps. En conséquence le robot risque de parvenir au terme du délai imparti pour l'opération et de partir sans recevoir les données de la page. C'est l'une des raisons techniques qui expliquent pourquoi les moteurs de recherche n'intègrent pas toutes les pages web dans leur index.

Les webdesigners peuvent mettre tout type d'éléments à l'intérieur d'un fichier à inclure. Le plus souvent, les fichiers à inclure sont des images d'en-tête (*masthead*), des éléments de navigation ou du contenu.

Pour optimiser les pages web SSI par rapport aux moteurs de recherche, il faut que les pages complétées contiennent des mots clés dans leur titre, dans les métadonnées, dans le corps de texte visible et dans le texte de remplacement des images. Si le développeur web insère un système de navigation *via* SSI, assurez-vous que le système est adapté aux robots. Dans le doute, prévoyez deux formes de navigation : une pour les visiteurs et une autre exploitable par les robots. L'ajout de liens textuels au bas de chaque page peut favoriser la visibilité du site dans les moteurs de recherche.

Le fichier des pages web complétées en SSI porte en général l'extension .shtml ou .shtm. Par exemple, si la société fictive Nos vins bio utilisait du code SSI dans son site, la page relative au champagne aurait l'URL suivante :

http://www.nosvinsbio.com/champagne.shtml

Puisque cette URL ne contient aucun des caractères bloquants courants dans les URL dynamiques (?, &, $, =,+ et %), elle ne pose pas de problème pour les moteurs de recherche.

Moteurs de recherche internes et externes

S'il y a un moteur ou une fonction de recherche dans votre site web, la bonne présentation de vos pages dans les résultats de recherche interne dépend de l'efficacité de vos efforts d'optimisation pour votre moteur interne.

La bonne présentation de vos pages dans les moteurs de recherche du Web indique à quel point vos efforts d'optimisation pour les moteurs externes sont efficaces. La comparaison de ces deux séries de résultats doit vous aider à déterminer l'efficacité globale des stratégies d'optimisation mises en œuvre pour votre site web.

Les moteurs de recherche internes sont des outils précieux pour recueillir des données sur l'usage des mots clés parce que vous pouvez comparer les mots saisis en requête par les internautes pour trouver un site comme le vôtre avec les mots saisis ensuite dans votre moteur interne.

Par exemple, si vous constatez que les visiteurs sont capables de trouver un produit ou un service courant à l'aide de votre moteur interne mais qu'ils ne peuvent pas trouver ces informations au moyen des principaux moteurs de recherche, il serait alors judicieux de placer une URL dynamique dans un programme de référencement payant.

Parmi les données fournies par votre moteur interne, tâchez d'étudier les éléments suivants :

- recherches les plus fréquentes (mots clés les plus populaires) ;
- recherches les moins fréquentes ;
- recherches sans résultat (mots clés inexploités) ;
- pourcentage de recherches sans résultat ;
- recherches ayant produit un résultat sans que l'internaute clique sur un lien (mots clés non cliqués).

Si vous constatez que les recherches les plus fréquentes dans votre site produisent peu ou pas de résultats, vous savez alors qu'il faudrait ajouter des pages web pour fournir à votre cible l'information qu'elle recherche. D'après l'article "Getting them to what they want" paru dans *User Interface Engineering*, les experts en ergonomie web Erik Ojakaar et Jared Spool ont constaté que les internautes qui trouvent réponse à leur question y parviennent mieux en naviguant par catégories et en suivant des liens textuels qu'en utilisant le moteur interne du site. Il en ressort que les utilisateurs ont plus de chance de trouver le contenu désiré quand ils n'utilisent pas le moteur de recherche interne d'un site. En conclusion, si vos visiteurs ont trop souvent recours à votre moteur interne, cela pourrait signifier qu'ils ont du mal à trouver les informations en suivant le système de navigation du site.

Pensez aussi à vérifier vos descriptions en métadonnées. Si ces descriptions s'affichent dans Yahoo!, par exemple, et que votre site y est bien positionné, c'est que vous avez dû rédiger des descriptions efficaces pour les moteurs de recherche du Web.

Comparez ces données avec celles de votre moteur interne. La plupart des moteurs internes affichent les descriptions des balises meta dans leurs résultats de recherche. Si les pages ciblées apparaissent dans les résultats des recherches internes, mais que très peu d'internautes cliquent sur leur lien dans ces résultats, il se pourrait que le descriptif et le titre des pages ne soient pas efficaces pour vos visiteurs une fois qu'ils sont arrivés chez vous.

Composante popularité

La popularité, ou fréquentation, prend une part de plus en plus importante dans les moteurs de recherche. La composante popularité d'un site web aide les moteurs de recherche à déterminer l'utilité du site pour sa cible. En gros, les sites web les plus utiles sont plus pertinents pour une recherche donnée.

Si deux site web ont à peu près le même texte et des systèmes de navigation adaptés aux robots, le site le plus fréquenté bénéficiera toujours d'un meilleur classement parce que (a) les sites sérieux conduisent à des pages avec des informations de qualité et (b) les visiteurs tendent à retourner sur les mêmes sites pour la pertinence des informations qu'ils contiennent.

De ce fait, il est important de construire un site qui plaît autant aux éditeurs des annuaires web qu'à la cible pour obtenir et conserver une visibilité maximale dans les moteurs de recherche.

Comme je l'indique au premier chapitre, la composante popularité prise en compte dans l'algorithme d'un moteur de recherche comprend les éléments suivants :

- indice de popularité d'après les liens entrants ;
- suivi des clics et des visites.

Indice de popularité

L'indice de popularité d'une page web se définit par le nombre et la qualité des liens qui pointent vers elle. Il ne suffit pas d'obtenir le plus possible de liens vers une page pour augmenter sa popularité, car la qualité des sites pointant vers la page a plus de poids que la quantité de liens entrants.

Les principaux moteurs de recherche ne tiennent plus compte du nombre de liens vers un site web. Certains liens ont plus de valeur que d'autres, surtout depuis qu'un grand nombre de référenceurs n'hésitent pas à tricher en créant des fermes de liens dans l'espoir d'augmenter l'indice de popularité. C'est pour cette raison que les sites qui reçoivent des liens crédibles et de qualité bénéficient d'une meilleure popularité que ceux qui reçoivent des liens d'origine douteuse.

Dans ces conditions, un site qui reçoit trois liens de bonne qualité se trouvera mieux classé qu'un site vers lequel pointent des centaines de liens douteux. Donc, avant d'essayer d'obtenir des liens entrants, prenez soin de sélectionner les sites qui pointeront vers le vôtre, en commençant par les plus prestigieux.

Annuaires web

Supposons que vous créez un site marchand qui vend du vin biologique. Sur le site, vous pourriez vendre différents vins bio et avoir une série de pages qui fournissent des recettes de vin chaud. Pour améliorer l'indice de popularité grâce aux annuaires web, il est possible de faire référencer le site dans différentes rubriques. Dans un annuaire, la page d'accueil pourrait être soumise dans la rubrique :

Achats > Sites marchands > Alimentation et boissons > Vin

ou

Commerce et économie > Produits et services pour les particuliers > Alimentation > Bio

La page proposant des recettes de vin chaud pourrait, elle, être soumise dans une rubrique totalement différente :

Société > Alimentation et gastronomie > Recettes

De plus, si votre site marchand est associé à une boutique où les clients peuvent venir faire des achats, il serait justifié de le soumettre dans une rubrique régionale du même annuaire.

Il n'est pas justifié pour tous les sites web de faire référencer plusieurs pages dans les principaux annuaires. Toutefois, si l'une des pages contient des informations vraiment utiles et introuvables ailleurs (astuces, conseils, instructions pratiques ou lexique) *et* qu'elle est soumise dans une rubrique de l'annuaire sans rapport avec celle qui référence la page d'accueil, alors il y a de bonnes chances d'obtenir plusieurs références dans un même annuaire.

Sites web spécialisés

Certains sites web sérieux offrent des informations sur des sujets assez pointus. Par exemple, pour se documenter sur un problème de santé, on peut consulter en anglais MedicineNet.com. Un lien de la part d'un site comme MedicineNet.com vers un site en rapport avec la santé est un bon atout pour l'indice de popularité du site. Si votre site propose une version d'essai gratuite d'un logiciel, vous pourriez demander un lien de la part de shareware.com, download.com ou un équivalent français. Si vous êtes conseiller en marketing, tâchez de trouver un site web qui publie des conseils en marketing et proposez d'écrire un article pour ce site.

Associations professionnelles

De nombreuses associations professionnelles affichent des liens vers les sites web de leurs adhérents. C'est une bonne solution pour augmenter l'indice de popularité parce que les associations professionnelles sont en général considérées comme des sources d'information sérieuses. Le site d'une chambre du commerce est aussi un bon endroit pour obtenir des liens supplémentaires.

Écoles et instituts

Les universités et écoles supérieures cherchent des sites web en rapport avec les sujets enseignés. Un professeur de théologie pourrait chercher un site sur l'histoire du bouddhisme au Japon. Un formateur en webdesign pourrait avoir besoin de sites traitant de la psychologie des couleurs. Les liens provenant d'établissements d'enseignement sont précieux non seulement pour la popularité de votre site mais aussi pour développer votre image auprès des étudiants qui se souviendront sans doute de votre société quand ils exerceront une activité professionnelle.

Demande de liens entrants

Pour trouver des sites spécialisés sérieux, servez-vous des principaux moteurs de recherche et annuaires. Si les sites apparaissent toujours en bonne position et sont référencés par les principaux annuaires, c'est preuve que les services de recherche leur accordent une certaine importance.

Tapez vos principaux mots clés dans les moteurs de recherche et analysez les résultats. Trouvez les meilleurs sites qui ne sont pas des concurrents directs et vérifiez s'ils ont une page de liens recommandés. C'est auprès de ces sites que vous pouvez demander des liens entrants.

Ne faites pas perdre son temps à l'éditeur d'un site quand vous lui demandez d'ajouter un lien vers chez vous. Formulez votre demande avec concision et clarté. Envoyez à l'éditeur du site un message poli en faisant des compliments sur son site ou sur certaines pages au contenu excellent (pour prouver que vous avez lu ses pages), en indiquant l'URL exacte et la description que vous souhaiteriez voir ajouter à sa page de liens et pour quelles raisons vous pensez qu'un lien vers votre page serait bénéfique pour son site.

Encore mieux, commencez par ajouter dans votre page de liens externes un lien vers le site duquel vous voudriez recevoir un lien entrant. Ainsi, quand vous écrivez à l'éditeur du site, vous pouvez l'informer que vous avez un lien pointant vers chez lui et lui suggérer de vérifier le titre et la description de ce lien dans votre page de liens. Offrez-lui la possibilité de retoucher le titre et le descriptif. Et s'il apprécie votre site, il y a de grandes chances qu'il fournisse un lien réciproque en retour.

Attention aux destinataires de vos liens

Tous les moteurs de recherche proclament que mettre un lien vers un mauvais site peut valoir une mauvaise note. Personne ne peut maîtriser quels sites web pointent vers chez soi, mais c'est votre responsabilité de choisir où conduisent vos liens externes. Vous éviterez donc de participer à des systèmes d'échange de liens pour augmenter artificiellement votre indice de popularité.

Assurez-vous toujours que votre page de liens externes fait partie de votre site, qu'elle est hébergée sur votre serveur web et qu'elle est facilement accessible. Si votre page de liens ne fait pas partie de votre site, il est fort probable que vous soyez pénalisé pour cause de multiplication artificielle de liens. Par exemple, l'une des meilleures URL pour le site de Nos vins bio serait la suivante :

http://www.nosvinsbio.com/liens.html

En conclusion, il vaut mieux mettre des liens pointant vers des sites sérieux.

Suivi des clics

Obtenir des liens entrants n'est pas suffisant pour favoriser la visibilité à long terme dans les moteurs de recherche. La cible doit pouvoir trouver l'information recherchée quand elle arrive sur votre site. Dans l'idéal, votre cible doit pouvoir lancer une recherche sur le Web, cliquer sur le lien menant à votre site et atteindre directement la page contenant l'information désirée. Mais ce n'est pas toujours le cas. Il arrive que les visiteurs parcourent un peu le site pour en vérifier la fiabilité, et ce généralement en trois à cinq clics de souris.

Si les visiteurs ne trouvent pas chez vous l'information recherchée, ils cliqueront sur le bouton Précédent de leur navigateur pour retourner à la page de résultats. Les moteurs de recherche sont capables de savoir si les utilisateurs reviennent aux résultats de la recherche ou s'ils restent sur votre site web, et ils exploitent ce fait dans le calcul de l'indice de popularité.

Les moteurs de recherche peuvent comptabiliser :

- le nombre clics sur les liens conduisant à votre site ;
- combien de temps les visiteurs passent sur votre site ;
- à quelle fréquence les visiteurs retournent sur votre site.

Si les internautes cliquent souvent sur les liens des moteurs de recherche vers votre site *et* y restent pour se documenter, l'indice de popularité de votre site augmente. Si les internautes cliquent sur les liens vers votre site mais n'y trouvent pas l'information désirée, cet indice diminue.

En clair, la satisfaction des visiteurs est déterminante pour la visibilité de votre site dans les moteurs de recherche.

Critères hors pages

Les critères hors page sont les facteurs sur lesquels les éditeurs de sites web ne peuvent pas agir pour favoriser la visibilité dans les moteurs de recherche. Certains facteurs de l'indice de popularité relèvent de critères hors pages.

Les auteurs de pages web peuvent choisir les mots à mettre dans les pages et où les placer. Ils ont le contrôle sur la manière dont les pages sont interconnectées. En fait, ces facteurs intégrés aux pages peuvent être générés par ordinateur pour favoriser la visibilité, ce qui explique en partie pourquoi les pages satellites sont devenues un procédé courant en webmarketing.

Du fait que certains facteurs, tels que la densité et la proéminence des mots clés, sont facile à reproduire, les moteurs de recherche se fient de plus en plus à des critères hors pages pour déterminer la pertinence. L'indice de popularité et le suivi des clics ne sont que deux exemples de critères hors pages. Malgré tout, les référenceurs sans scrupules ont découvert de nouvelles méthodes pour augmenter artificiellement l'indice de popularité : fermes de liens, programmes d'affiliation et enregistrement abusif de noms de domaines. En conséquence, les moteurs de recherche continuent de mettre au point d'autres critères hors pages pour déterminer quelles pages méritent de recevoir les meilleures positions.

Webdesign et visibilité

Certaines des plus belles pages web sont réalisés entièrement en Flash ou avec des images pour préserver l'esthétique des couleurs, des polices inhabituelles et une certaine dynamique. Grâce à des campagnes de promotion efficaces sur le Web et dans les médias traditionnels, ces pages purement graphiques sont susceptibles d'attirer de nombreux visiteurs et de conclure des ventes.

Pour adapter les pages purement graphiques aux exigences des moteurs de recherche, les spécialistes en SEO pourraient recommander d'ajouter du texte HTML visible, des liens textuels au bas des pages ou un fil d'Ariane en haut des pages. Ils pourraient aussi recommander d'insérer un paragraphe de 250 mots dans chaque page. Bien qu'essentiels pour la visibilité, ces ajouts de texte risquent de nuire à l'esthétique et à l'ambiance du site. Face à ce dilemme, que doit faire l'éditeur d'un site graphique ?

Les sites web devraient être conçus en priorité pour la cible. Ce sont vos clients qui achètent vos produits et vos services, pas les moteurs de recherche. Si votre cible préfère un site en Flash et que vos efforts de marketing se révèlent fructueux d'après les chiffres des ventes en ligne, alors il conviendrait mieux de souscrire à un programme de positionnement payant dans les moteurs de recherche. Tenez toujours compte de ce que veut votre cible quand vous concevez un site web. Il est impératif de procéder à des tests auprès de la cible pour garantir le succès d'un site.

Les test pourraient révéler que la présence de liens au bas des pages, surtout s'ils ne sont pas visibles dans la première hauteur d'écran, ne dérange pas votre cible. Ces liens textuels peuvent aider à accroître la visibilité du site dans les moteurs de recherche, et une meilleure visibilité peut se traduire par un plus grand volume de ventes.

Les moteurs de recherche ne vont pas changer leurs règles en fonction des préférences personnelles d'un webdesigner ou d'un référenceur. Parfois, les préférences esthétiques sont en contradiction avec la visibilité dans les moteurs de recherche. Au final, les éditeurs de sites doivent choisir ce qui est le plus important : les goûts esthétiques ou la visibilité dans les moteurs de recherche ?

Animations et autres fantaisies

Flash, DHTML, rollovers en JavaScript, feuilles de styles CSS, AJAX et animations peuvent pimenter n'importe quel site web. De plus, certaines fantaisies peuvent améliorer la lisibilité ou faciliter la compréhension du système de navigation. Les fantaisies ne sont donc pas forcément des éléments négatifs si elles rendent les visites plus agréables.

Cela dit, les fantaisies peuvent interférer avec vos efforts d'optimisation pour les moteurs de recherche. Les robots d'indexation cherchent toujours du texte dans une page web, mais avec certains designs les robots ne trouvent aucun texte à indexer, ce qui est le cas de nombreux sites en Flash. Certains sites contiennent du texte riche en mots clés, mais le design ou le mode de navigation empêche les robots d'accéder au texte.

Les choix techniques ou certains modes de construction du site peuvent aussi gêner les robots dans leur exploration d'un site web. Autrement dit, le choix de boutons de navigation en Flash n'est pas un problème pour les robots, mais la technologie Flash mise en œuvre pour produire les boutons de navigation est souvent problématique pour les moteurs de recherche.

Pour concevoir le design le mieux adapté, il faut prévoir, tester et mettre en œuvre la solution choisie. Si vous savez que votre société va optimiser le site pour les moteurs de recherche dans le cadre de sa stratégie de webmarketing, la création dès le départ de modèles de pages adaptés aux robots peut éviter de sérieuses pertes de temps et d'argent.

Astuce

N'allez pas croire que les équipes de marketing et de webdesign connaissent les préférences de votre cible sans tester l'efficacité de vos pages web. Si vous avez un site en Flash, créez aussi une version en HTML. Comparez le trafic sur chaque version du site. Vous pourriez constater que votre cible utilise plus souvent la version HTML mais que la version Flash génère plus de ventes.

JavaScript et visibilité dans les moteurs de recherche

JavaScript est un langage de programmation qui permet aux webdesigners d'ajouter de l'interactivité avec une touche personnelle. JavaScript sert surtout à définir des effets de rollover, à faire surgir une fenêtre en pop-up, à valider un formulaire ou à réaliser des menus de navigation déroulants. D'ailleurs, les effets de rollover en JavaScript sont si répandus que personne ne songerait à s'en passer.

Quand le webdesigner utilise du code JavaScript dans le système de navigation d'un site, les scripts risquent de rendre les liens impossible à suivre par les robots. À l'heure actuelle, la plupart des robots ne suivent pas les liens entourés de code JavaScript (y compris rollovers et menus) ou ne suivent qu'un nombre très limité de types de liens avec JavaScript.

Certains codes JavaScript sont mieux adaptés aux robots que d'autres. En règle générale, plus le script est simple, plus il y a de chances que les robots puissent suivre le lien.

Spécifier un contenu de remplacement avec la balise <noscript>

La balise `<noscript>` sert à fournir un contenu de remplacement pour les navigateurs incompatibles avec JavaScript ou pour les internautes qui ont désactivé la prise en charge de JavaScript par mesure de sécurité. La balise `<noscript>` se place dans l'en-tête de la page, entre les balises `<head>` et `</head>`. Le Listing 2.2 présente l'encodage correct de la balise `<noscript>` dans le site fictif Nos vins bio.

Listing 2.2 : Encodage de la balise <noscript>

```
<noscript>
<h1>Champagne et vins régionaux</h1>
<p>Nos vins bio propose à prix de gros une large
sélection de vins régionaux issus de la culture
biologique.</p>
<p>Pour consulter notre sélection de vins bio, veuillez
choisir l'un des liens ci-après :</p>
<ul>
<li><a href="champagne.html>Champagne</a></li>
<li><a href="bourgogne.html>Vins de Bourgogne</a></li>
<li><a href="bordeaux.html>Vins de Bordeaux</a></li>
<li><a href="loire.html>Vins de Loire</a></li>
<li><a href="alsace.html>Vins d'Alsace</a></li>
<li><a href="sudouest.html>Vins du Sud-Ouest</a></li>
</ul>
<p>Si vous souhaitez en savoir plus sur nos vins bio ou
recevoir notre catalogue, veuillez nous contacter à
l'aide du <a href="contact.html">formulaire</a> ou nous
appeler au 0802 XXX XXX.</p>
</noscript>
```

Emploi abusif de la balise <noscript>

Hélas, les référenceurs sans éthique ont découvert qu'il est possible de cacher du texte dans une page web avec la balise `<noscript>`, et ce même quand la page ne contient pas de code JavaScript. Certains d'entre eux font un emploi abusif de la balise `<noscript>` dans l'espoir d'améliorer le classement des pages. N'utilisez jamais cette balise pour masquer du contenu ou des liens douteux que vous ne voudriez pas montrer aux visiteurs.

À cause des ces abus, la plupart des moteurs de recherche ignorent ou attachent peu d'importance au texte à l'intérieur de la balise `<noscript>`. Ils ignorent tous les balises de contenu masqué ou choisissent de ne pas en tenir compte dans le calcul de la pertinence.

Sachez que l'ajout de code HTML dans les balises `<noscript>` allonge considérablement le temps de téléchargement des pages web.

Par conséquent, avant d'ajouter du code JavaScript et des balises `<noscript>`, tâchez de savoir si le code supplémentaire est réellement nécessaire. Si le code JavaScript est bien rédigé, la balise `<noscript>` est inutile. Nombre de sites sans JavaScript reçoivent un bon volume de visites qualifiées depuis les moteurs de recherche.

Cadres et visibilité dans les moteurs de recherche

Qu'il faille ou non diviser les pages web en cadres est un débat qui s'éternise depuis que les navigateurs sont compatibles avec la technique des cadres. Les ergonomes web déconseillent l'emploi de cadres parce que l'URL affichée dans le navigateur ne correspond pas au contenu affiché et qu'ainsi il est impossible de définir un signet (ou favori) correctement. Les internautes eux aussi sont partagés sur le sujet. Soit ils adorent les cadres, soit ils les détestent. Les nouveaux internautes ne comprennent pas toujours le système de navigation. Et les internautes chevronnés choisissent de voir les pages sans les cadres. Dans l'ensemble, les gens préfèrent les sites sans cadres quand ils ont le choix.

Si vous créez ou remodelez un site, je vous conseille de le concevoir sans cadres. Les moteurs de recherche sont capables d'accéder au contenu des cadres, mais les liens dans les résultats de recherche risquent de conduire les visiteurs vers des pages dépourvues de système de navigation. Si vous prévoyez bien les choses, vous pouvez réaliser des pages divisées en cadres qui sont adaptées aux moteurs de recherche.

Principe des cadres et moteurs de recherche

Tous les robots indexent le texte et suivent les liens. Le problème avec le code définissant le jeu initial de cadres est qu'il ne fournit aux robots ni de texte à indexer ni de liens à suivre. Le Listing 2.3 présente du code HTML standard définissant un jeu de cadres élémentaire pour le site fictif Nos vins bio.

Listing 2.3 : Code pour une page divisée en cadres

```
<html>
<head>
<title>Nos vins bio : sélection de vins régionaux issus
de la culture biologique</title>
<meta name="description" content="Dégustez nos meilleurs
crus de vin bio à prix de gros : champagne, bordeaux,
bourgogne, beaujolais, vins de Loire et du Sud-Ouest.
Comparez les prix : les meilleures offres sont chez Nos
vins bio." />
<meta name="keywords" content="vin bio, vin rouge, vin
blanc, champagne, bordeaux, bourgogne, alsace, loire" />
</head>
<frameset cols="120",*" border="0" framespacing="0"
frameborder="no" marginheight="0" marginwidth="0">
<frame src="boutons.html" name="navigation" noresize
scrolling="no"
border="0" marginheight="0" marginwidth="0">
<frame src="contenu.html" name="contenu" noresize
scrolling="auto"
border="0" marginheight="0" marginwidth="0">
</frameset>
<body>
</body>
</html>
```

Si vous étudiez ce code, vous comprendrez pourquoi les pages divisées en cadres sont souvent mal perçues par les moteurs de recherche. Il n'y a quasiment pas de contenu dans cette page, sauf dans les balises title et meta. Si, comme Google, le moteur de recherche n'utilise pas le contenu des balises meta dans le calcul de la pertinence, le seul texte exploitable pour juger la page est son titre. Or, une seule ligne de texte ne suffit pas à inspirer confiance aux visiteurs potentiels.

Balise <noframe>

En théorie, dans le cas d'un site avec cadres, le navigateur affichera les pages avec ou sans cadres selon ses capacités. Si le navigateur est capable d'interpréter les cadres, il présente le contenu dans les pages divisées en cadres. Dans le cas, contraire, il affiche le contenu délimité entre les balises `<noframe>` et `</noframe>`.

Si vos pages sont divisées en cadres, insérez toujours du texte riche en mots clés et des liens vers les pages les plus importantes entre ces balises. Ainsi, les robots indexeront le texte le plus important.

Le Listing 2.4 présente un extrait de code pour la définition du jeu initial de cadres (*frameset*). (Si je devais placer du contenu entre les balises `<noframe>`, j'y mettrais 200 à 400 mots de texte rédigé avec soin afin de prouver aux robots et aux visiteurs la qualité du texte. Remarquez aussi dans le code d'exemple que j'ai ajouté la feuille de style entre les balises `<head>` et `</head>` pour que le contenu sans cadres reprenne le même design que les pages avec cadres.)

Dans cet exemple, le contenu entre les balises `<noframe>` et `</noframe>` est plus ou moins le même que celui de la page contenu.html présentée dans un cadre.

Listing 2.4 : Code HTML illustrant l'emploi de la balise <noframe>

```
<html>
<head>
<title>Nos vins bio : sélection de vins régionaux issus
de la culture biologique</title>
<meta name="description" content="Dégustez nos meilleurs
crus de vin bio à prix de gros : champagne, bordeaux,
bourgogne, Beaujolais et vins du Languedoc en bouteille
ou en cubi. Comparez les prix : les meilleures offres
sont chez Nos vins bio." />
<meta name="keywords" content="vin bio, vin rouge, vin
blanc, champagne, bordeaux, bourgogne, alsace, loire" />
<link rel="STYLESHEET" type="text/css" href="css/
style1.css"><style type="text/css"></style>
</head>
<frameset cols="120",*" border="0" framespacing="0"
frameborder="no" marginheight="0" marginwidth="0">
```

Listing 2.4 : Code HTML illustrant l'emploi de la balise <noframe> *(suite)*

```
<frame src="boutons.html" name="navigation" noresize
scrolling="no"
border="0" marginheight="0" marginwidth="0">
<frame src="contenu.html" name="contenu" noresize
scrolling="auto"
border="0" marginheight="0" marginwidth="0">
</frameset>
<body>
<noframe>
<h1>Champagne et vins régionaux</h1>
Nos vins bio propose à prix de gros une large sélection
de vins régionaux issus de la culture biologique.
Pour consulter notre sélection de vins bio, veuillez
choisir l'un des liens ci-après :
<ul>
<li><a href="champagne.html>Champagne</a></li>
<li><a href="bourgogne.html>Vins de Bourgogne</a></li>
<li><a href="bordeaux.html>Vins de Bordeaux</a></li>
<li><a href="loire.html>Vins de Loire</a></li>
<li><a href="alsace.html>Vins d'Alsace</a></li>
<li><a href="languedoc.html>Vins du Languedoc</a></li>
</ul>
<p>Si vous souhaitez en savoir plus sur nos vins bio ou
recevoir notre catalogue, veuillez nous contacter à
l'aide du <a href="contact.html">formulaire</a> ou nous
appeler au 0802 XXX XXX.</p>
</noframe>
</body>
</html>
```

Attention

Ne rajoutez surtout pas un jeu de balises meta ou title entre les balises `<noframe>`. Pourquoi ? Le titre de la page et les métadonnées doivent se trouver dans l'en-tête, entre `<head>` et `</head>`, et non pas dans le corps du document entre `<body>` et `</body>`. La répétition des balises meta et title dans une page web peut entraîner des pénalités parce que cette technique frauduleuse sert à augmenter artificiellement la densité en mots clés sans rien apporter de plus aux visiteurs.

Emploi abusif de la balise <noframe>

Les spécialistes en SEO malhonnêtes ont découvert depuis longtemps que la balise `<noframe>` peut servir à cacher du texte dans une page web même si elle n'est pas divisée en cadres.

À cause de la généralisation de cette technique frauduleuse, la plupart des moteurs de recherche ne tiennent plus compte du texte à l'intérieur de la balise `<noframe>` ou n'y attachent qu'une importance marginale dans le calcul de la pertinence.

Navigation et cadres

Comme je l'ai déjà mentionné, un site adapté aux moteurs de recherche doit proposer au moins deux systèmes de navigation : un système intuitif pour les visiteurs et un système fonctionnel pour les robots. Les sites avec cadres ne font pas exception, surtout quand on vise une meilleure visibilité sur le Web.

La solution la plus simple pour adapter aux moteurs de recherche le contenu principal d'un site avec cadres consiste à ajouter une série de liens textuels au bas de chaque page. Dans l'exemple de la Figure 2.42, le cadre de gauche contient les boutons de navigation, tandis que le cadre de droite présente le contenu principal. Les visiteurs peuvent accéder à la page Products & Accessories depuis la page d'accueil (voir Figure 2.43).

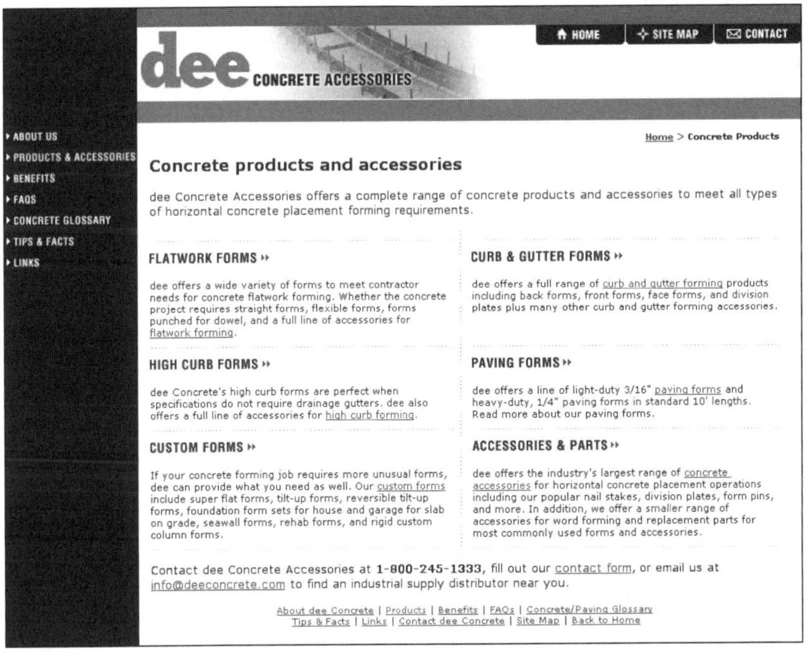

Figure 2.42

Page Concrete Products & Accessories telle qu'elle se présente dans le site divisé en cadres.

Mais si cette même page apparaît dans les résultats de recherche et qu'un internaute clique sur le lien depuis le moteur de recherche, il obtient la page sans les cadres comme l'illustre la Figure 2.43.

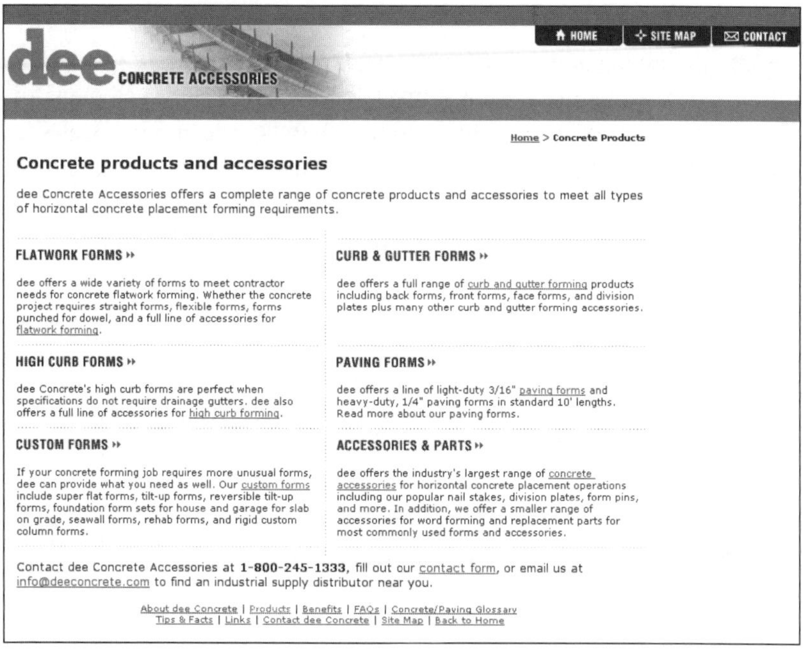

Figure 2.43

Page Concrete Products & Accessories telle qu'elle se présente quand on l'atteint depuis le lien d'un moteur de recherche.

Bien que la page se présente sans les cadres, les robots sont néanmoins capables de la recenser et d'explorer le reste du site grâce à la présence des éléments suivants :

- liens textuels au bas de la page ;
- liens du fil d'Ariane en haut de la page ;
- liens textuels intégrés au corps du texte.

Par conséquent, quand vous réalisez un site avec des cadres, assurez-vous que le cadre principal contient un jeu de liens exploitables par les robots. Ces derniers doivent, d'une façon ou d'une autre, atteindre les pages internes. S'il n'y a aucun lien vers les pages internes depuis la page de définition des cadres, si les pages internes ne sont pas soumises aux moteurs de recherche et s'il n'y aucun lien entrant d'un autre site vers les pages internes, les robots auront du mal à explorer les pages internes.

Cadres et JavaScript

Si vous préférez que les pages de votre site apparaissent toujours divisées en cadres, vous pouvez insérer du code JavaScript dans toutes les pages pour demander aux navigateurs de charger le jeu de cadres. Mettez le code JavaScript dans l'en-tête comme dans l'exemple du Listing 2.5.

Listing 2.5 Code JavaScript inséré entre les balises <head> et </head>

```
<html>
<head>
<title>Nos vins bio : sélection de vins régionaux issus
de la culture biologique</title>
<meta name="description" content="Dégustez nos meilleurs
crus de vin bio à prix de gros : champagne, bordeaux,
bourgogne, beaujolais et vins du Languedoc en bouteille
ou en cubi. Comparez les prix : les meilleures offres
sont chez Nos vins bio." />
<meta name="keywords" content="vin bio, vin rouge, vin
blanc, champagne, bordeaux, bourgogne, alsace, loire" />
<script language="JavaScript">
<!--
if(top==self) self.location.href = "pageduframeset.html";
// -->
</script>
</head>
```

Note

Il existe d'autres scripts, qui permettent de définir des signets pour les pages dans les cadres et de charger des pages particulières dans les cadres, mais il est préférable de laisser les visiteurs choisir le mode d'affichage qu'ils préfèrent. Il y a beaucoup d'internautes qui n'aiment pas les cadres et apprécient la possibilité de les désactiver.

Ce script ne va pas charger la page de contenu la plus appropriée à l'intérieur des cadres. Il a pour seul effet de charger la page que vous spécifiez, généralement la page d'accueil qui définit la répartition des cadres. De plus, les visiteurs ne pourront pas utiliser le bouton Précédent parce que la commande charge automatiquement la page spécifiée (celle du jeu de cadres).

Une autre solution consiste à créer une page d'accueil qui propose aux visiteurs de voir le site avec ou sans cadres. Après quoi, l'analyse du trafic sur votre site sur une durée d'au moins trois mois vous indiquera quelle version les visiteurs préfèrent. Vous pourriez constater qu'ils préfèrent la version sans cadres puisque la navigation est plus facile dans les sites sans cadres. Si vos visiteurs sont plus à l'aise sans les cadres, choisissez la formule sans cadres pour les prochains sites que vous réaliserez. L'avantage supplémentaire est que le trafic qualifié provenant des moteurs de recherche tend à augmenter lorsque le site ne contient plus de cadres.

Optimiser des blogs et des forums

Beaucoup d'éditeurs de sites web aiment bien les blogs parce que les logiciels de création de blogs actuellement disponibles sont préformatés et si faciles d'emploi que n'importe qui peut produire un blog tout à fait présentable même sans connaissances en webdesign ni en architecture de l'information. Les développeurs de contenus apprécient le principe du contenu fourni par les utilisateurs parce que cela leur évite de passer du temps à écrire eux-mêmes des textes.

De nombreuses sociétés spécialisées dans l'optimisation pour les moteurs de recherche s'emballent aussi pour les blogs et les préconisent partout pour les mêmes raisons : facilité d'emploi des modèles prédéfinis et ajout de contenu par les utilisateurs. Ajoutons à cela les opportunités de liens entrants grâce à la distribution auprès de diffuseurs de flux RSS, et les blogs apparaissent comme la solution d'optimisation idéale pour tous les types de sites web.

Un détail important que toutes ces personnes semblent négliger est que les principes de webdesign, de convivialité et d'optimisation qui s'appliquent aux sites web classiques s'appliquent aussi aux pages de blogs. L'organisation des informations dans les blogs est essentiellement chronologique au lieu d'être centrée sur les besoins des visiteurs ou axée sur des mots clés. Par ailleurs, il ne faut pas croire que le blogueur moyen rédige et formate systématiquement du contenu adapté aux moteurs de recherche.

Le développement de liens entrants avec les blogs n'est pas aussi simple que certains spécialistes en SEO le proclament. Par exemple, dans le cas des liens diffusés en fils RSS, les liens ne conduisent généralement pas à la même URL tous les jours. Les blogueurs n'écrivent pas toujours sur le même sujet, ce qui fait que le contexte et la pertinence des liens changent fréquemment.

Toujours à propos du développement de liens entrants, il faut savoir que chacun décrit un contenu à sa manière. Si je donne un article à lire à mille personnes et leur demande de le résumer (pour le descriptif) et de définir un titre (qui servira de lien vers l'article), j'obtiendrai sans doute mille réponses différentes. Or, les liens diffusés en RSS servent de descriptifs.

Je ne suis évidemment pas en train de dire que les blogs ne peuvent pas s'adapter aux moteurs de recherche. C'est tout à fait possible. Dans la mesure où les auteurs de blogs gardent à l'esprit les principes de convivialité et les principes de base de la SEO, les blogs peuvent engendrer un très bon retour sur investissement.

Dix règles pour réussir l'optimisation d'un blog

Voici une série de conseils pour optimiser les pages de blogs.

1. **Effectuez une étude sur les mots clés avant de rédiger le contenu du blog.** J'ai l'impression que la phase d'analyse des mots clés est passée à la trappe dans presque tous les sites de blogs. Avant de choisir les titres des rubriques et des articles, servez-vous des outils d'analyse de mots clés disponibles sur Yahoo!, Google et Live Search afin de connaître la terminologie que pourraient utiliser les internautes pour trouver les produits, services et informations offerts sur votre site. Si votre blog a une vocation commerciale ou si vous voulez qu'on lise vos articles, tâchez de rendre l'information facile à trouver par l'emploi judicieux de mots clés.
2. **Utilisez des mots clés dans le titre des pages de blogs.** Cela semble une évidence, mais les règles de base pour l'optimisation de pages web s'applique bien sûr aussi aux pages de blogs. Je constate que de nombreux blogueurs oublient d'exploiter la balise title pour placer des mots clés.
3. **Utilisez des mots clés dans les titres des articles et dans les résumés (ou snippets).** Les titres dans un blog sont importants à plusieurs niveaux. Premièrement, le texte des titres et sous-titres fait partie du texte principal pour tous les principaux moteurs de recherche, il participe donc au calcul de la pertinence.

   Deuxièmement, les tests d'utilisabilité en huit secondes et les études du suivi du regard révèlent que les participants ont tendance à mieux mémoriser les titres du fait de leur apparence particulière et de l'espace blanc qui les entoure.

   Troisièmement, les titres et les résumés (ou snippets s'ils sont utilisés) s'affichent généralement en liens vers les pages de blog chez les diffuseurs RSS. Sur les site des diffuseurs RSS, les internautes ne voient souvent que le titre d'un article, même quand des snippets sont disponibles, et c'est d'après ce titre qu'ils décident ou non de cliquer sur le lien. Des titres contenant les bons mots clés peuvent attirer des visites sur vos pages de blog. Si les titres sont bien rédigés, vos expressions clés les plus importantes apparaissent en liens dans des sites tiers objectifs.

Enfin, la présence des mots clés accroît le sentiment de confiance des utilisateurs. Quand les internautes vont d'un moteur de recherche à votre page de blog, ou d'une autre page trouvée à l'aide d'un moteur vers votre page de blog, ils retrouvent les mots saisis en requête, ce qui tend à confirmer que vos pages contiennent l'information recherchée.

4. **Personnalisez les modèles de blog en améliorant l'architecture des informations.** Le contenu organisé uniquement par ordre chronologique fournit peu de pertinence par rapport au contexte. Les blogs et les sites d'actualités se distinguent par la présence d'archives triées par dates. Tâchez quand même de fournir un autre système d'accès aux informations, notamment en classant les articles par rubriques. La présence d'un système de navigation axé sur les mots clés aide les visiteurs à trouver ce qu'ils cherchent.

5. **Définissez des liens internes verticaux et horizontaux.** N'oubliez pas qu'aider le visiteur à s'orienter et lui fournir des pistes vers l'information est aussi important dans un blog que dans les autres types de pages. La présence d'un fil d'Ariane et de titres de rubriques sous forme de liens sont utiles pour l'orientation, mais les renvois internes horizontaux ont aussi leur importance. N'oubliez pas d'insérer dans le texte des liens internes vers des articles apparentés, car cela fournit des pistes à explorer pour le lecteur tout en renforçant la pertinence pour les moteurs de recherche.

   N'allez pas croire que les visiteurs arrivés *via* un moteur de recherche ont suivi l'ordre chronologique de votre contenu. Avec les moteurs de recherche, les visiteurs débarquent au milieu d'un blog sans autre contexte que les mots saisis en requête. La présence de liens internes leur permet de consulter des articles précédents sur le même sujet et d'obtenir ainsi un contexte plus consistant.

6. **Définissez des URL accessibles aux moteurs de recherche.** La première partie de la procédure d'optimisation est l'étude des mots clés, reste ensuite à s'occuper de l'accès au contenu pour les moteurs de recherche. L'excellence de votre contenu n'aurait pas d'influence sur la visibilité de vos pages dans les moteurs de recherche si leurs robots ne peuvent pas y accéder. Dans la configuration par défaut, les plates-formes de blogs ne génèrent pas toujours des URL adaptées aux moteurs de recherche. Soyez donc prêt à mettre en œuvre une solution pour optimiser les URL ou cherchez un hébergeur de blogs chez qui vous n'auriez pas besoin de retoucher les URL.
7. **Définissez une redirection 301 ou une exclusion d'accès aux robots pour le contenu redondant.** Quand les blogueurs définissent l'architecture des informations de leur blog, ils utilisent souvent le même contenu dans la section des archives et dans la section par rubriques, ce qui fait que le même contenu se trouve en deux exemplaires. Pour éviter l'impression de redondance, sélectionnez l'URL qui rassemble tous les points forts (facilité d'accès, pertinence, orientation et pistes vers l'information), et utilisez-la comme seule URL canonique.
8. **Surveillez la destination des liens ajoutés.** Le spam s'est imposé dans les blogs et dans les forums, car c'est là une solution facile et rapide pour obtenir des liens vers un site à promouvoir. Les moteurs de recherche pénalisent les sites qui dirigent vers des sites web médiocres et abusant de techniques de spam. Il existe des outils spéciaux pour gérer le spam dans les commentaires et les trackbacks. Dans le doute, ajoutez l'attribut `no-follow` dans le code des liens suspects.
9. **Envoyez un ping aux moteurs de recherche de blogs et d'actualités.** Les moteurs de recherche de blogs et d'actualités indexeront vos articles plus vite si vous les prévenez par ping chaque fois que vous ajoutez un billet. Ces moteurs de recherche utilisent aussi des algorithmes de pertinence, mais chaque nouvel article dans le blog offre une chance supplémentaire de se faire référencer dans ces moteurs spécialisés.
10. **Archivez vos articles.** Les blogs étant en constante évolution, les liens changent très vite. Les personnes qui trouvent un article

particulièrement utile voudront définir un lien vers ce contenu. Servez-vous d'un outil d'analyse Web pour savoir quels articles plaisent le plus à vos lecteurs. Pour chacun, vérifiez que l'URL est archivée et facile d'accès. Les articles qui attirent les liens sont parfaits pour améliorer votre indice de popularité.

Figure 2.44

Ce blog présente des liens internes chronologiques et thématiques. Les rubriques thématiques fournissent pertinence et contexte.

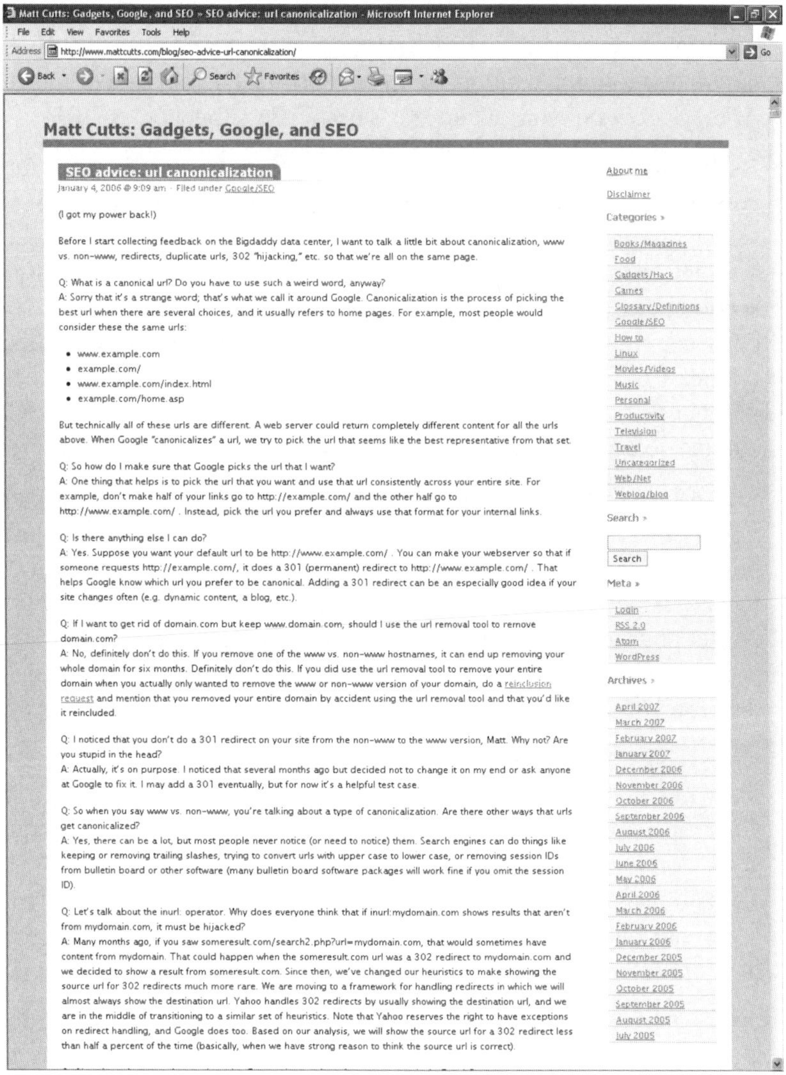

Optimiser des documents PDF

Les moteurs de recherche sont de plus en plus performants dans l'indexation de différents types de documents. Google, par exemple, est capable d'indexer treize types de documents (en plus des pages HTML), y compris les documents Word, Excel, PowerPoint, RTF (*rich text format*) et PDF. D'autres moteurs de recherche sont aussi capables d'indexer les PDF.

PDF sont les initiales de *Portable Document Format*, un format de fichier universel qui après conversion conserve les polices, les couleurs, les images et la mise en forme de n'importe quel document source. Sur le Web, on trouve beaucoup de documents PDF, surtout des brochures marketing, des manuels d'instructions et des cours universitaires. La Figure 2.45 présente l'exemple d'une brochure disponible en PDF.

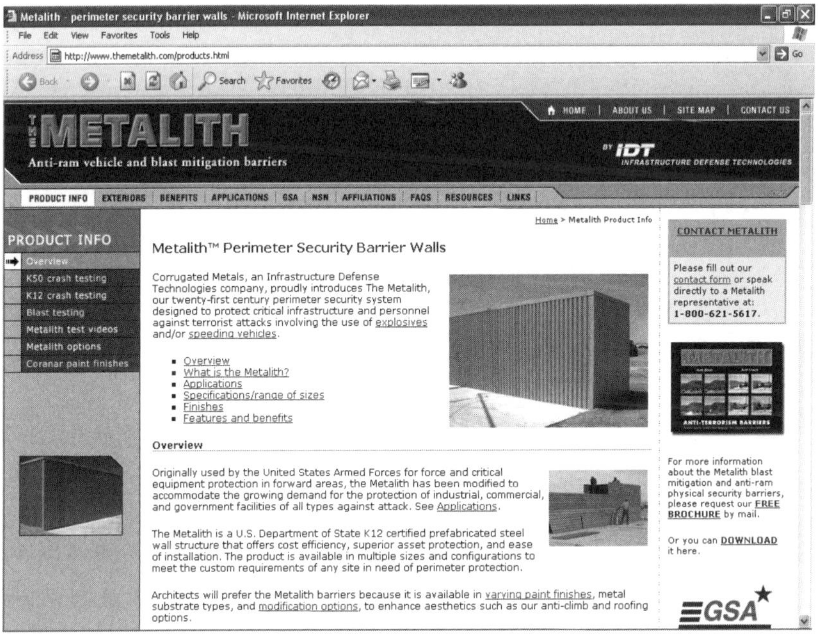

Figure 2.45

Le site web Metalith propose au lecteur de télécharger la brochure au format PDF.

Les éditeurs de sites web apprécient le format PDF parce qu'il conserve l'apparence originale des documents. Par exemple, disons que vous voudriez voir votre brochure en ligne avec la police Avant Garde. Pour que tous les internautes voient la brochure avec cette police, il faut qu'elle soit installée sur leur machine. S'ils n'ont pas la police Avant Garde, votre brochure changera d'aspect dans leur navigateur. C'est pour cette raison que de nombreuses brochures en ligne sont formatées en PDF.

Formatés correctement, les documents PDF peuvent être bien visibles dans les moteurs de recherche. D'ailleurs, des documents PDF occupent parfois les meilleures positions dans les résultats de recherche (voir Figure 2.46).

Figure 2.46

Deux documents PDF figurent en bonne position dans Google pour le mot "automédication".

Les principes de base pour l'optimisation d'un document PDF sont les mêmes que pour un fichier HTML, à savoir :

- **Composante texte.** Les documents PDF devraient contenir les mots et expressions que la cible est susceptible de taper en requête.

Les documents PDF doivent donc utiliser le même langage que les lecteurs potentiels.

- **Composante liens.** Les robots et les visiteurs du site devraient disposer d'un accès facile vers les documents PDF. Les notions de pertinence, d'orientation et de pistes vers l'information doivent aussi se retrouver dans les documents PDF.
- **Composante popularité.** Tâchez d'obtenir des liens entrants vers vos documents PDF.

Texte riche en mots clés

Pour adapter les documents PDF aux moteurs de recherche, il faut qu'ils contiennent du vrai texte et non pas une image de texte. Il existe trois manières de vérifier qu'un document PDF contient du texte exploitable par les robots :

- avec le lien Afficher en HTLM présenté dans la page de résultats de recherche ;
- par la méthode du copier-coller ;
- avec l'attribut de propriétés du document dans Acrobat ou Acrobat Reader.

Lien Afficher en HTML

Si votre document PDF est intégré à l'index d'un moteur de recherche, vous pouvez suivre le lien Afficher en HTML pour voir le texte que le robot a exploité pour déterminer la pertinence du document.

Commencez par lancer une recherche ciblée avec inurl: comme dans l'exemple de la Figure 2.47 pour obtenir le PDF dans la page de résultats.

Google et d'autres moteurs de recherche permettent aux utilisateurs de voir les PDF sous forme de documents formatés en HTML. Un clic sur le lien Afficher en HTML fait apparaître le texte exploitable par les robots contenu dans le PDF (voir Figure 2.48).

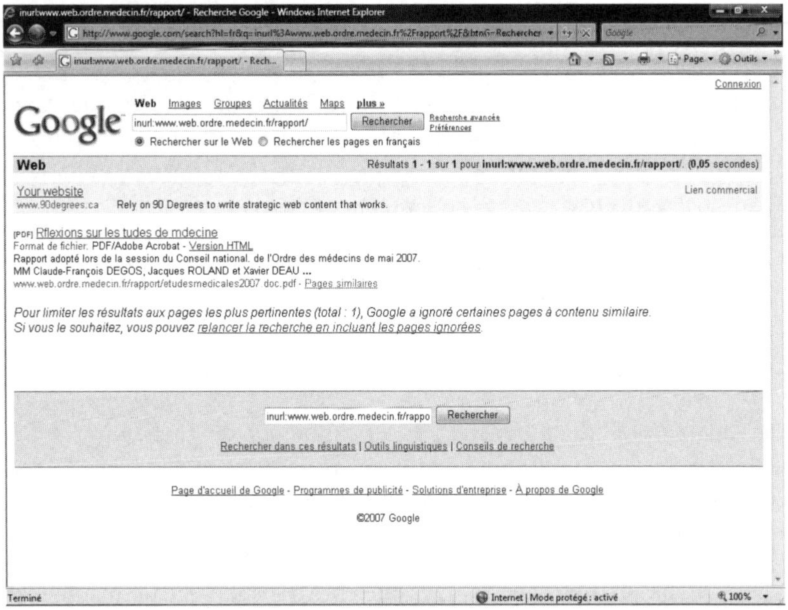

Figure 2.47

Présentation d'un document PDF à l'issue d'une recherche ciblée sur une URL. Si votre PDF n'apparaît pas après une telle recherche, c'est que le robot n'a pas pu accéder à son contenu parce qu'il est inexploitable ou que l'architecture de votre site n'est pas bonne. Vous pourriez aussi cibler la recherche pour n'obtenir que des documents PDF.

Figure 2.48

Texte que le robot de Google est capable d'extraire du document PDF.

Méthode du copier-coller

Il est facile de savoir si un texte PDF est exploitable par les robots en procédant de la manière suivante :

1. Ouvrez le fichier PDF dans Acrobat ou Acrobat Reader.
2. Sélectionnez tout le texte (Ctrl+A sur PC ou Commande+A sur Mac).
3. Après sélection du texte, tapez Ctrl+C ou Commande+C pour le copier.
4. Ouvrez un éditeur de texte : Bloc-notes sur PC ou SimpleText sur Mac.
5. Tapez Ctrl+V ou Commande+V pour coller le texte précédemment copié. Le texte que vous obtenez est celui qui est analysé par les robots pour déterminer la pertinence du document PDF.

Vérifier les propriétés du document

On peut aussi vérifier si un document PDF contient du texte exploitable par les robots en consultant la boîte de dialogue Propriétés du document. Si aucune police n'est listée dans cette boîte de dialogue, c'est preuve que le document ne contient pas de texte exploitable.

Pour vérifier la présence de polices dans un document PDF, procédez ainsi :

1. Ouvrez le fichier PDF dans Acrobat ou Acrobat Reader.
2. Choisissez Fichier > Propriétés du document. La boîte de dialogue Propriétés devrait apparaître et contenir un onglet Polices, comme à la Figure 2.49. Si cet onglet présente au moins une police, cela indique que le PDF contient du texte que les robots peuvent indexer.

Pour voir le texte exploitable par les robots, servez-vous de l'outil de sélection de texte (voir Figure 2.50).

Essayez de sélectionner du texte dans le document PDF, comme dans l'exemple de la Figure 2.51. Le texte que vous parvenez à mettre en surbrillance est le texte exploitable par les robots.

Figure 2.49

La boîte de dialogue Fichier > Propriétés du document affiche une liste de polices, ce qui signifie que les robots peuvent exploiter le texte du document.

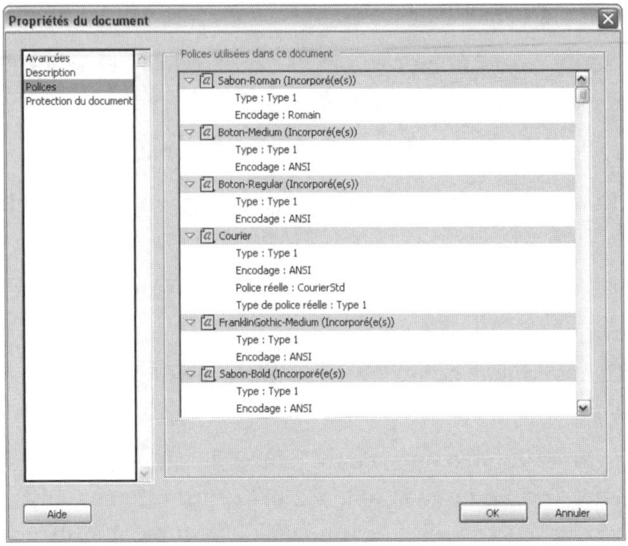

Figure 2.50

Outil Texte d'Acrobat Reader.

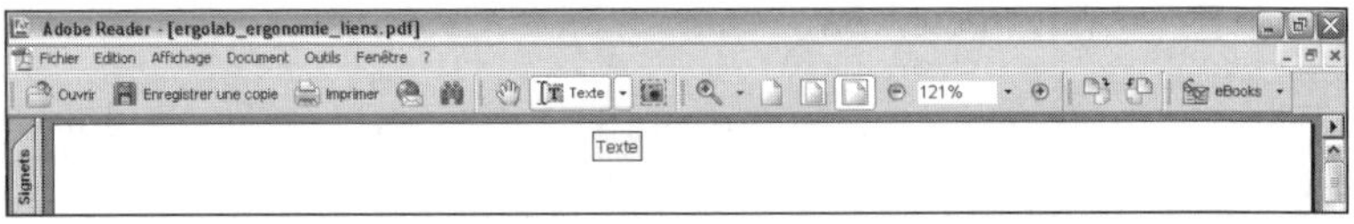

Figure 2.51

Dans cet exemple, le texte des paragraphes principaux peut être sélectionné, mais ce n'est pas le cas du sigle dans le logo. Par conséquent, les robots ne peuvent pas indexer le texte dans ce logo.

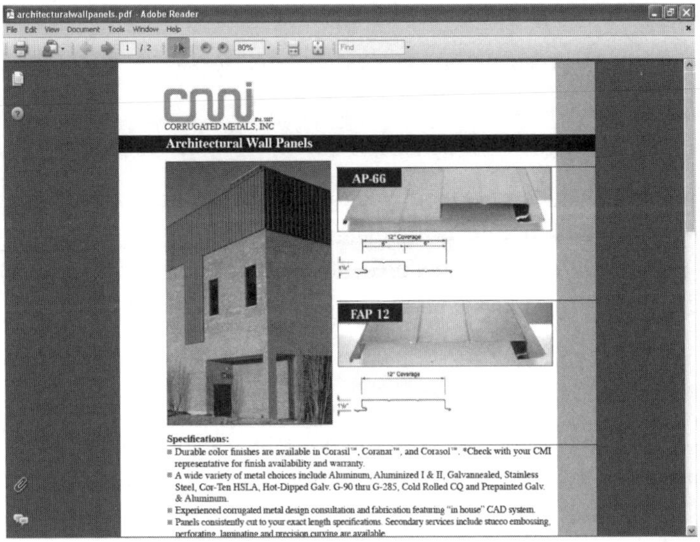

Propriétés des PDF

Acrobat permet aux auteurs de documents PDF d'ajouter des propriétés en métadonnées (voir Figure 2.52).

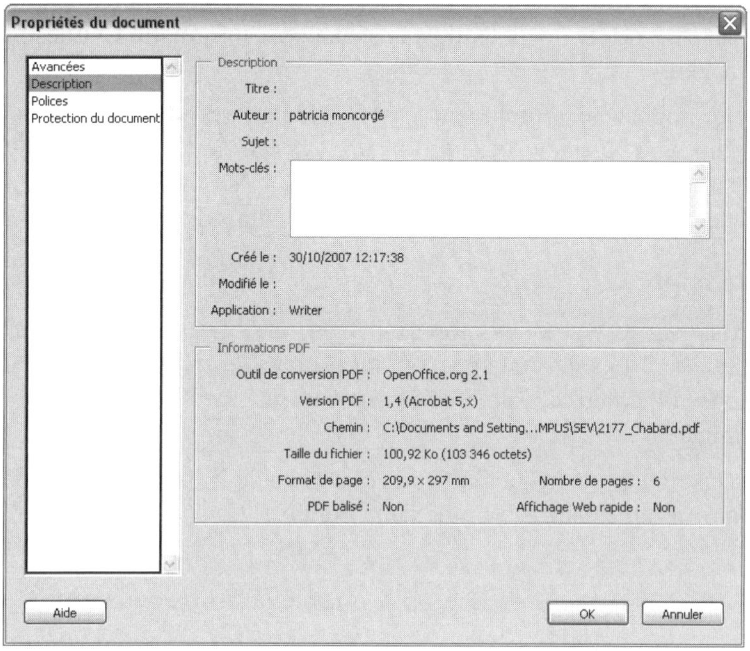

Figure 2.52

Les champs de propriétés les plus importants sont Titre, Auteur, Sujet et Mots clés.

Actuellement, les moteurs de recherche n'utilisent pas les propriétés des documents PDF dans le calcul de la pertinence. À l'instar des attributs description et keywords des balises meta dans les fichiers HTML, les métadonnées des PDF sont considérées comme du texte secondaire parce que les robots sont capables d'accéder au texte contenu dans les PDF.

Faciliter l'accès au contenu en PDF

Deux raisons expliquent pourquoi des PDF au contenu très enrichissant n'attirent pas de visites qualifiées depuis les moteurs de recherche. C'est à cause des obstacles à l'accès et de leur isolement.

Astuce

Si vous avez le temps de renseigner les propriétés de vos fichiers PDF, je vous conseille vivement de le faire de façon systématique quand vous créez les documents. Les métadonnées des PDF ne sont pas forcément exploitables par les robots des moteurs de recherche du Web, mais elles pourraient l'être par d'autres systèmes de recherche d'informations (dont votre moteur de recherche interne).

Au même titre que l'étude de mots clés et la rédaction de texte adapté aux robots, l'optimisation des métadonnées est une étape indispensable dans le processus d'optimisation d'un site web.

Obstacles à l'accès

Sur de nombreux sites web, il faut d'abord remplir un formulaire avant d'avoir accès à des brochures techniques ou livres blancs. L'intérêt de cette manœuvre pour l'éditeur du site est d'obtenir les coordonnées personnelles (nom, adresse e-mail, adresse postale, numéro de téléphone, etc.) de clients potentiels en échange d'informations utiles pour les visiteurs.

Or, les robots ne remplissent pas de formulaire pour accéder à du contenu web. Donc, si le seul moyen d'accéder à du contenu en PDF est par le biais de formulaires, les documents PDF ne peuvent pas être indexés et n'apparaîtront jamais dans les résultats de recherche.

Isolement

Il existe sur le Web de nombreux PDF accessibles sans passer par un formulaire. Mais ils sont souvent enfouis dans les profondeurs du site, comme si l'éditeur du site n'était pas convaincu de l'importance de ces documents.

Il est en effet fréquent que l'accès au contenu en PDF suive une hiérarchie linéaire comme dans l'exemple de la Figure 2.53.

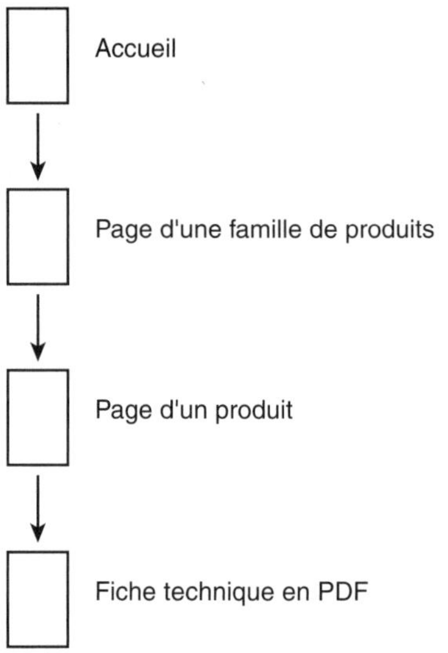

Figure 2.53

Les fiches techniques de produits sont souvent accessibles selon cette structure linéaire.

Bien trop souvent, le seul et unique lien conduisant à un PDF se trouve dans la page d'un produit ou d'un service, ce qui a pour effet d'isoler le document PDF. Cette forme d'architecture à sens unique et l'interface qui va avec suggèrent aux robots que l'éditeur du site ne croit pas que le PDF présente un contenu digne d'intérêt. S'il pensait que le contenu en PDF est valorisant, il proposerait plusieurs liens pour y accéder.

Une solution simple pour créer des liens supplémentaires vers les documents PDF consiste à les ajouter dans le plan du site. Nombre de spécialistes en SEO et même certains représentants des moteurs de recherche ont l'impression que le plan du site est une solution magique pour donner accès au contenu. Mon opinion est que l'accès n'est qu'un élément de la composante liens. Je pense que la pertinence, l'orientation et les pistes vers l'information sont tout aussi importantes, sans oublier la facilité de navigation, les renvois internes et les liens entrants.

Informez le visiteur avant qu'il ne clique sur le lien vers un PDF. Faites-lui savoir que s'il clique sur le lien il va obtenir l'affichage d'un document PDF, ce qui provoque le démarrage d'Acrobat Reader, une autre application, si ce logiciel est installé sur la machine du visiteur. Le visiteur pourrait se trouver décontenancé de voir apparaître par surprise une nouvelle fenêtre d'application.

De plus, les fichiers PDF étant beaucoup plus lourds que leur équivalent en HTML, informez le visiteur de la taille d'un fichier PDF avant qu'il ne clique sur son lien. N'oubliez pas qu'il faut prévenir les attentes des visiteurs pour leur donner satisfaction.

Enfin, tâchez d'inclure des mots clés importants à l'intérieur ou à proximité du lien vers un PDF. Le plan du site peut très bien se composer uniquement de liens, mais ce n'est pas la solution idéale pour l'optimisation du site. Il est préférable d'ajouter un résumé du contenu de chaque PDF en utilisant les mots clés appropriés.

Dans notre exemple du site Nos vins bio, il est facile d'informer les visiteurs à propos d'un document PDF en présentant le lien de la manière suivante :

Affichez la brochure de Nos vins bio - PDF (360 Ko)

Certains éditeurs de sites web aiment bien créer des pages de rubriques avec des résumés pour chaque document PDF. Ils ajoutent un lien vers la page de rubriques dans le plan du site (ou l'index du site) et intègrent cette page dans le système de navigation du site.

Figure 2.54

MedicineNet affiche une liste de publications en ligne dans son site.

Figure 2.55

Les liens vers les publications en ligne se trouvent dans le pied de page commun à toutes les pages du site.

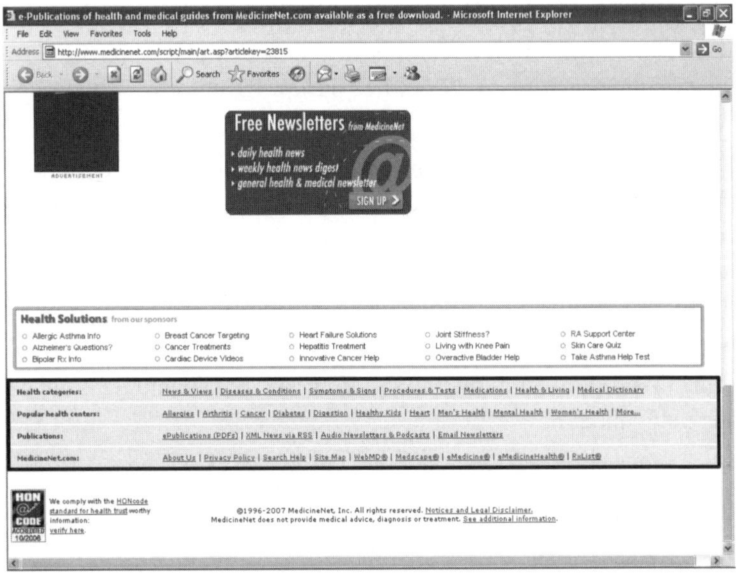

Exclure les PDF pour les robots

Parfois dans un site web, le même contenu se trouve formaté en HTML et en PDF. Pour éviter l'effet de redondance, utilisez le protocole d'exclusion aux robots, c'est-à-dire le fichier robots.txt, pour demander aux robots d'indexation de ne pas recenser le contenu redondant.

Pour l'optimisation des fichiers PDF, je choisis de mettre les PDF qui font double emploi dans un dossier et les PDF au contenu original dans un autre dossier.

Par exemple, les PDF redondants peuvent être mis dans un répertoire nommé pdfs, et les autres dans un répertoire nommé simplement pdf. Ainsi, je n'applique le protocole d'exclusion aux robots qu'au contenu des PDF redondants de la manière suivante :

```
User-agent: *
Disallow: /pdfs/
```

Liens entrants vers les PDF

Il peut être plus difficile d'obtenir des liens vers des PDF à cause de leur format particulier, car on s'attend en général à trouver un document HTML au bout d'un lien et non pas un PDF.

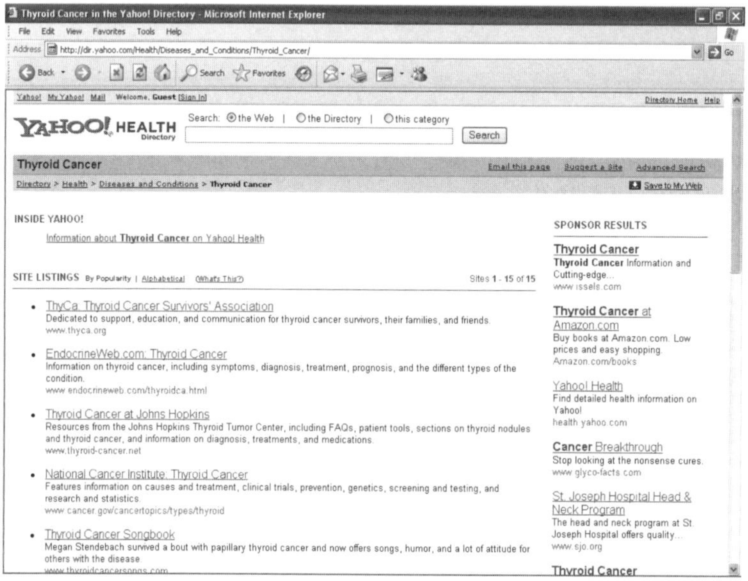

Figure 2.56

Certaines rubriques santé de Yahoo! référencent des documents PDF.

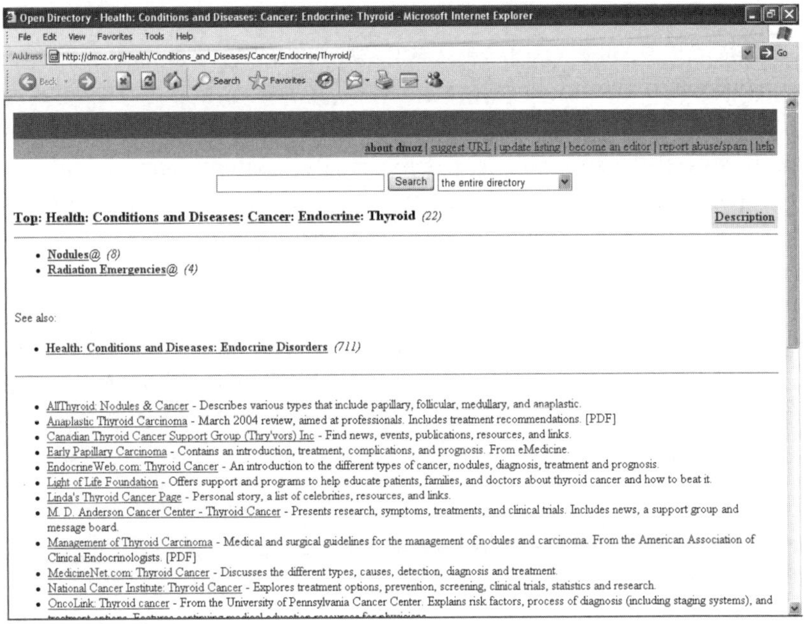

Figure 2.57

L'annuaire DMOZ (Open Directory) présente aussi dans ses rubriques des PDF utiles.

Néanmoins, des PDF au contenu intéressant peuvent recevoir des liens de la part de sites valorisants. Il y a, par exemple, des PDF dans deux principaux annuaires du Web.

Huit règles pour réussir l'optimisation de PDF

L'optimisation des documents PDF suit les mêmes règles de base que celle des documents HTML.

1. **Assurez-vous que vos documents PDF contiennent du texte exploitable par les robots d'indexation.** Pour l'instant, ils ne sont pas capables d'indexer le texte à l'intérieur des images dans les PDF. Donc, si vous créez un PDF en numérisant un texte au scanneur, les robots ne pourront pas en extraire le texte.
2. **Utilisez des mots clés dans le texte des PDF.** L'avantage des PDF pour l'optimisation est qu'ils contiennent essentiellement du texte et que leur structure d'URL est assez simple. Un peu d'étude des mots clés et un placement judicieux des mots clés retenus peut améliorer la visibilité des PDF.

3. **Quand le document PDF comprend plusieurs pages, tâchez de placer le texte le plus important dans la première page.** Assurez-vous que le titre du fichier, les titres dans le texte et la première page contiennent les mots clés les plus importants lorsque c'est possible.
4. **Réduisez le temps de téléchargement.** Les représentants des moteurs de recherche recommandent de limiter le poids des fichiers PDF à moins de 100 Ko, surtout pour des raisons d'utilisabilité. Les PDF sont assez lourds parce que les polices y sont intégrées et qu'ils contiennent souvent des images à haute résolution. Vous allègerez vos PDF en réduisant le nombre de polices et en utilisant des images à basse résolution dans la version destinée au Web.
5. **Si possible, créez des pages HTML optimisées présentant des résumés des PDF.** Si vos PDF sont de gros fichiers (manuels techniques ou catalogues), pensez à créer des pages qui en décrivent le contenu. La page de résumé devrait contenir 200 à 250 mots de texte bien rédigé entre les balises `<body>` et `</body>`. La balise de titre et les balises meta devraient contenir des mots clés.

   Il serait souhaitable aussi que le texte du lien menant au PDF et le texte autour du lien contiennent des mots clés.
6. **Mettez des liens vers les PDF en différents endroits du site.** Évitez d'isoler les PDF dans l'architecture des liens du site. Ajoutez des liens vers les PDF dans le plan du site ou dans son index. Si le site comprend de nombreux PDF, classez-les par catégories et créez une section spéciale PDF ou publications en ligne avec un plan thématique. La présence de tous ces liens doit donner l'impression aux visiteurs et aux robots que les PDF contiennent des informations utiles et pertinentes.
7. **Mettez le contenu redondant hors de portée des robots.** Puisque les robots peuvent indexer les documents PDF et d'autres types de documents de texte, la présence du même contenu sous plusieurs formats se traduit par un filtrage du contenu redondant et par l'attribution d'une mauvaise note. Prenez les devants en excluant le contenu en double à l'aide du fichier robots.txt.
8. **Soyez réaliste.** On ne peut pas mettre du texte riche en mots clés dans tous les documents PDF, notamment dans les brochures

marketing et les rapports annuels. Dans certains PDF, il n'y a pas lieu de mettre une table des matières et des en-têtes et pieds de page. Voyez quels types de PDF peuvent facilement s'optimiser et lesquels ne le peuvent pas. Concentrez vos efforts sur les PDF qui se prêtent à l'optimisation

Conclusion

Les fondements d'une optimisation fructueuse aux retombées durables dépendent de trois éléments essentiels :

- composante texte ;
- composante liens ;
- composante popularité.

Un site web adapté aux moteurs de recherche est avant tout un site adapté aux clients parce qu'il est construit autour des mots clés que les clients potentiels saisissent en requête. Les pages web qui contiennent les mots clés utilisés par votre cible dans les services de recherche bénéficient généralement d'une meilleure visibilité que les pages qui contiennent peu ou pas du tout de mots clés.

Les pages très graphiques ou avec un contenu dynamique peuvent aussi obtenir une bonne visibilité dans les moteurs de recherche à condition que les webdesigners tiennent compte des critères d'optimisation dès le début. S'il est prévu de mener une campagne de marketing axée sur les moteurs de recherche, la création de modèles de pages adaptées aux robots peut éviter de sérieuses pertes de temps et d'argent par la suite.

L'interconnexion de vos pages web, vos liens sortants et vos liens entrants ont tous une influence sur la visibilité de votre site dans les moteurs de recherche. Si les robots d'indexation peuvent explorer vos pages facilement et rapidement, elles ont de meilleures chances d'obtenir de bonnes positions. La facilité d'accès, la présence des mots clés, les repères d'orientation et les pistes vers l'information sont tous importants pour la visibilité dans les moteurs de recherche mais aussi pour la convivialité du site. Si vous tenez compte de tous ces éléments dans l'architecture d'information et dans l'interface correspondante, votre cible a de plus fortes probabilités d'atterrir sur les pages qui contiennent l'information précise recherchée.

Si deux sites web ont le même texte, le même système efficace de navigation et la même architecture, le site le plus fréquenté obtiendra généralement une meilleure note. Pour favoriser la visibilité, il est donc impératif de réaliser un site convivial qui plaît à votre cible.

N'oubliez pas que les sites web doivent être construits avant tout à l'intention des internautes, pas des robots. Ce ne sont pas les robots qui vont dépenser des milliers d'euros en achetant vos produits. Vous devez donc toujours tenir compte des goûts de votre cible dans la phase de conception d'un site web.

Les moteurs de recherche proposent des programmes de référencement payant et de positionnement payant pour les sites qui n'ont pas été créés à partir d'un modèle adapté aux robots.

Cela dit, le choix d'un design adapté aux robots peut se révéler plus économique en temps et en ressources que des formules de liens publicitaires. Un site soigneusement optimisé avec un système de navigation adapté aux robots peut engendrer des résultats positifs pendant plusieurs années avec un excellent retour sur investissement à long terme. L'effet positif des liens publicitaires dans les moteurs de recherche est provisoire, il faut donc sans cesse renouveler les formules payantes et les pages de destination.

Certains éditeurs de sites web pourraient constater qu'ils obtiennent les meilleurs résultats en combinant des actions de marketing axé sur les moteurs de recherche et des publicités dans les moteurs de recherche. Au final, il leur faudra décider quelles actions de marketing fournissent le meilleur retour sur investissement pour leur activité.

3

Construire de meilleures pages web : fichiers multimédias

L'optimisation des fichiers de texte est cruciale pour la visibilité dans l'ensemble des moteurs de recherche parce que le texte fournit du contexte pour l'optimisation des fichiers multimédias. Nous verrons que les trois principes essentiels dans l'optimisation de fichiers de texte (composantes texte, liens et popularité) s'appliquent aussi aux fichiers multimédias mais de façon légèrement différente.

Ce chapitre explique comment mettre en œuvre chacun de ces trois principes pour les fichiers graphiques, vidéo et audio. Quand l'optimisation des fichiers texte et celle des fichiers multimédias se renforcent mutuellement, les bénéfices qui en résultent profitent à tous : éditeurs de sites web, internautes et moteurs de recherche.

Généralités sur l'optimisation de fichiers multimédias

À l'heure actuelle, les moteurs de recherche ont du mal à extraire du texte des images et des fichiers multimédias ou n'y parviennent pas du tout. En attendant que les progrès technologiques permettent aux moteurs d'identifier correctement le véritable contenu d'une image ou d'une vidéo, ils tentent de le deviner d'après diverses informations directes et indirectes. Les informations directes se présentent souvent sous forme de métadonnées et/ou de texte de remplacement aux fichiers. Les informations indirectes sont le format des fichiers et le texte environnant le fichier multimédia.

Il en résulte que la visibilité des fichiers multimédias dans les moteurs de recherche dépend de divers acteurs. Les auteurs des fichiers multimédias, vidéographes et graphistes, devraient toujours choisir avec soin le format et le nom des fichiers. Les fournisseurs de contenu et les rédacteurs devraient s'assurer que le texte entourant les fichiers multimédias donne une idée de leur contenu. Et les développeurs web doivent faciliter l'accès à ces fichiers.

À première vue, on pourrait croire que l'optimisation de fichiers multimédias pour les moteurs de recherche est une tâche simple. Dans la pratique, elle requiert une grande attention aux détails, une bonne communication entre les membres de l'équipe et une cohérence sans faille dans les noms de fichiers, les libellés, le classement par catégories et la présentation. Tous ces efforts aboutissent à une meilleure visibilité du site web dans différents moteurs de recherche, ce qui finit par attirer des visites qualifiées.

Optimisation pour les moteurs de recherche d'images

La recherche d'images représente quinze à vingt pour cent des requêtes dans les moteurs de recherche. En réponse à une telle demande, les moteurs de recherche du Web ont créé des bases de données spéciales pour les images. D'ailleurs la recherche d'images occupe une place si importante que c'est la première section proposée juste après la section par défaut qui est la recherche de texte dans les pages web (voir Figure 3.1).

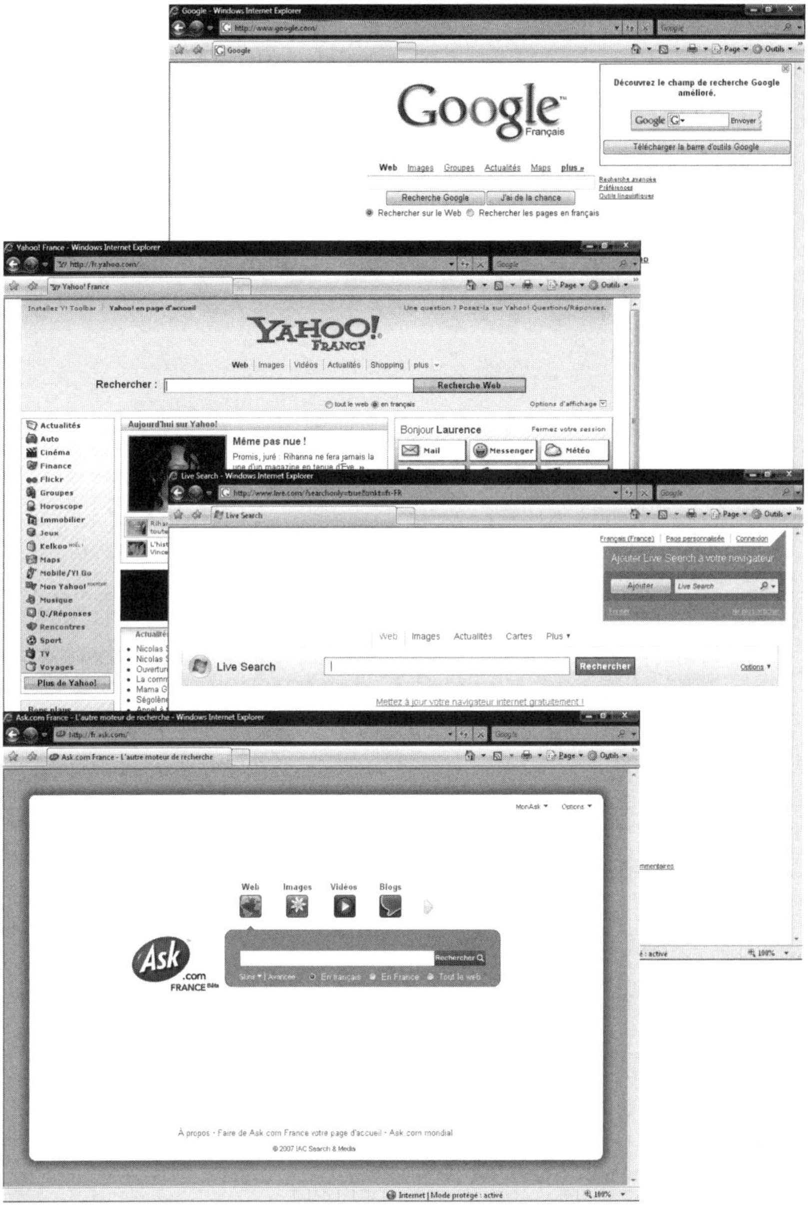

Figure 3.1

Dans ces quatre moteurs de recherche, la recherche d'images est le premier type de recherche après la recherche de texte.

De plus, les résultats de recherche d'images se glissent aussi parmi les résultats généraux. Par exemple, si le moteur de recherche reconnaît que l'internaute cherche une photo, la première page de résultat proposera des images en haut de la liste.

Figure 3.2

Résultats de recherche pour "photos frank sinatra" (sans les guillemets) dans Yahoo! et Google. Puisque le mot "photos" fait partie de la requête, les moteurs de recherche fournissent en premier des URL d'images.

On trouve aussi des résultats de recherche d'images dans d'autres types de sites :

- moteurs de recherche pour le shopping ;
- moteurs de recherche d'actualités ;
- sites de mise en partage d'images (tels que Flickr) ;
- sites de réseautage social.

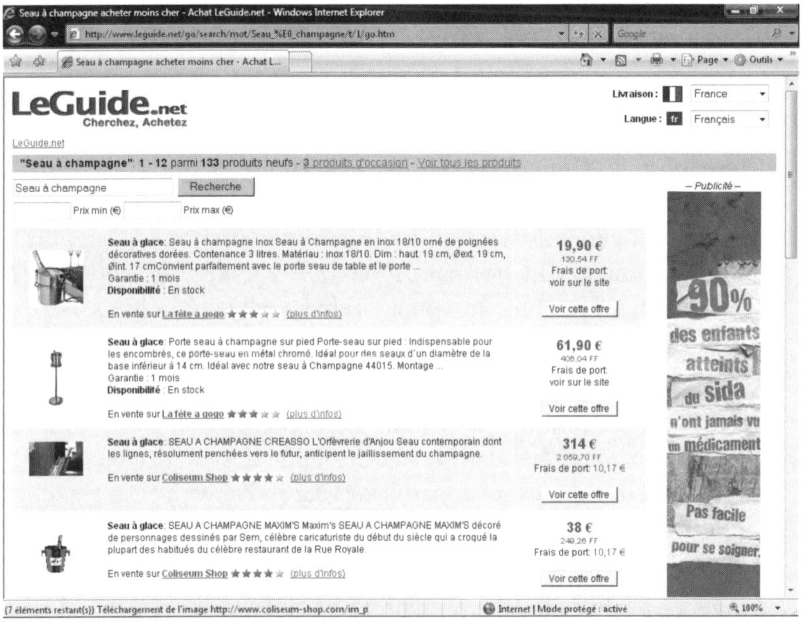

Figure 3.3

Les clients veulent voir ce qu'ils achètent. Sans photos des produits, il est difficile de conclure une vente.

Par conséquent, les efforts de promotion d'un site doivent aussi porter sur l'optimisation de la recherche d'images, surtout pour les sites marchands.

Le problème avec l'optimisation des images pour les moteurs de recherche est qu'elles ne se composent pas de texte mais de pixels. Malgré les récentes avancées dans ce domaine, les principaux moteurs de recherche sont, pour l'instant, incapables de comparer des mots avec le contenu d'un fichier graphique. En revanche, ils peuvent identifier les couleurs dans les images et même différencier des visages masculins et féminins.

Comme je l'ai déjà mentionné, en attendant que les moteurs de recherche soient en mesure d'identifier réellement ce que représentent les images, ils doivent se contenter de divers repères contextuels directs et indirects. Pour optimiser correctement les images d'un site afin de favoriser sa visibilité dans les moteurs de recherche, suivez mes conseils en appliquant les techniques suivantes.

Huit règles pour réussir l'optimisation des images

Voici quelques règles de base pour optimiser les images en vue de favoriser leur visibilité dans les moteurs de recherche.

1. **Choisissez le format de fichier graphique le plus approprié.** Quand une image est au format JPEG, les moteurs de recherche considèrent généralement qu'il s'agit d'une photo ou d'une illustration complexe. Le format JPEG (*Joint Photographic Experts Group*) est prévu pour les photos contenant des milliers ou des millions de couleurs.

   Le format GIF (*Graphics Interchange Format*) est prévu pour les illustrations et limite leur nombre de couleurs à 256. Les images GIF peuvent s'afficher dans la quasi-totalité des navigateurs, contenir un fond transparent et apparaître progressivement (une version à faible résolution s'affiche en attendant le chargement complet de l'image).

   Les moteurs de recherche présentent aussi des fichiers PNG (*Portable Network Graphics*) dans les résultats de recherche d'images, mais ce format reste moins courant que GIF et JPEG.

   Par exemple, d'après le nom et le format du fichier, une image nommée vin-rouge.jpg sera identifiée par les moteurs de recherche comme une photo de vin rouge.

2. **Nommez les images en utilisant des mots clés appropriés.** Le nom des fichiers entre rarement en ligne de compte pour évaluer le contenu d'un document texte parce que les robots peuvent extraire le texte de la page. Mais puisqu'ils ne peuvent pas, pour l'instant,

extraire de texte d'une image, le nom des fichiers graphiques a toute son importance dans l'optimisation des images du site.

Gardez ceci à l'esprit : il vaut mieux attribuer aux images des noms évocateurs pour les visiteurs du site. Les noms de fichiers devraient être faciles à taper et à mémoriser. Le nom des fichiers graphiques apparaît souvent dans les résultats de recherche et les mots clés y sont mis en évidence. Il est préférable que le graphiste tape lui-même chaque nom de fichier et qu'il choisisse ces noms en fonction des conclusion de l'analyse de mots clés et du contenu des images.

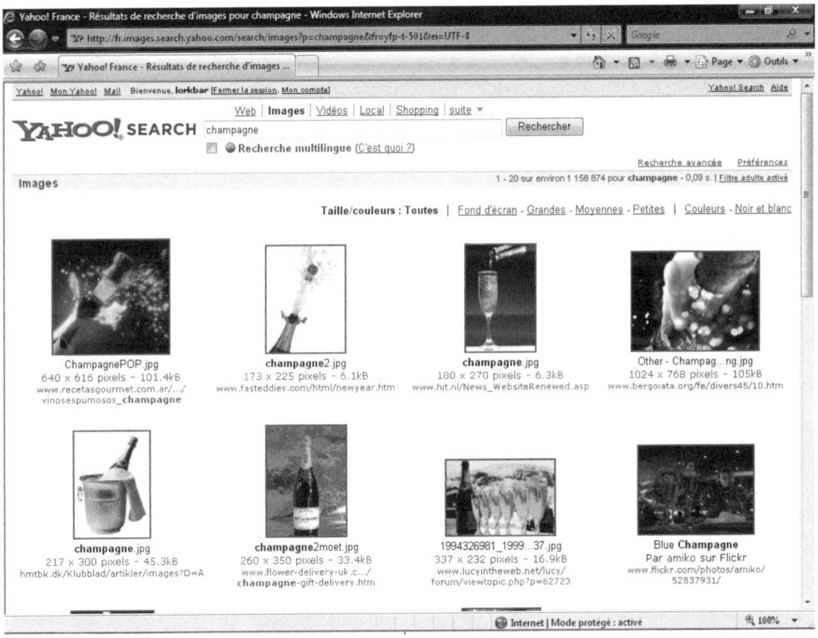

Figure 3.4

Une requête pour "champagne" dans le service de recherche d'images de Yahoo! produit plus d'un million de réponses. À votre avis, quel nom de fichier va attirer l'attention, champagne.jpg ou un numéro généré par ordinateur ?

Enfin, évitez de faire du bourrage de mots clés dans le nom des fichiers graphiques. Le nom vin-rouge.jpg est logique à la fois pour les internautes et pour les moteurs de recherche. En revanche, le nom vin-rouge-vins-bio-bordeaux-bouteille.jpg ne présente d'intérêt pour personne.

3. **Ajoutez des repères textuels avec des mots clés.** Les moteurs de recherche examinent le texte autour des images pour en deviner le contenu. L'emploi de légendes contenant des mots clés à proximité des images, surtout des photos de produits, est donc important pour la visibilité du site.

   Il n'est pas toujours possible d'ajouter une légende aux images. Par exemple, les légendes conviennent très bien pour les photos de produits, mais elles n'auraient aucune raison d'être pour les images des boutons de navigation. Dans ce cas, c'est le texte de remplacement qui va fournir la description de chaque image. Comme je l'explique au Chapitre 2, le texte de remplacement se place dans le code HTML d'insertion d'une image. Il apparaît à la place de l'image quand le navigateur ne peut pas l'afficher. Le texte de remplacement est important aussi pour des raisons d'accessibilité.

   Dans le passé, les webmarketeurs ont tellement abusé de l'attribut de texte de remplacement que les moteurs de recherche n'en tiennent plus compte dans le calcul de la pertinence des documents texte. En revanche, les moteurs tiennent compte du texte de remplacement quand le texte principal environnant une image ne permet pas de déterminer ce qu'elle représente.

4. **Facilitez l'accès aux images pour les robots.** La structure d'URL (adresse web) est aussi importante pour les fichiers graphiques que pour les fichiers de texte. Si l'URL d'une image contient trop de caractères problématiques (&, =, ?, +, %), il y a peu de chances qu'elle soit recensée par les robots d'indexation. De même, les développeurs web font souvent l'erreur de mettre le lien "Cliquez ici pour voir l'image en grand" à l'intérieur de code JavaScript. Avec ce procédé, certains robots ne peuvent pas atteindre l'image grand format.

   Enfin, ne mettez pas l'URL des images dans le protocole d'exclusion aux robots si vous voulez qu'elles apparaissent dans les moteurs de recherche d'images.

5. **Utilisez des images originales.** Bien trop souvent, des images quasiment identiques apparaissent les unes à côté des autres dans

les résultats de recherche d'images ou de vente en ligne (voir Figure 3.5). Après avoir cliqué sur une photo de produit, les internautes ont peu de raisons de cliquer sur une photo similaire, ce qui réduit vos chances d'attirer des clients potentiels.

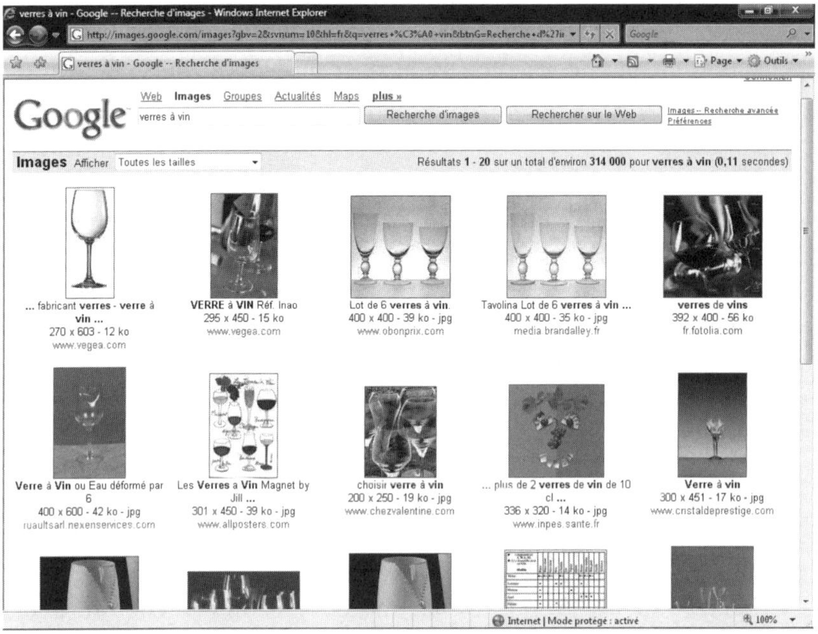

Figure 3.5

Une fois que l'internaute a vu une photo de produit, il est peu probable qu'il clique sur le lien d'une autre photo quasiment identique.

Pour cette raison, tâchez d'utiliser des photos et des illustrations originales sur votre site web. Même si vous êtes distributeur et recevez les photos de produits de votre fournisseur, vous pouvez les personnaliser en y ajoutant votre logo.

6. **Améliorez la qualité des images.** Pour attirer les visiteurs, tâchez de présenter de plus belles images que vos concurrents dans les résultats de recherche.

   Prenons l'exemple d'un site marchand. Les webdesigners devraient créer trois versions des photos de produits : des miniatures (pour les pages de familles de produits), des photos de taille moyenne (pour les pages de chaque produit) et des photos grand format (pour présenter le produit en pop-up). Du fait que les moteurs de recherche redimensionnent les images pour les faire tenir dans les pages de résultats, votre équipe de designers devrait vérifier l'affichage de certaines images dans les pages de résultats de recherche. Comment l'image ciblée se présente-t-elle ? Peut-on distinguer les détails importants ? Si l'image contient du texte, est-il lisible ? Après cette vérification, les graphistes devraient adapter la qualité des images de sorte qu'elles se présentent aussi bien dans le site web que dans les résultats de recherche d'images.

7. **Assurez-vous que les pages qui contiennent les images ciblées sont entièrement optimisées.** Optimiser la page pour la recherche de contexte améliore la visibilité des images dans les moteurs de recherche. Les mots et expressions clés devraient figurer dans le texte principal (titre de la page, paragraphes, fil d'Ariane, liens textuels, etc.) et dans le texte secondaire (métadonnées, texte de remplacement, etc.). L'optimisation des fichiers de texte fournit du contexte pour le recensement des images. Il est donc aussi important d'optimiser la page dans laquelle apparaît une image que d'optimiser l'image elle-même (en ajoutant une étiquette dans un site de partage de photos, par exemple).

8. **Donnez aux autres sites la motivation de pointer vers vos images.** Toutes les images ne méritent pas un lien entrant. Mais, une image utile ou exceptionnelle (carte géographique ou photo d'actualité) le mérite. Les pages bénéficiant d'excellentes liaisons internes et de liens entrants tendent à bénéficier d'une meilleure visibilité que les pages dépourvues de ces caractéristiques. Et le poids des liens de la page se reporte sur les images qu'elle contient.

Puisque les internautes sont sans cesse en quête de nouveautés et de sites proposant un contenu vraiment différent, songez combien une photo ou une illustration très originale peut venir enrichir votre contenu.

Flash et visibilité dans les moteurs de recherche

Flash est une technologie fantastique pour créer des sites web graphiques et interactifs. Les webdesigners adorent travailler en Flash parce que son format utilise des images vectorielles. L'avantage des images vectorielles est qu'elles se redimensionnent librement sans changer d'aspect. Ainsi, les pages web réalisées en Flash conservent les mêmes proportions quand le visiteur change les dimensions de la fenêtre du navigateur. De plus, les animations en Flash peuvent commencer à s'afficher pendant que le reste du fichier continue de se télécharger. Et puisque plus de 98 % des internautes peuvent afficher du contenu Flash avec le lecteur déjà installé sur leur machine, ceux qui préfèrent voir la version Flash d'un site peuvent le faire. Les pages en Flash plaisent donc autant aux webdesigners qu'aux visiteurs.

En ce qui concerne la visibilité dans les moteurs de recherche, en revanche, le design en Flash n'est pas le choix idéal. Certains navigateurs sont capables de suivre les liens intégrés aux systèmes de navigation en Flash, mais le plus gros problème avec les sites en Flash c'est qu'ils contiennent très peu de texte exploitable pour l'index des moteurs de recherche.

Pages de garde

On trouve surtout des animations Flash dans les pages de garde (*splash pages*). Une page de garde est une page web qui se compose soit d'une grande image et d'un lien invitant le visiteur à entrer dans le site, soit d'un lien permettant de passer outre l'animation d'introduction et d'une redirection vers une autre page quand l'animation est terminée. De nombreux sites web ont une page de garde comme page d'accueil.

En général, ni les visiteurs ni les robots n'apprécient les pages de garde en Flash, même les plus belles, parce qu'elles contiennent très peu de texte. Utiliser une page de garde comme page d'accueil revient à obliger tous les clients d'un supermarché à regarder une pub de trente secondes avant de les laisser pénétrer dans le magasin. La Figure 3.6 présente une belle page de garde avec une animation Flash.

Figure 3.6

Exemple de page de garde en Flash. Remarquez l'absence de texte à indexer et de liens à suivre pour les robots. Le seul texte présent dans la page (Skip intro) est un lien graphique.

À la vue de cette page, on comprend au premier coup d'œil pourquoi les pages de garde ne sont pas adaptées aux moteurs de recherche :

- **Il y a très peu ou pas du tout de texte à indexer pour les robots.** Nous avons vu que le texte le plus important dans une page web est le titre de la page et le corps de texte visible qui peut être copié et collé dans un éditeur de texte. Or, cette page ne contient aucun texte exploitable, car l'unique texte, "Skip intro", fait partie d'une image.
- **Il y a très peu ou pas du tout de liens à suivre pour les robots.** Dans la plupart des cas, la page de garde conduit à une seule page, ce qui suggère aux robots et aux visiteurs que le site ne contient qu'une seule page importante. De plus, si le lien vers une page interne est codé en JavaScript, peu de robots peuvent le suivre.
- **La plupart des pages de garde redirigent les visiteurs sur une autre page à l'issue de l'animation.** Or, les moteurs de recherche

ne veulent pas mettre de page avec redirection dans leur index. Ils préfèrent atteindre et indexer la page de destination. D'ailleurs, les moteurs de recherche intègrent rarement les pages de garde dans leur index à cause du manque de contenu et de la redirection.

Une solution serait d'ajouter dans la page de garde des liens et du texte avec des mots clés. Si vous craignez que la présence de texte nuise à l'esthétique de la page, placez le texte au bas de la page dans la partie qui n'apparaît qu'après défilement. Il est probable que les visiteurs cliqueront sur le bouton "Entrez" ou "Passez l'intro" au lieu de faire défiler la page. Et s'ils font défiler la page, ils trouveront du texte de qualité et des liens importants.

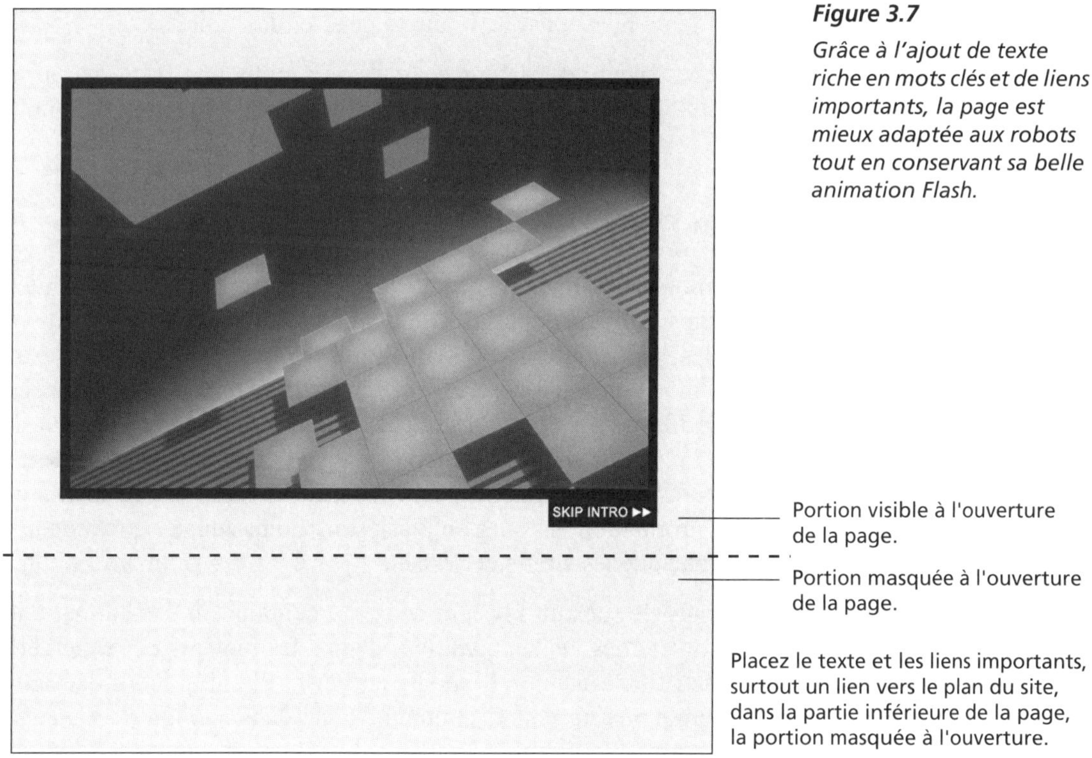

Figure 3.7

Grâce à l'ajout de texte riche en mots clés et de liens importants, la page est mieux adaptée aux robots tout en conservant sa belle animation Flash.

Note

N'insérez aucune redirection dans les pages de garde. La plupart des moteurs de recherche n'intègrent pas dans leur index les pages qui contiennent une redirection.

Pour déterminer si une page de garde est efficace, réalisez deux versions différentes :

- une version graphique comme celle de la Figure 3.7 avec une animation Flash et du texte avec mots clés en bas de la page ;
- une version classique, sans animation, présentant du texte riche en mots clés dans la première partie de la page.

L'analyse du trafic sur votre site sur une durée de trois à six mois devrait vous indiquer quelle version les visiteurs préfèrent. Si vous constatez que votre cible préfère l'intro en Flash, alors conservez l'animation avec du texte de qualité dans la portion masquée à l'ouverture. Si au contraire les visiteurs préfèrent la version sans animation, choisissez cette page comme page d'accueil du site. Les deux types de page peuvent devenir visibles dans les moteurs de recherche, mais l'un sera sans doute plus apte que l'autre à générer des ventes.

Quelles que soient les préférences de votre cible, une page de garde adaptée aux moteurs de recherche doit contenir du texte avec des mots clés.

Sites en Flash

Certains moteurs de recherche sont capables de suivre les liens à l'intérieur de sites en Flash depuis 2001, et leur capacité à indexer le texte et à suivre les liens continue de s'améliorer. Néanmoins, les études sur plusieurs moteurs de recherche prouvent que l'extraction de données de fichiers Flash fournit peu de valeur et que le suivi de liens en Flash en produit plus. De manière générale, sans la combinaison d'un texte riche en mots clés, d'un accès facile au texte et d'une bonne architecture de l'information, les sites en Flash sont moins adaptés aux moteurs de recherche que les sites sans Flash.

Malgré tout, les sites en Flash et ceux qui contiennent des animations Flash reçoivent des visites qualifiées depuis les moteurs de recherche. Pour réussir l'optimisation d'un site en Flash, il faut d'abord déterminer si la cible préfère voir le contenu du site dans une interface Flash. Et si c'est le cas, les visiteurs passent-ils à l'action (ajouter au panier, s'abonner à un bulletin d'informations, etc.) dans cette interface ?

Voici quelques techniques d'optimisation de sites en Flash, applicables à différents types de sites web.

Site en Flash avec une seule page

Vu de l'extérieur, un site en Flash a l'air de se composer de différentes pages. En réalité, de nombreux sites en Flash ne contiennent qu'une seule page web avec une animation Flash.

Si le site contient quelques mots clés non concurrentiels, son optimisation peut produire des résultats positifs. En l'absence de texte dans le corps du document, les robots se rabattront sur le titre de la page, le contenu des balises meta et les liens entrants pour évaluer la pertinence.

Les internautes préfèrent souvent naviguer dans une interface en Flash, surtout si elle est originale et amusante. Dans ce cas, si le site reçoit des visites qualifiées depuis les moteurs de recherche, c'est essentiellement grâce à la valeur exceptionnelle de ses liens entrants.

Le problème d'un site en Flash avec une seule page web est que les robots ont l'impression qu'il n'y a qu'une seule page de contenu, ce qui n'est pas le cas. Bien que l'URL ne change pas dans le navigateur, le visiteur voit un contenu différent chaque fois qu'il clique sur un lien dans l'animation Flash.

Pour accroître la visibilité dans les moteurs de recherche, il est donc conseillé de diviser le site en plusieurs pages avec des URL distinctes de manière à suggérer aux robots la présence de davantage de contenu. Un autre avantage de cette solution est qu'il y a ainsi plus d'URL qui pourraient apparaître dans les pages de résultats des moteurs de recherche.

Site en Flash avec plusieurs pages

Les sites en Flash avec plusieurs pages bénéficient souvent d'une meilleure visibilité que les sites en Flash avec une seule page. En effet, plus il y a d'URL avec du contenu distinct, plus il y a de chances qu'au moins une page du site apparaisse en résultat d'une recherche. Et si plus de pages web sont disponibles pour être recensées par les robots, plus grandes sont les probabilités que le site soit visible dans les moteurs de recherche et qu'il génère des ventes. Plus d'URL, c'est aussi plus d'opportunités de bien placer les expressions clés importantes.

Par ailleurs, la plupart des sites HTML proposent plusieurs points d'entrée. Les internautes qui cliquent sur un lien dans une page de résultats n'atterrissent pas à la page d'accueil. Ils atterrissent plutôt sur la page qui contient l'information recherchée (produit, service ou article). En revanche, un site en Flash avec une seule page ne possède qu'un seul point d'entrée, si bien que les visiteurs doivent toujours commencer à la page d'accueil pour trouver l'information voulue. Il en résulte qu'un site en Flash avec plusieurs pages présente l'avantage d'offrir plusieurs points d'entrée directs pour les visiteurs.

Pour les sites en Flash, on applique les mêmes stratégies d'optimisation que pour les sites en HTML. Vous optimiserez chaque page en choisissant un titre et un contenu appropriés et uniques. S'il n'y a pas de contenu à indexer, assurez-vous que toutes les pages contiennent en métadonnées des mots clés et une incitation à l'action. Il faut aussi mettre en place des liens entrants et des renvois internes entre les URL du site en Flash.

Je recommande vivement de procéder à des tests d'utilisabilité avant de lancer un site en Flash. Bien trop souvent, les webdesigners et les éditeurs de sites veulent du Flash, alors que la cible n'en veut pas forcément. Vous pourriez constater à l'issue des tests que votre cible préfère les animations Flash dans une partie du site seulement. Exploitée dans une seule portion du site, la technologie Flash peut produire un effet aussi époustouflant qu'un site purement en Flash.

Section en Flash dans un site

Pour épater les visiteurs, il n'est pas nécessaire de formater tout le site en Flash. Parfois, un site peut se révéler aussi percutant, voire plus, s'il est formaté en HTML avec seulement une portion en Flash. La version HTML du site se prête mieux à l'optimisation pour les moteurs de recherche et peut produire un meilleur retour sur investissement que la version purement en Flash.

Si vous optez pour cette solution intermédiaire, utilisez des animations Flash partout où c'est justifié et placez-les dans des pages HTML qui contiennent du texte à indexer et un système de navigation que les robots peuvent suivre.

Une animation Flash peut servir à proposer un jeu en ligne interactif et amusant ou à présenter des instructions illustrées. Dans le site web d'IKEA, par exemple, il y a des sections en Flash qui expliquent comment assembler les meubles.

Une animation Flash pourrait aussi servir pour les visites guidées sur un site d'immobilier. Une page nommée visite.html peut contenir l'animation Flash dans un pop-up. Dans le site, le lien Visite peut s'intégrer au système de navigation global. Vous ajouterez des liens textuels dans les paragraphes ou dans des bannières pour inciter davantage les internautes à se diriger vers les visites animées. La page visite.html pourra aussi être optimisée pour les moteurs de recherche.

Il faudrait des liens entrants qui pointent vers la page d'accueil et vers les sections en Flash, celles-ci proposant le plus souvent des animations originales. N'oubliez pas, toutefois, de faire pointer les liens entrants directement vers l'URL contenant l'animation. Par exemple, s'il y a une animation Flash pour le calcul de superficie de différentes surfaces, ne demandez pas un lien entrant pointant vers la page d'accueil, ce qui obligerait les visiteurs à parcourir le site pour atteindre le calculateur. Tâchez d'obtenir des liens qui pointent directement vers vos sections en Flash. Et n'oubliez pas que la description du site (pour un lien vers la page d'accueil) ne devrait pas être la même que celle du calculateur.

Site en Flash et site en HTML

Dans le doute, créez deux versions du site : l'une en Flash et l'autre en HTML. Les visiteurs peuvent choisir la version qu'ils préfèrent à partir de la page d'accueil. Prenez garde que la page d'accueil ne soit pas formatée comme une page de garde (*splash page*). Il est important que la page d'accueil contienne du texte avec des mots clés exploitables par les robots, un lien vers le plan du site (au minimum) afin que les robots puissent atteindre toutes les pages de la version HTLM, ainsi que la possibilité de choisir entre version Flash et version HTML du site.

Vous aurez besoin d'un logiciel d'analyse de trafic web pour étudier le comportement de vos visiteurs. Si la majorité préfère le site en Flash, gardez-le. Si vous constatez une préférence très nette pour la version HTML, vous saurez qu'il vaut mieux éviter de réaliser le site tout en Flash. Vous soumettrez seulement la version HTML du site aux moteurs de recherche.

Puisque les sites en Flash contiennent rarement du contenu riche en mots clés, c'est une bonne idée de proposer deux versions, en Flash et en HTML. Les visiteurs choisiront la version qu'ils préfèrent depuis la page d'accueil, comme dans l'exemple de la Figure 3.8.

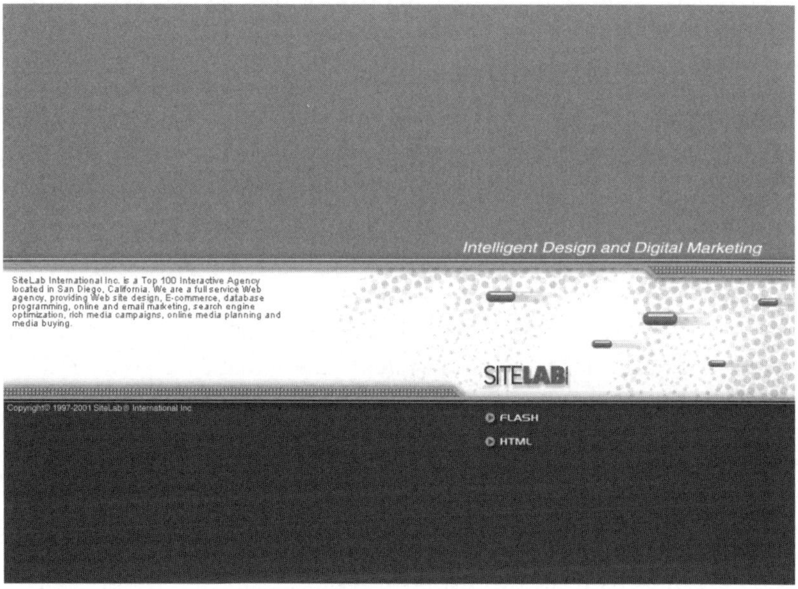

Figure 3.8

L'ancienne page d'accueil de SiteLab contient du texte concentré en mots clés à l'intention des robots et offre aux visiteurs le choix entre les deux versions du site.

L'intérêt principal de cette solution est que la version HTML peut être optimisée pour une visibilité maximale en attendant que les moteurs de recherche soient capables de mieux traiter le contenu en Flash.

Techniques d'optimisation douteuses pour les sites en Flash

Si vous avez un site en Flash, évitez de louer les services d'une société de SEO qui proposerait de dissimuler du texte ou des liens.

Je comprends bien qu'après avoir dépensé des milliers d'euros dans la création d'un joli site en Flash, l'éditeur du site ne veut pas entendre parler de remodelage pour rendre le site visible dans les résultats naturels des moteurs de recherche. Il ne veut pas non plus qu'on lui dise que son site risque de ne pas satisfaire les attentes du public ni les critères techniques des moteurs de recherche. Dans cette situation, le propriétaire du site devient une proie facile pour les webmarketeurs sans scrupules qui conservent le site en Flash mais y dissimulent des mots clés et des liens.

Les moteurs de recherche connaissent très bien les différentes techniques servant à dissimuler du texte et des liens, d'ailleurs les sites qui exploitent ces techniques non orthodoxes y obtiennent rarement une bonne visibilité. L'une de ces techniques consiste à placer le site Flash à l'intérieur d'un jeu de cadres invisible, c'est ce qu'on appelle la technique du texte dissimulé (*envelope pages*). Il est courant de dissimuler du texte entre les balises `<noframe>` et `</noframe>` ou `<noscript>` et `</noscript>` même si la page du jeu de cadres ne contient pas de code JavaScript.

Une autre technique douteuse consiste à créer des couches invisibles en CSS de manière à fournir aux robots un contenu différent de celui présent dans l'animation Flash. Le Chapitre 5 de ce livre présente un certain nombre de techniques d'optimisation assimilées à du spam par les moteurs de recherche.

À mesure de leur évolution, les moteurs de recherche trouveront de meilleurs moyens d'inclure les documents Flash avec les documents HTML dans leurs pages de résultats. En attendant, prenez les devants. Si vous savez que votre société va réaliser un site en Flash, tenez compte de ses limitations par rapport aux moteurs de recherche et prévoyez un budget pour d'autres solutions de webmarketing.

Optimiser les fichiers vidéo pour la visibilité dans les moteurs de recherche

Bien que les moteurs de recherche du Web traitent les fichiers Flash et vidéo depuis plusieurs années, l'affichage de vidéo dans les résultats de recherche est encore au stade des essais. Autrement dit, l'optimisation des fichiers vidéo pour les moteurs de recherche est en pleine évolution. Par conséquent, comme pour les images, vous appliquerez les mêmes principes d'optimisation que ceux employés pour les pages web ordinaires composées de texte. Le texte des pages web fournit un contexte pour les fichiers vidéo quand les robots ont du mal à accéder aux vidéos et à déterminer ce qu'elles représentent.

Les fichiers vidéo peuvent très bien s'adapter aux moteurs de recherche. À condition que les intégrateurs de vidéo gardent à l'esprit les principes d'utilisabilité et les composantes d'une optimisation réussie, les vidéos peuvent fournir un bon retour sur investissement.

Douze règles pour réussir l'optimisation des vidéos

Voici une série de conseils pour optimiser les vidéos en vue de favoriser leur visibilité dans les moteurs de recherche.

1. **Faites une étude des expressions clés liées à la vidéo avant d'optimiser et de catégoriser vos fichiers vidéo.** Quand les internautes recherchent du contenu vidéo, ils emploient logiquement le mot "vidéo" dans la requête. Parfois, ils utilisent l'expression "clip vidéo" ou "vidéo gratuite" suivie de mots déterminants. Dans votre analyse des mots clés à utiliser dans les métadonnées et dans le nom des fichiers vidéo, tenez compte de ces mots clés, ainsi que des formats de fichiers vidéo.

   Servez-vous des outils d'analyse de mots clés disponibles sur Yahoo!, Google et Microsoft adCenter pour avoir une meilleure idée de la terminologie que pourraient utiliser les internautes pour trouver les vidéos proposées sur votre site.

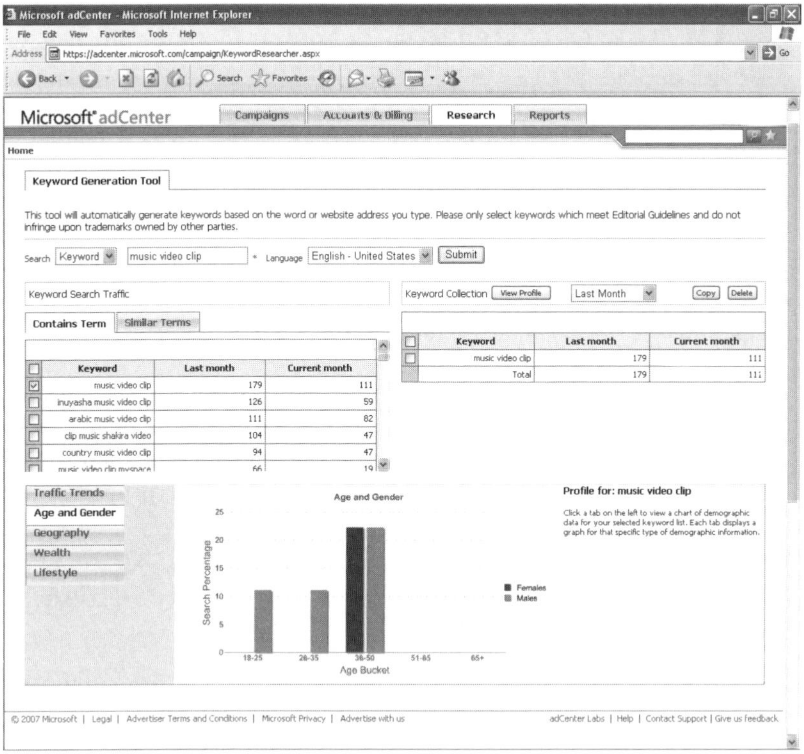

Figure 3.9

Le générateur de mots clés de Microsoft adCenter présente des renseignements démographiques intéressants à propos des internautes qui cherchent des clips vidéo de musique.

2. **Ajoutez toujours des métadonnées pour les fichiers vidéo avec des mots clés et des informations utiles pour les internautes.** Le contenu des balises meta est moins important pour les fichiers HTML, parce que les robots ont plus de facilité à déterminer le contenu d'un fichier HTML que celui d'une vidéo. En conséquence, les métadonnées d'un fichier vidéo ont plus d'impact sur le positionnement dans les moteurs de recherche de vidéo que les métadonnées d'un fichier HTLM pour sa visibilité dans les résultats de recherche sur le Web.

   Les métadonnées actuellement exploitées pour le classement comprennent : titre, informations de copyright, auteur, mots clés et description.

Astuce

Prévoyez le formatage des métadonnées avant de rédiger le contenu pour vous éviter de perdre du temps ensuite.

Les mêmes règles s'appliquent pour optimiser le contenu des balises meta des fichiers HTML et vidéo. Utilisez des mots que la cible est susceptible de taper en requête. Évitez de faire du bourrage de mots clés dans les balises meta. Quand elles apparaissent dans les résultats de recherche, les métadonnées doivent être lisibles et inciter les internautes à cliquer sur le lien pour voir vos vidéos.

3. **Si possible, utilisez des mots clés dans le nom des fichiers vidéo.** Puisque les robots ont du mal à extraire le contenu des vidéos, le nom des fichiers est plus important pour l'optimisation de vidéo que pour les documents de texte.

   Le nom des fichiers vidéo devrait être facile à taper et à mémoriser pour les visiteurs du site. Les moteurs de recherche d'images affichent souvent le nom du fichier dans les résultat en mettant les mots clés en relief. Comme pour l'optimisation d'images, n'utilisez pas des noms de fichiers obscurs générés par un logiciel. Les noms de fichiers devraient être tapés à la main par le monteur vidéo et choisis en fonction des résultats d'analyse de mots clés et de tests sur un panel d'utilisateurs.

   Par exemple, le nom de fichier renault-espace-crash-test.mpg ou renault-espace-crash-test-video.mpg est évocateur du contenu et parfaitement lisible malgré les tirets. N'oubliez pas que si le nom de fichier est trop long, il n'apparaît pas en entier dans les pages de résultats de recherche.

4. **Facilitez l'accès aux vidéos pour les moteurs de recherche de vidéo.** Le nom de fichier d'une vidéo apparaît dans son URL, et c'est la structure des URL qui autorise ou non les robots à accéder aux fichiers.

   Je choisis toujours la structure d'URL suivante pour les vidéos :

   http://www.nomcompagnie.com/video/flash/

   http://www.nomcompagnie.com/video/mpg/

   http://www.nomcompagnie.com/video/avi/

   Les URL de ce type sont faciles d'accès et fournissent des indications utiles pour les robots et pour les visiteurs.

5. **Classez les vidéos d'après leur format de fichier.** La structure d'URL présentée ci-dessus est un exemple d'interface et d'architecture d'information. N'oubliez pas que l'URL (adresse web) est un élément de l'interface d'une page web. Quand l'interface reflète fidèlement l'architecture d'information, les visiteurs et les robots retrouvent une certaine logique par rapport aux mots clés dans les pages web et les fichiers qu'elles contiennent, y compris les vidéos.

   Pour faciliter la recherche de vidéos par les robots et par les visiteurs, il faut fournir autant de contexte que possible pour les fichiers vidéo. Si le site contient une collection de vidéos, il est conseillé d'indiquer (a) les formats vidéo disponibles, (b) les plates-formes et logiciels compatibles et (c) le temps de téléchargement en fonction du débit de la connexion (voir Figure 3.10).

Figure 3.10

Le site web Metalith propose plusieurs formats pour ses vidéos de crash tests. Si le visiteur ne possède pas le logiciel nécessaire pour lire les vidéos, des liens lui sont proposés pour le télécharger. De plus, le temps de téléchargement des vidéos est indiqué pour les connexions à haut et à bas débit.

6. **Mettez hors de portée des robots les contenus vidéo en double.** Les moteurs de recherche ne sont pas encore en mesure de reconnaître du contenu vidéo redondant, mais ils le seront plus tard. À titre préventif, il est donc conseillé de définir l'exclusion d'accès aux vidéos en double pour les robots. Aidez-vous d'outils d'analyse du trafic Web pour savoir quels formats vidéo (swf, mpg, avi, etc.) les visiteurs du site préfèrent et pour choisir d'après ces données les formats à interdire aux robots.

   Pour les fichiers vidéo, je préconise la structure d'URL suivante :

   http://www.nomcompagnie.com/video/avi/

   http://www.nomcompagnie.com/video/flash/

   Dans cet exemple, si l'analyse du trafic révèle que les visiteurs préfèrent nettement voir les vidéos au format Flash, alors vous choisirez d'exclure l'accès au sous-répertoire "avi" pour les robots.

7. **Optimisez les pages web qui contiennent des vidéos.** Vis-à-vis des robots et des visiteurs, une vidéo semblera plus pertinente par rapport aux mots clés si elle se trouve dans une page où les mots clés apparaissent dans le titre de la page, dans les titres de section, dans le fil d'Ariane et dans d'autre éléments textuels, y compris les incitations à l'action. Les techniques de SEO habituelles s'appliquent aussi aux sites de mise en partage de vidéo. Assurez-vous que les pages de partage de vidéo sont optimisées, ainsi que les pages de votre site contenant les fichiers vidéo.

   Les robots analysent le texte voisin d'une vidéo pour deviner ce qu'elle représente. Pour favoriser la visibilité des vidéos dans les moteurs de recherche, il est donc important d'utiliser des mots clés dans les légendes ou dans le texte autour d'une vidéo.

   Pour fournir un contexte informatif riche en mots clés, vous pourriez aussi inclure la transcription d'extraits de la vidéo, une sorte de bande-annonce textuelle, dans la page contenant la vidéo. Le texte autour de la vidéo devrait inciter le visiteur à regarder le clip. L'invitation "Cliquez ici" n'apporte rien. Préférez une formule du type "Cliquez pour voir la vidéo du crash test", qui fournit un contexte précis.

Astuce

Placez divers clips vidéo dans un site de partage de vidéo et invitez votre cible à venir voir les vidéos entières sur votre site web. Faites des essais avec un assortiment de clips vidéo et les légendes correspondantes afin de déterminer les clips qui attirent le plus de visiteurs et génèrent le meilleur retour sur investissement.

8. **Établissez des renvois internes entre les pages contenant des vidéos de même nature.** Bien trop souvent, une vidéo a pour seul contexte la page web qui la contient. Or, une seule page web ne fournit pas toujours assez de renseignements pour la recherche d'informations, surtout dans le cas de fichiers multimédias.

   Donc, s'il y a dans le site d'autres pages qui contiennent du contenu vidéo similaire, mettez des liens vers les autres pages de vidéo. Si vous avez déjà relié les contenus apparentés comme je le préconise au Chapitre 2, certains liens internes sont déjà en place et vous aurez seulement besoin de perfectionner leur présentation.

Figure 3.11

Pour relier des contenus vidéo apparentés, on peut mettre des liens internes directement sous la légende des clips vidéo.

9. **Créez une bibliothèque ou un catalogue de vidéos.** Une bibliothèque de vidéos fournit un accès supplémentaire et du contexte pour les visiteurs et pour les moteurs de recherche de vidéo. Une bibliothèque est plus facile d'emploi qu'un plan des vidéos du site avec une longue liste d'URL, parce que le contenu de la bibliothèque est réparti en catégories.

La notion de "plan du site" (*sitemap*) est souvent mal comprise par les professionnels du webmarketing, du webdesign et de l'ergonomie web. Le plan d'un site n'est pas une page pleine de liens vers toutes les URL du site. De même, un plan des vidéos du site n'est pas une page composée de liens vers tous les fichiers vidéo proposés sur le site. Un plan pratique devrait fournir du contexte et des catégories.

Par exemple, le terme "index des vidéos" désigne une page web contenant des liens vers des fichiers vidéo, liens classés par ordre alphabétique puisque tel est le principe d'un index. Une bibliothèque et un index de vidéos régulièrement mis à jour peuvent être soumis aux moteurs de recherche de vidéo et de contenu web, et la mise à jour régulière de ces pages encourage les robots à venir les explorer plus souvent.

Une bibliothèque de vidéos mise en valeur par des annotations et une catégorisation logique fournit des informations beaucoup plus utiles pour les visiteurs et les robots qu'une simple page pleine de liens.

10. **Améliorez la qualité des vidéos.** Pour attirer les visiteurs, tâchez de présenter de plus belles vidéos que vos concurrents dans les résultats de recherche. Comment la vidéo se présente-t-elle du point de vue du son et de l'image dans sa page web ? Comment apparaît-elle dans les moteurs de recherche et dans les pages de partage de vidéo ? Les couleurs et les contrastes de la vidéo parviennent-ils à attirer l'attention des internautes vers votre clip ? Faites améliorer la qualité des vidéos de sorte qu'elles se présentent bien dans votre site et dans les résultats des moteurs de recherche de vidéo.

    Les monteurs vidéo doivent trouver un compromis idéal entre la meilleure qualité vidéo possible et le temps de téléchargement le plus bref possible. Les personnes qui optimisent des vidéos devraient vérifier régulièrement les spécifications de téléchargement imposées par chaque moteur de recherche de vidéo. Il est particulièrement utile de connaître ces spécification si vous avez des fichiers très lourds ou un très grand nombre de fichiers vidéo, car le respect des spécifications pourrait entraîner une perte de temps énorme s'il fallait modifier tous les fichiers vidéo.

11. **Ajoutez votre logo en filigrane dans vos vidéos.** Vos clips se distingueront dans les pages de résultats si vous y apposez votre marque ou votre logo. Un autre avantage de cette technique est que, si vos vidéos sont présentées sur différents sites de partage, elles y véhiculent aussi le nom et le logo de votre société.
12. **Soumettez et distribuez vos fichiers vidéo auprès des moteurs de recherche de vidéo et des sites de partage de vidéo.** Pour les pages de texte, il vaut mieux que les robots les découvrent dans leur processus de recensement naturel, mais pour les fichiers multimédias, il est préférable d'utiliser les formulaires d'ajout d'URL dans les moteurs de recherche spécialisés.

    Voici les adresses actuelles à partir desquelles vous trouverez des formulaires d'ajout d'URL de vidéo pour Google, Yahoo! et AOL :

    https://upload.video.google.com/

    http://fr.video.search.yahoo.com/

    http://uncutvideo.aol.fr/

Vous constatez que les techniques d'optimisation de vidéos pour les moteurs de recherche diffèrent peu des techniques d'optimisation d'images.

Optimiser les podcasts et les fichiers audio pour la visibilité dans les moteurs de recherche

Les moteurs de recherche de son fonctionnent sur le même principe que les moteurs de recherche classiques, mais ils explorent le Web en continu à la recherche de fichiers audio. Comme les moteurs de recherche de vidéo, les moteurs spécialisés dans l'audio sont assez nouveaux comparés aux systèmes de recherche de texte.

Un podcast est une collection de fichiers audio et vidéo qui réside à une même adresse pour la diffusion de flux RSS (*webfeeds*). Chaque podcast se compose d'une série d'épisodes. Les fichiers audio sont mis à disposition sur un serveur web où les abonnés peuvent télécharger du contenu pour leur iPod ou un autre lecteur audio. Avec les podcasts, les abonnés reçoivent automatiquement les nouveaux épisodes sans avoir à se rendre sur une page web particulière pour les télécharger.

Au départ, les moteurs de recherche de son et de vidéo déterminaient la pertinence des clips essentiellement à partir de leurs métadonnées. Les métadonnées continuent de jouer un rôle plus important dans l'optimisation de fichiers multimédias que dans celles des fichiers de texte, mais certains moteurs de recherche recourent aussi à la reconnaissance vocale pour déterminer le contenu d'un fichier audio. Grâce à la reconnaissance vocale, il est possible de transcrire des extraits d'un fichier audio ou vidéo. La transcription permet ensuite d'analyser le contenu pour découvrir le sens des paroles, le thème principal et la pertinence par rapport aux termes des requêtes (mots clés).

Astuce

Rédiger à l'avance les questions d'une interview avec des mots clés est un moyen facile d'axer le contenu d'un fichier audio sur des sujets particuliers.

Contrairement au texte qu'on rédige exprès pour l'optimisation d'une page, les fichiers audio sont généralement déjà enregistrés, mais il y a moyen de les préparer et de les optimiser pour la recherche de son et pour la cible. L'optimisation de fichiers audio est plus délicate que celles de texte parce que la parole se déroule plus rapidement que l'écriture. Si les rédacteurs pour le Web ont déjà du mal à introduire naturellement dans leurs textes les mots et expressions clés utilisés par la cible, imaginez combien il est difficile de s'exprimer à l'oral avec le langage des utilisateurs.

Comme pour les autres fichiers web, gardez à l'esprit les principes de convivialité et les composantes d'une bonne optimisation pendant que vous préparez les fichiers audio pour favoriser leur visibilité dans les moteurs de recherche.

Huit règles pour réussir l'optimisation des fichiers audio

Voici une série de conseils pour optimiser les fichiers audio en vue de favoriser leur visibilité dans les moteurs de recherche.

1. **Procédez à une étude de mots clés et dressez une liste d'expressions clés avant de créer une série de fichiers audio.** Dans leurs

recherches de son, les internautes tapent souvent le mot "mp3" ou "podcast". Vous aurez donc intérêt à inclure ce type de mots clés quand vous étudierez les mots à utiliser dans les métadonnées des fichiers audio, dans le nom des clips et dans les autres informations de contexte.

Figure 3.12

Quand MedicineNet a optimisé la section de bulletins audio de son site web, des mots clés relatifs à l'audio ont été inclus dans les titres et dans le texte. En conséquence, ses pages de podcasts apparaissent en haut de la liste de résultats dans Google pour une recherche de podcasts médicaux.

L'étude de mots clés doit se faire en premier. Avant de choisir le nom de vos programmes de podcast, voyez de quelle manière les internautes recherchent des produits, services et informations similaires aux vôtres. Choisir des noms amusants et originaux peut sembler une bonne idée au départ, mais ils ne seront d'aucun intérêt si personne ne peut trouver et écouter vos fichiers de podcast. Si possible, intégrez des mots clés importants dans le nom des podcast, des épisodes et des accroches ou légendes.

2. **Insérez toujours en métadonnées du texte riche en mots clés et parfaitement lisible pour les internautes.** Autrefois, les moteurs

de recherche multimédia exploitaient surtout les métadonnées pour déterminer la pertinence. De nos jours, ils sont capables de déterminer le contenu des fichiers audio au moyen de la reconnaissance vocale. Toutefois, comme pour l'optimisation de vidéo, les métadonnées d'un fichier audio ont plus d'impact sur son positionnement dans les moteurs de recherche spécialisés que ce n'est le cas pour les métadonnées d'un fichier HTML.

Pour chaque fichier audio ou épisode de podcast, il faudrait fournir les informations suivantes : titre (ou nom de l'épisode), album (ou nom du programme de podcast), artiste (ou nom de la société), année, genre (genre musical ou type de podcast), numéro de piste (ou numéro de l'épisode) et commentaires/description.

Le champ de commentaires ou de description peut contenir une URL, un résumé ou un extrait et les coordonnées de contact appropriées.

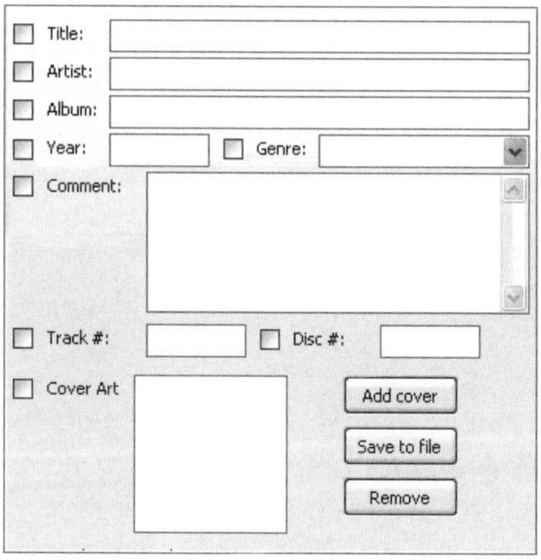

Figure 3.13
Métadonnées qu'il est possible d'inclure à un fichier mp3.

Vous gagnerez du temps en préparant l'infrastructure des métadonnées de vos fichiers audio avant de créer les fichiers, ce qui facilitera la réalisation de programmes en plusieurs épisodes.

3. **Donnez au fichier audio un nom qui contient les mots clés appropriés, si possible.** L'espace à l'écran étant limité dans les

annuaires et les agrégateurs de podcasts, il n'est pas toujours possible de définir un nom avec des mots clés pour les fichiers audio. Mais il y a d'autres informations importantes, dont le nom des épisodes et leur date de publication. Si vous avez la possibilité de mettre un mot clé utile, placez-le dans le nom de fichier.

Par exemple, un fichier audio médical traitant d'autisme pourrait porter le nom autisme110208.mp3 ou autisme03-110208. Dans le deuxième exemple, le nom de fichier suggère qu'il s'agit du troisième clip d'une série sur l'autisme, publié le 11 février 2008, qui fait suite aux fichiers autisme01-(date).mp3 et autisme02-(date).mp3.

4. **Mettez en place une bibliothèque ou un catalogue de podcasts entièrement optimisé.** La présence d'une bibliothèque ou d'un catalogue offre un accès supplémentaire et du contexte pour les visiteurs et pour les moteurs de recherche de son.

   Il est parfois possible de formater et d'optimiser les pages de programmes de podcast comme on le fait pour les pages de gammes de produits dans un site marchand. Chaque page de catégorie devrait avoir des mots clés dans son titre, dans un fil d'Ariane, dans les titres de sections et dans un paragraphe de résumé ou de présentation. On peut aussi ajouter des mots clés dans le lien vers chaque épisode du podcast.

   Les pages d'archives sont utiles en ce qu'elles fournissent une date et une heure précises pour les fichiers, mais les internautes n'ont pas l'habitude de lancer des recherches sur les dates. Il faudrait fournir davantage de contexte qu'une simple page pleine de liens ou des pages d'archives de fichiers. Le contexte est très important pour l'optimisation de fichiers multimédias.

   Si les page de podcast sont formatées comme des pages de familles de produits, les titres, les liens du fil d'Ariane et le reste du texte dans la page aident le visiteur à s'orienter et lui fournissent des pistes vers l'information. Dans ces conditions, les liens vers les fichiers audio sont aussi bien adaptés aux visiteurs qu'aux robots.

Figure 3.14

Exemple de bibliothèque de podcast optimisée sur MedicineNet.com.

5. **Créez une page de chute utile et facile à trouver pour chaque fichier audio.** Les pages de chute sont parfaites pour fournir du contexte aux visiteurs et aux robots. Les pages de chute de fichiers audio peuvent contenir les informations suivantes : transcription intégrale ou résumé du contenu du fichier audio, format du fichier

(mp3, wav, etc.), durée du clip, renseignement sur l'abonnement et renvois internes pertinents.

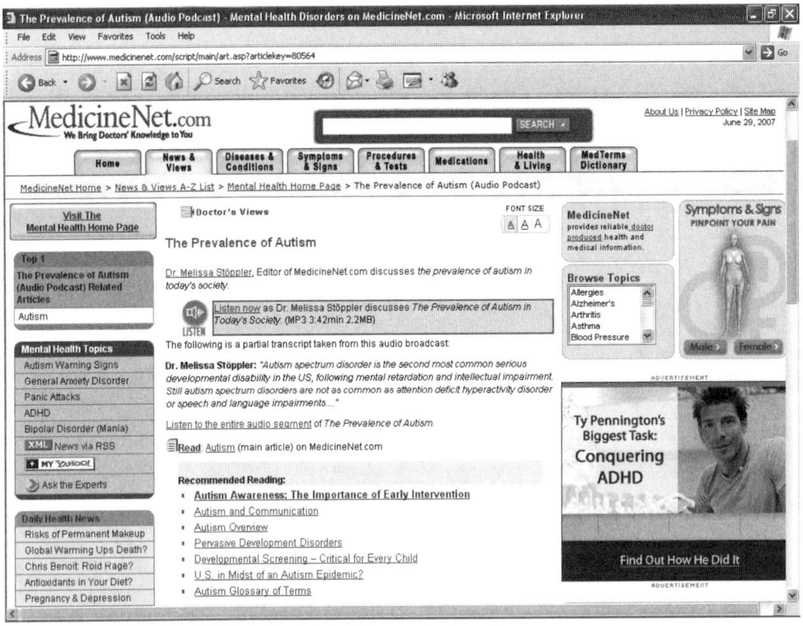

Figure 3.15

Exemple d'une page de chute bien optimisée pour un podcast sur MedicineNet.com.

En fonction de la durée du fichier audio, vous choisirez d'inclure la transcription intégrale ou un résumé. Comparez les pages de chute de fichiers audio trouvés dans les moteurs de recherche. Tâchez de savoir si les internautes préfèrent voir la transcription intégrale ou seulement un résumé bien rédigé avec des mots clés. Pour connaître les préférences des internautes, vous procéderez à des tests d'utilisabilité.

J'ai souvent constaté que les utilisateurs préfèrent voir des pages de chute avec un résumé du contenu du fichier audio et un lien permettant de télécharger la transcription intégrale en PDF ou d'ouvrir une autre page web contenant cette transcription.

6. **Établissez des renvois internes entre les pages qui contiennent du contenu audio de même nature.** Les pages de chute de clips audio se prêtent très bien aux renvois internes, non seulement entre

les épisodes d'une même série, mais aussi de certains épisodes vers d'autres pages de contenu dans le site.

Dans l'exemple de la Figure 3.15, remarquez que la page de chute contient des liens vers des pages de texte traitant d'un sujet similaire. Voyez à la Figure 3.16 que la page principale sur l'autisme présente un lien vers le fichier audio à l'intention des visiteurs qui préfèrent écouter plutôt que lire la fiche sur l'autisme.

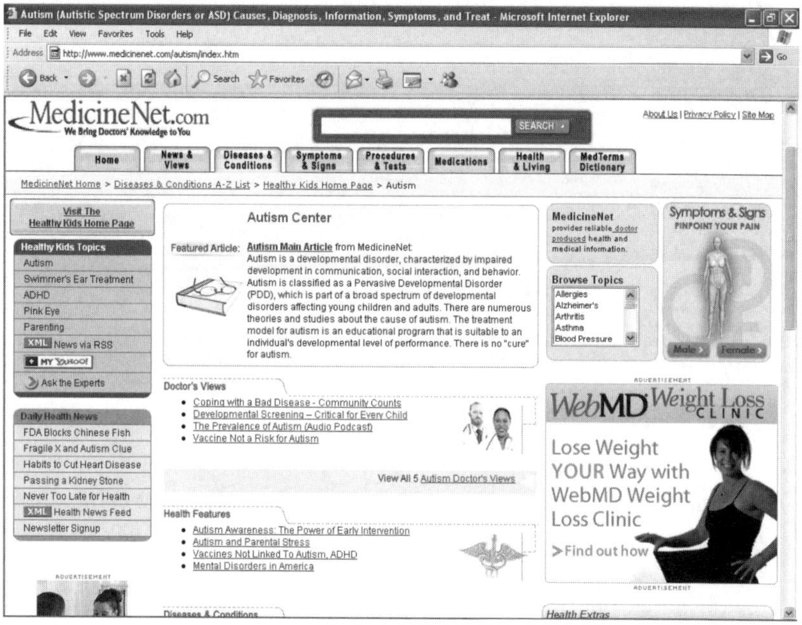

Figure 3.16

Exemple d'une page de catégorie qui renvoie vers la page de chute d'un podcast sur l'autisme.

Les visiteurs n'ont pas forcément envie de s'abonner à un podcast. La présence de liens internes fournissant de bonnes pistes vers l'information va donc les inciter à poursuivre leur exploration du site. Si les visiteurs trouvent le contenu de votre site utile, il est probable qu'ils définiront un signet ou ajouteront un lien entrant vers votre site.

7. **Conservez la qualité du son.** La qualité du son est-elle bonne quand on lit vos clips audio dans la page web ou avec un agrégateur ? Comment le lien du fichier audio se présente-t-il dans les

résultats d'un moteur de recherche spécialisé et dans les annuaires de podcasts ? Tâchez de régler la qualité du son sans pour autant produire un fichier trop long à télécharger.

8. **Soumettez et distribuez vos fichiers audio auprès des moteurs de recherche de son et des sites de podcasts.** La plupart des annuaires de podcasts sont divisés en rubriques, ce qui peut vous apporter des liens entrants avec des intitulés riches en mots clés. Pour les fichiers audio, il est préférable d'entrer les URL à la main et de fournir des métadonnées pertinentes au moyen des formulaires d'ajout d'URL des moteurs de recherche ou de programmes de flux RSS. Les sites américains Search Engine Watch (www.searchengine-watch.com) et Search Engine Land (www.searchengineland.com) vous indiqueront où soumettre vos fichiers audio pour favoriser leur visibilité dans les moteurs de recherche américains.

   Enfin, le contenu en flux RSS devrait être formaté correctement pour tous les principaux annuaires de son. Validez vos flux RSS au moyen d'outils de validation spéciaux. Tous les annuaires de son n'ont pas un réseau de distribution. Vous pourriez donc avoir besoin de mettre en place plusieurs flux pour obtenir la meilleure visibilité possible dans les moteurs de recherche de son.

Conclusion

Les fondements de l'optimisation pour les moteurs de recherche s'appliquent aux fichiers de texte, aux images et aux autres fichiers multimédias.

Si possible, vos images et vos fichiers multimédias devraient contenir les mots et expressions clés que votre cible utilise dans les requêtes. Dans l'éventualité où les robots ne peuvent pas accéder au contenu d'un fichier, le texte voisin d'une image ou d'un fichier multimédia devrait fournir un contexte utile mis en valeur par des mots clés.

La manière dont vos pages sont interconnectées fournit aussi du contexte et des renseignements à propos des images et des fichiers multimédias de votre site. Une architecture d'information axée sur les mots clés, des repères d'orientation évidents et des pistes claires vers l'information favorisent la visibilité dans les moteurs de recherche pour les fichiers de texte comme pour les fichiers multimédias et les images.

Il faut toujours étiqueter, catégoriser et décrire les fichiers web d'une façon uniforme et cohérente qui répond aux attentes des utilisateurs. Les sites web qui satisfont les attentes des visiteurs bénéficient d'un meilleur taux de transformation. Satisfaire les visiteurs a aussi pour conséquence d'accroître le nombre de liens entrants, ce qui est le sujet du prochain chapitre.

4

Après construction du site

Après le lancement de votre nouveau site, vous pouvez le soumettre aux annuaires web et à des sites spécialisés dans votre activité à qui vous ne faites pas concurrence. Une fois qu'il bénéficie de liens entrants de bonne origine, votre site devrait être facilement découvert par les robots d'indexation au cours de leurs explorations du Web. Le référencement n'est toutefois pas le but ultime des opérations de design, d'optimisation, et de marketing. Il reste à vérifier l'efficacité de chacune des pages web du site.

Principe du développement de liens entrants

La mise en place de liens entrants provenant de sites tiers objectifs est une composante essentielle de l'optimisation à long terme pour les moteurs de recherche. Et pourtant, c'est l'une des composantes les plus négligées dans une campagne d'optimisation fructueuse. On peut rédiger du contenu concentré en mots clés et faciliter l'accès aux robots vers ce contenu, mais la visibilité n'est que de courte durée si l'optimisation ne se complète pas de liens entrants soigneusement sélectionnés.

Indice de popularité et suivi des clics

Pour rappel, l'indice de popularité (*link popularity*) dépend du nombre et de la qualité des liens externes objectifs pointant vers une URL. Dans le calcul de cet indice, la qualité des liens a beaucoup plus de poids que leur quantité. J'ai vu de nombreux sites web recevoir pendant longtemps des visites qualifiées depuis les moteurs de recherche alors qu'ils possèdent moins de cinquante liens entrants vers leur page d'accueil. À l'opposé, j'ai vu des sites avec un millier de liens entrants médiocres recevoir peu ou pas du tout de trafic depuis les moteurs de recherche.

Le suivi des clics comptabilise le nombre de clics d'accès (*click-through*) vers une page web depuis les pages de résultats d'un moteur de recherche et mesure le temps que passe un internaute sur le site dans lequel il vient d'entrer depuis le moteur de recherche. Si l'internaute clique sur le lien d'un site depuis un moteur de recherche et continue d'explorer le site, cela semble indiquer qu'il a trouvé l'information recherchée et n'a pas besoin de retourner à la page de résultats. En revanche, si l'internaute retourne aussitôt à la page de résultats après avoir accédé à un site, on peut en déduire qu'il n'a pas trouvé l'information désirée dans la page ou dans le site, et donc que le lien ne lui pas donné satisfaction.

Malheureusement, certaines personnes ont mis au point des robots cliqueurs (*clikbots*) servant à augmenter artificiellement le nombre de clics d'accès vers un site web. La manœuvre consiste à faire croire aux moteurs de recherche que le site attire de nombreux visiteurs depuis les pages de résultats. En réalité, les clics ne proviennent pas des internautes mais d'un logiciel astucieusement conçu. Du fait de la recrudescence de fraudes aux clics, aussi bien dans les résultats naturels que dans les publicités des moteurs de recherche, le nombre de clics n'est plus qu'un facteur insignifiant dans le calcul de la pertinence d'une page web. Les moteurs de recherche essayent toujours d'évaluer la satisfaction des internautes d'après le suivi des clics, mais ce facteur a peu ou pas du tout d'influence sur les positionnements dans les pages de résultats.

Quand les spécialistes parlent d'indice de popularité, ils font référence au nombre et à la qualité des liens pointant vers une URL, et non pas au nombre de clics d'accès.

L'indice de popularité dépend de facteurs externes à la page, dits hors page, parce l'éditeur d'un site n'a pas de maîtrise sur la manière dont d'autres sites pointent vers le sien. Il peut inciter d'autres personnes à ajouter des liens vers son site en utilisant judicieusement des mots clés dans les titres et dans les descriptions. Mais au final, la décision et la manière d'ajouter un lien externe dépendent d'autrui.

Il est difficile de reproduire l'ensemble des liens entrants d'un site web. Le texte, l'architecture de l'information et le design sont, en revanche, faciles à imiter. Bien trop souvent, l'imitation constitue une violation des droits d'auteur. Bien qu'illégale, la pratique est courante chez les webmarketeurs qui détournent au profit de leur client le contenu ou le design d'un autre site. D'ailleurs, la dissimulation (*cloaking*), forme de spam auprès des moteurs de recherche, cache souvent des violations des droits d'auteur. Dans ces conditions, le développement de liens entrants est tout aussi important que la présence de mots clés dans le texte et qu'une architecture de l'information intuitive pour obtenir une visibilité durable dans les moteurs de recherche.

Ce qui me plaît dans le concept de liens entrants, c'est que les sites web ne pourront pas conserver une bonne visibilité s'ils manquent de convivialité et de contenu original. Si deux sites ont un contenu original de qualité équivalente, celui qui est le plus agréable à utiliser devrait en toute logique recevoir plus de liens entrants de sources objectives.

Stratégies pour le développement de liens entrants

La mise en place de liens entrants de bonne origine n'est pas une opération instantanée. Il faut consacrer du temps et des efforts pour recevoir des liens entrants qui aideront le site à obtenir et à conserver du trafic ciblé depuis les moteurs de recherche.

Référencement dans les annuaires web

L'une des manières les plus rapides d'obtenir pour un site des liens entrants d'origine légale, objective et réputée est de soumettre le site pour son référencement dans les principaux annuaires web.

Il n'existe pas de formule magique pour soumettre un site aux annuaires web. Tous les annuaires sont différents, avec chacun des rubriques différentes et des conditions différentes pour l'ajout d'URL. La procédure de soumission aux annuaires peut prendre beaucoup de temps, parce que la demande de référencement doit être adaptée à chaque annuaire ciblé. Certains annuaires demandent une description en quinze mots, d'autres en trente mots, et ailleurs le descriptif peut comporter jusqu'à deux cents mots. Par conséquent, gardez toujours à l'esprit les particularités des principaux annuaires quand vous leur soumettez un site.

Pour la visibilité de votre site dans les moteurs de recherche, il est important que vous planifiiez votre campagne de référencement auprès des annuaires web. D'une certaine manière, la soumission auprès des annuaires est plus importante que le référencement dans les moteurs de recherche, parce qu'avec les annuaires vous avez au moins la possibilité de présenter votre site correctement. Tant que la description d'un site correspond à son contenu, les éditeurs d'annuaires n'ont aucune raison de le retirer de leurs listes. Ils ne se soucient pas de la manière dont les propriétaires de sites web choisissent de promouvoir leur site. Les éditeurs veulent que l'information dans leur annuaire soient originale, à jour et exacte.

Certains sites sont ajoutés aux annuaires par des éditeurs humains qui les découvrent durant leur exploration du Web. Cette situation est assez rare, mais les propriétaires de sites web préfèrent fournir eux-mêmes le titre et la description de leur site. Donc, plutôt que de prendre le risque qu'un éditeur trouve votre site et rédige un titre et une description qui pourraient ne pas vous plaire ou ne pas favoriser sa visibilité, prenez les devants en planifiant et en menant une campagne personnelle de soumission auprès des annuaires web.

Planifier une campagne de référencement dans les annuaires web

Avant de soumettre votre site à des annuaires, créez un fichier journal pour y noter toutes vos démarches. Les éditeurs d'annuaires gardent trace de toutes les demandes reçues et peuvent les vérifier rapidement. Si votre demande est refusée ou s'il faut la modifier pour corriger des erreurs, vos notes vous aideront à améliorer votre campagne de référencement. Les éditeurs d'annuaires apprécieront aussi votre sens de l'organisation, qui prouve l'importance que vous attachez à cette démarche.

Votre fichier journal devrait contenir les renseignements suivants :

- nom de l'annuaire web ;
- nom de la personne qui demande le référencement ;
- adresse e-mail de la personne qui demande le référencement ;
- URL soumise au référencement ;
- date(s) d'envoi de la demande ;
- titre du site web ;
- description du site web ;
- autres indications fournies en commentaires ;
- coordonnées de la société (adresse postale, téléphone et fax) ;
- dans le cas d'un référencement payant, numéro de dossier et double du reçu.

ASTUCE

Pour la personne qui demande le référencement, je préfère donner une adresse générique, du type promo@nomcompagnie.com. Ainsi, si la personne responsable de la promotion du site quitte la société, il n'est pas nécessaire de changer l'adresse de contact fournie aux annuaires.

Pour réussir à se faire référencer dans les annuaires, il faut consacrer des efforts à l'étude de mots clés et à la rédaction du contenu. Je vous rappelle que les robots examinent le texte à l'intérieur et autour des liens pour calculer l'indice de popularité d'une page (et d'un site).

Honnêtement, combien d'entre vous passent des heures à rechercher les rubriques d'annuaires les plus pertinentes et à rédiger les meilleures descriptions dans le but que le référencement profite autant aux annuaires qu'à votre site ? Votre site propose-t-il un contenu vraiment original ? A-t-il quelque chose à apporter par rapport à ce qui existe déjà ? Les propriétaires de sites web, ou leur équipe marketing, ont tendance à rédiger des descriptions dans leur propre intérêt, et non pas dans celui de l'annuaire et de ses usagers.

Si les annuaires web font partie de votre plan de webmarketing, tâchez de ne pas penser uniquement aux intérêts de votre site. Essayez d'imaginer quels bénéfices un annuaire et ses usagers pourraient tirer de votre contenu. C'est la question que se posent les éditeurs d'annuaires quand ils étudient la soumission de nouveaux sites : quels sites valorisent leur annuaire. Les titres et descriptions illisibles truffés de mots clés ne sont pas valorisants pour l'annuaire, car ils n'éclairent pas les utilisateurs dans leur recherche. En revanche, les annuaires tirent bénéfice de référencer des sites avec du contenu original et de qualité, classés dans les rubriques appropriées et décrits avec fidélité et précision dans le même langage que celui des internautes.

Aidez donc les éditeurs d'annuaires à atteindre leurs objectifs. Réalisez un site de qualité et faites une étude avant de le soumettre au référencement.

Sélectionner la rubrique qui convient

L'une des plus grosses erreurs que commettent les propriétaires de sites quand il soumettent un site à référencer est de ne pas étudier les rubriques de chaque annuaire.

Pour choisir les rubriques les plus appropriées pour votre site, tapez dans chaque annuaire les mots clés que vous avez retenus et étudiez les résultats de vos requêtes. Vous souvenez-vous de la liste de vingt à trente mots clés que vous avez composée au Chapitre 2 ? Ce sont les mots et expressions de cette liste que vous allez saisir en requête dans les annuaires.

Voyons la liste du site fictif Nos vins bio. D'après cette liste, nous devons lancer des recherches dans chaque annuaire avec les mots clés suivants :

vin bio	vins bio	vin blanc bio
vin rouge bio	champagne bio	bourgogne bio
bordeaux bio	vin loire bio	vin alsace bio
vente vin	vente vins	vente ligne vin
vente ligne vins	achat vin	dégustation vin
accompagnement vin	vin mets	recettes vin
vin chaud	accessoires vin	services verres vin

Vous pourriez commencer l'étude avec le terme le plus général, *vin* par exemple. Avec un terme général, vous pourriez voir apparaître une hiérarchie de rubriques en haut de la liste de résultats. Il est quasiment certain que votre site appartient à l'une de ces rubriques.

Il se pourrait qu'en lançant une recherche sur l'expression clé la plus représentative de votre site vous découvriez qu'il n'y a pas de catégories affichées en haut des résultats mais juste une liste de sites web. Dans ce cas, regardez sous la description de chaque site et vous devriez y voir différentes rubriques, comme dans l'exemple de la Figure 4.2.

Évitez de choisir systématiquement la première rubrique proposée. Pour être accepté, votre site doit vraiment correspondre à une rubrique. Vos concurrents font-ils partie de la même rubrique ? Le type d'information fourni sur votre site est-il le même que ceux des sites déjà présents dans cette rubrique ? Vous pourriez constater que votre site conviendrait dans plusieurs rubriques. Auquel cas, il est plus sage de sélectionner la rubrique affichée en haut de la liste.

Figure 4.1

Pour sélectionner une rubrique pour votre site, vérifiez que vous lancez bien les recherches dans le guide Yahoo!, la section d'annuaire, et non pas dans l'index des pages recensées par les robots. Les pages de résultats dans le guide Yahoo! indiquent la rubrique dans laquelle se trouve chacune des adresses trouvées.

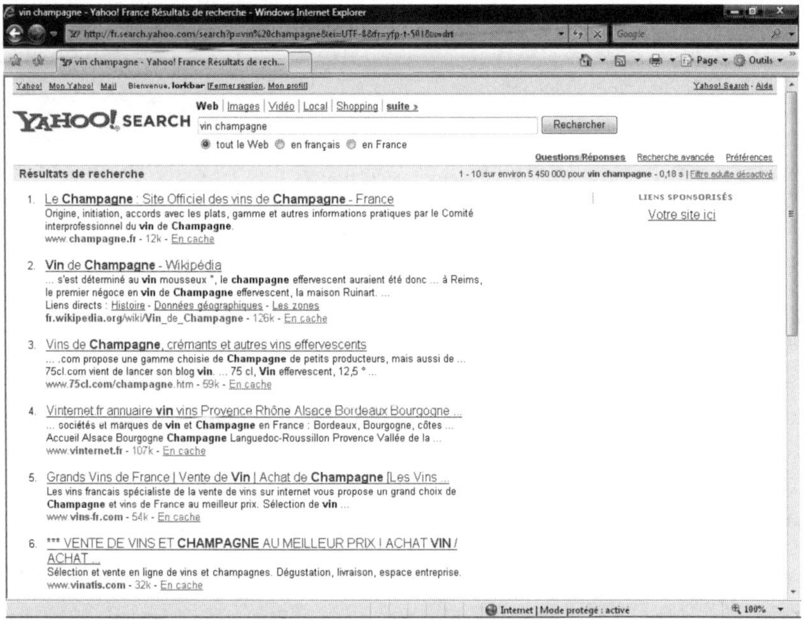

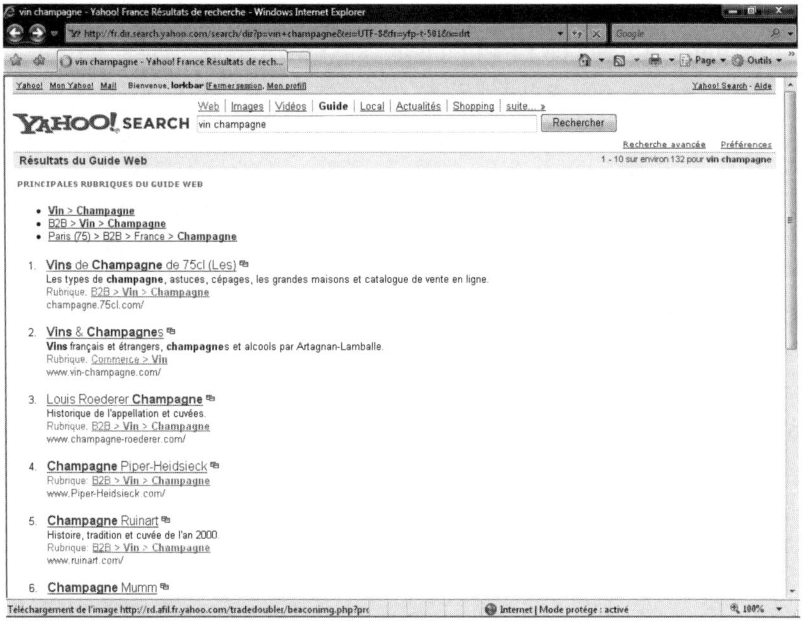

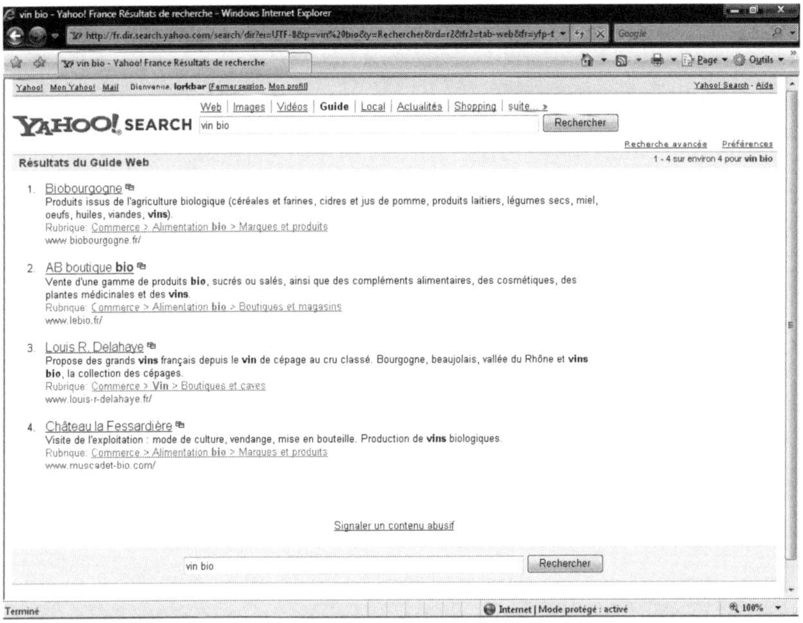

Figure 4.2

Quand on lance une recherche dans le guide Yahoo! sur les mots "vin bio", plusieurs rubriques apparaissent dans les résultats de l'annuaire, y compris Alimentation bio et Boutiques et caves. Faites défiler la liste jusqu'en bas pour voir toutes les rubriques possibles.

Pour le site Nos vins bio, la rubrique la plus appropriée dans Yahoo! serait :

Commerce et économie > Produits et services pour les particuliers > Boissons > Alcools et spiritueux > Vin

L'annuaire Open Directory dispose de plusieurs rubriques qui pourrait convenir au site Nos vins bio :

World > Français > Boutiques en ligne > Gastronomie et alimentation

World > Français > Maison > Cuisine > Boissons

World > Français > Régional > Europe > France > Commerce et économie > Gastronomie et alimentation > Boissons

World > Français > Régional > Europe > France > Boutiques en ligne > Gastronomie et alimentation

World > Français > Commerce et économie > Gastronomie et alimentation

Les deux rubriques de boutiques en ligne contiennent de nombreux sites dédiés au vin, et le site Nos vins bio risquerait de se trouver noyé dans leur liste de résultat. Il serait donc plus judicieux de choisir une rubrique moins fournie. Toutefois, c'est en fonction des types de sites listés dans chaque rubrique que vous choisirez la rubrique dans laquelle faire référencer votre site.

La troisième rubrique ne conviendrait pas pour faire référencer la page d'accueil de Nos vins bio, parce qu'un examen approfondi révèle que presque toutes ses adresses mentionnent des recettes. Bien que le site Nos vins bio contiennent des recettes, son contenu est surtout axé sur la vente de vin.

Si la société possède au moins une boutique, le site peut en plus se faire référencer dans des rubriques régionales.

Suggérer une nouvelle rubrique

Parfois, après avoir lancé plusieurs recherches, vous pourriez constater que l'annuaire ne comporte aucune rubrique qui reflète fidèlement le contenu de votre site web. Dans ce cas, vous pouvez proposer l'ajout d'une rubrique aux éditeurs de l'annuaire.

Il faut bien sûr proposer une rubrique qui rentrerait dans le système de classification de l'annuaire.

Il se pourrait, par exemple, qu'il existe une rubrique particulière, pour une région française mais que cette rubrique n'existe pas pour une autre région. Auquel cas, l'ajout d'une rubrique est tout à fait justifié si les services offerts sur le site s'adressent avant tout à la population locale.

Nous constatons que le guide Yahoo! présente des rubriques Vin pour la Bourgogne, Paris et Bordeaux, mais il n'y en a pas pour la région Centre (voir Figure 4.3).

Si les locaux de la société Nos vins bio sont dans la vallée de la Loire, il serait justifié de demander l'ajout d'une rubrique vin pour cette région. Pour être certain que la proposition sera acceptée, vérifiez la présence de la rubrique qui vous concerne dans d'autres régions ou départements.

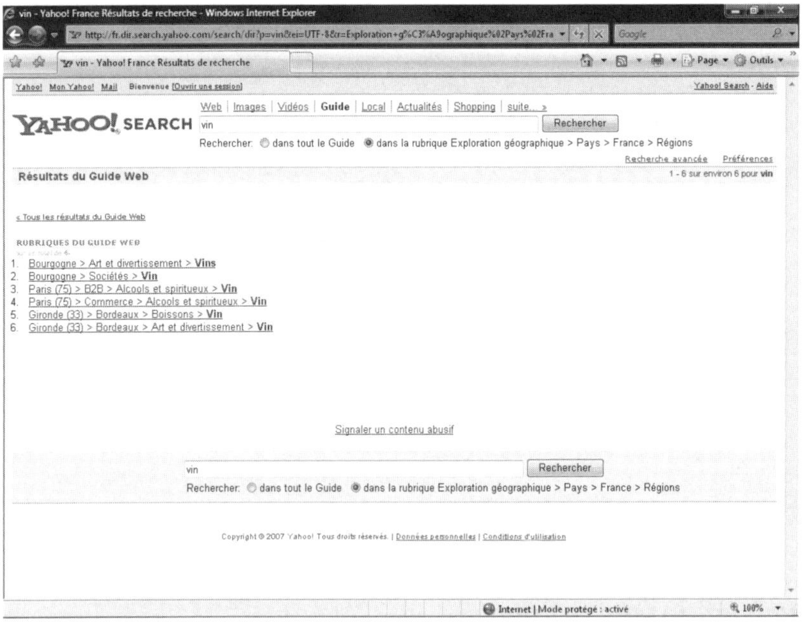

Figure 4.3

Les rubriques Vin dans les catégories régionales du guide Yahoo!.

Les types de sites web qui appartiennent naturellement à une rubrique régionale sont ceux qui offrent des services à la population locale (services de santé, services administratifs locaux, artisans, agences immobilières, restaurants, chambre du commerce, etc.). Si vous ne trouvez pas la rubrique appropriée dans votre région ou département, cherchez si elle existe pour d'autres régions.

Le formulaire de référencement du guide Yahoo! permet de suggérer une rubrique supplémentaire dans le champ Informations complémentaires (voir Figure 4.4). Les autres annuaires ne fournissent pas forcément ce champ dans leur formulaire. Auquel cas, vous pourriez suggérer une nouvelle rubrique dans le champ de commentaires (s'il existe).

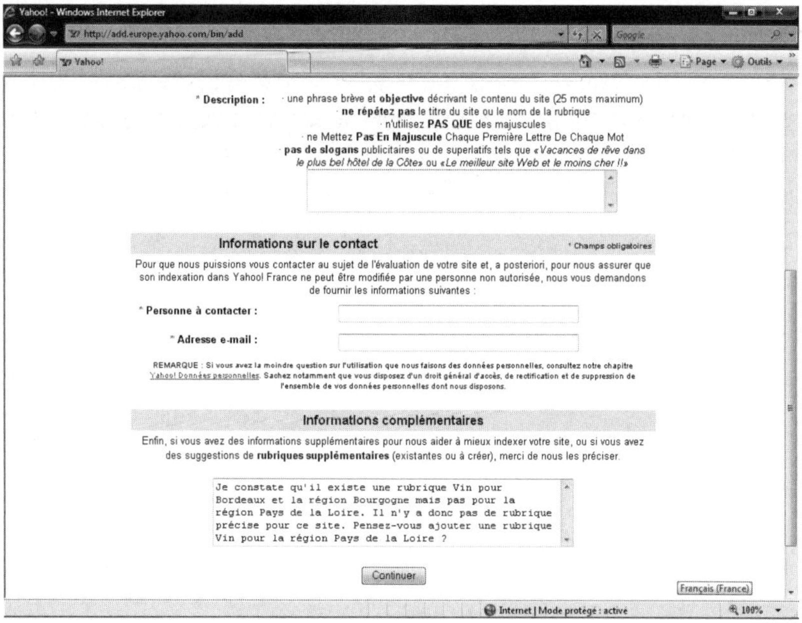

Figure 4.4

Champ Informations complémentaires dans le formulaire de référencement du guide Yahoo!.

Rédiger un titre attirant

Le plus souvent, le titre du site web dans un annuaire sera le nom de la société et, comme je l'indique au Chapitre 1, les éditeurs d'annuaires cherchent le nom de la société dans quatre emplacements :

- en-tête ou pied de page ;
- page décrivant la société (À propos de ou Qui sommes-nous ?) ;
- page de contact ;
- page expliquant l'emplacement des locaux de la société.

La page À propos de ou Contact devrait toujours contenir le nom de la société sans faute de frappe. Donc, même si le nom de la société apparaît plusieurs fois dans le site, il est préférable de l'indiquer une fois de plus dans la section Contact.

N'essayez pas de tricher en introduisant des mots clés dans le nom de la société s'il n'y en a pas dans son nom officiel. Les éditeurs d'annuaires sont parfaitement au courant des astuces employées par les référenceurs roublards pour améliorer artificiellement le positionnement. Non seulement ils vérifieront que le nom de la société est écrit correctement dans tout le site, mais ils vérifieront aussi l'enregistrement de votre nom de domaine pour s'assurer que les coordonnées fournies pour le nom de domaine (nom de société, adresse physique, etc.) correspondent à celles indiquées dans leur formulaire de soumission.

Si vous soumettez une page qui n'est pas la page d'accueil, vous pouvez dans ce cas proposer un titre plus descriptif. Disons par exemple que le site Nos vins bio comporte une page sur l'histoire de la fabrication du champagne . Si nous voulions soumettre cette page (ou série de pages), elle pourrait porter le titre :

Histoire de la vinification du champagne

Remarquez que le titre est clair et ne contient aucune astuce de webmarketing. Les mots clés "vin" et "bio" sont dans le titre de la page d'accueil, tandis que les mots "vinification" et "champagne" sont dans le titre de la page soumise à part. Même si vos analyses de mots clés révèlent que les internautes tapent plus souvent "vin" que "vins", vous avez raison de ne pas alourdir les titres en tentant d'y introduire les mots clés sous diverses formes.

Rédiger un descriptif attirant

Il pourrait sembler à première vue que les éditeurs d'annuaires et les propriétaires de sites web ont des intérêts divergents. Les éditeurs veulent préserver la qualité de leur service de recherche. Pour cela, ils préfèrent que les descriptions donnent une image fidèle du contenu des sites sans recours à des formules ou astuces de marketing. Tandis que les propriétaires de sites web ne veulent pas forcément une description objective. Si un slogan ou une expression clé est liée à leur marque depuis des années, il veulent conserver ce slogan et cette stratégie marketing. Face à cette apparente contradiction, comment faire apparaître son site web de la manière la plus favorable dans un annuaire web ?

En réalité, les éditeurs d'annuaires et les propriétaires de sites ont les mêmes objectifs. En tant que propriétaire d'un site web, vous avez tout contrôle sur le contenu et la présentation de vos pages web. Vous n'aimeriez pas que des inconnus viennent vous demander de changer vos textes parce qu'ils n'apprécient pas le fond ou la forme de vos propos. Vous n'avez sûrement pas l'intention de laisser des inconnus s'ingérer dans la gestion de votre site web, et vous avez bien raison.

La situation est la même pour les éditeurs d'annuaires qui doivent traiter avec des milliers d'inconnus qui, chaque jour, leur disent comment ils devraient afficher le contenu de leur annuaire. Le travail des éditeurs d'annuaire n'est pas facile. Étudier des centaines de soumissions par jour à classer dans des milliers de rubriques différentes tout en tâchant de conserver la qualité de l'annuaire, c'est une tâche délicate.

Préparez la soumission de votre site en sachant que les éditeurs doivent traiter des milliers de demandes de référencement par semaine. Ils ont pour mission de conserver la qualité des informations fournies par l'annuaire. Donc, si vous leur facilitez la tâche en suivant leurs directives et leurs exemples, il y a moins de risques que votre soumission soit refusée ou modifiée.

Pour agir dans ce sens, après avoir sélectionné la rubrique qui convient pour votre site, consultez les descriptions de tous les sites groupés dans cette rubrique. Combien de mots en moyenne l'éditeur semble-t-il autoriser pour les descriptions ? Si vous constatez que presque toutes les descriptions tiennent en douze à quinze mots, vous savez alors que l'éditeur préfère une description en quinze mots plutôt qu'en vingt-cinq mots, même si les directives de l'annuaire stipulent que vous pouvez soumettre une description de vingt-cinq mots au maximum.

Évitez de proposer une description trop semblable à celle des sites déjà référencés dans la rubrique ciblée. Les éditeurs d'annuaires savent que les utilisateurs ne veulent pas lire toujours la même chose dans les résultats de recherche. Les éditeurs veulent au contraire que les nouveaux sites référencés apportent du neuf, et de qualité, dans leur annuaire. Vous aurez donc intérêt à mettre en valeur l'unicité de votre site dans la description. Prouvez que vous offrez quelque chose de différent.

De plus, il faut éviter d'abuser de mots clés dans la description. Les éditeurs et les usagers des annuaires ne veulent pas lire une liste de mots clés.

J'ai tendance à suivre un modèle de descriptif que j'adapte en fonction de l'annuaire ciblé. Ce modèle semble satisfaire les besoins des éditeurs d'annuaires et des propriétaires de sites web :

> société (expression clé 1) spécialisée dans (expression clé 2) et dans (expression clé 3).

Appliqué à Nos vins bio, ce modèle peut fournir la description suivante :

> Distributeur de vin bio, spécialisé dans la vente à prix de gros de champagne, vin rouge et vin blanc.

Cette description décrit le contenu du site de façon objective et fidèle, ce qui satisfait les éditeurs d'annuaires, et contient les mots clés ciblés par le propriétaire du site.

Dans ce descriptif en dix-neuf mots, on trouve les expressions clés suivantes :

vin bio	vente vin	vin vente
vente vin bio	vin bio vente	vin rouge
vin rouge bio	vin blanc	vin blanc bio
vin bio rouge	vin bio blanc	champagne bio
vente champagne	vente champagne bio	distributeur vin
distributeur vin bio	distributeur vin rouge	distributeur vin rouge bio
distributeur vin blanc	distributeur vin blanc	biovin prix
vin prix de gros	prix vin	prix vin bio

Si le site s'adresse à un public particulier, vous pouvez le préciser à la fin de la description.

> Distributeur de vin bio, spécialisé dans la vente à prix de gros de champagne, vin rouge et vin blanc pour caves et restaurants. (23 mots)

Il se peut que l'éditeur du site tienne à voir figurer d'autres mots clés dans la description. Nos vins bio, par exemple, pourrait vendre du vin en bouteille et en cubitainer. Cette précision est importante pour la cible : cavistes et restaurateurs. On pourrait donc proposer la description suivante :

> Distributeur de vin bio, spécialisé dans la vente à prix de gros de champagne, vin rouge et vin blanc en bouteille et en cubi. (24 mots)

Cette description en vingt-quatre mots correspond à un plus grand nombre d'expressions clés :

vin bio	vente vin	vin vente
vente vin bio	vin bio vente	vin rouge
vin rouge bio	vin blanc	vin blanc bio
vin bio rouge	vin bio blanc	champagne bio
vente champagne	vente champagne bio	distributeur vin
distributeur vin bio	distributeur vin rouge	distributeur vin rouge bio
distributeur vin blanc	distributeur vin blanc bio	vin prix
vin prix de gros	prix vin	prix vin bio
vin bio cubi	vin rouge cubi	vin blanc cubi
vin rouge bio cubi	vin blanc bio cubi	vin bio bouteille
vin rouge bouteille	vin blanc bouteille	vin rouge bio bouteille
vin blanc bio bouteille	champagne bio bouteille	

Remarquez que la cible n'est pas mentionnée dans la description en vingt-quatre mots. Si les mots décrivant la cible (caves et restaurants) font partie des mots clés retenus, pourquoi les éliminer de la description ? Beaucoup d'annuaires acceptent les descriptions de vingt-cinq mots à trente mots. Nous pourrions donc allonger la description sans sortir des limites prescrites.

Quand vous soumettez votre site à un annuaire, n'oubliez pas de toujours vous fondre dans le moule. Si vous remarquez que les sites référencés ont une description plus courte que la longueur maximale autorisée, vous pouvez en déduire qu'une description plus longue a plus de risque d'être modifiée par l'éditeur. Puisque l'expression "caves et restaurants" ne figure pas dans la liste de mots clés compilée au

Chapitre 2, je l'ai éliminée de manière à rendre la description plus concise.

Puisque les annuaires web sont tous différents et demandent des descriptions d'une longueur variable, préparez des descriptions de différentes longueurs. Rédigez des descriptions en 7, 10, 15, 20, 25 et 30 mots dans un même fichier texte. Quand vous commencerez à soumettre le site, il vous sera facile de copier la description qui convient pour la coller dans un formulaire de référencement.

Référencement payant

Si votre budget le permet, optez pour les programmes de référencement payant chaque fois que c'est possible. Puisque les principaux moteurs de recherche tiennent compte de l'indice de popularité (qualité des liens entrants) dans leurs algorithme de classement, plus vite votre site sera référencé dans les annuaires web, plus vite il pourra bénéficier des retombées positives de liens entrants bien cotés.

Les frais versés pour le référencement payant ne garantissent nullement que le site sera accepté dans l'annuaire. Le paiement ne fait que garantir que le site sera examiné dans un délai raisonnable (deux jours à une semaine). Les frais correspondent au temps passé par l'éditeur pour vérifier votre titre, votre description et votre site, plus le temps nécessaire pour ajouter une entrée dans la base de données, si le site est accepté.

ATTENTION

Quand vous rédigez les descriptifs pour les formulaires des annuaires web, n'oubliez pas que les éditeurs des annuaires verront sans doute votre page d'accueil en premier. Or, ils doivent pouvoir retrouver dans cette page les produits et services vantés dans la description. S'il ne paraît pas évident aux éditeurs et aux visiteurs que votre site est spécialisé dans les services annoncés dans la description, il est probable que votre description sera modifiée.

Référencement dans plusieurs rubriques

Il est rare d'obtenir plusieurs référencements dans un annuaire pour un même site. Là aussi, il y a contradiction entre les désirs des propriétaires de sites et ceux des éditeurs d'annuaires. Les uns voudraient voir leur site référencé dans plusieurs rubriques pour augmenter l'indice de popularité et la visibilité dans les moteurs de recherche, tandis que les autres veulent présenter des URL avec du contenu original et de qualité. L'objectif principal des éditeurs est de trouver des sites qui fournissent des informations intéressantes et valorisent leur annuaire.

Pour savoir si un site mérite d'être mentionné deux fois dans un annuaire, on peut se poser la question suivante : les visiteurs peuvent-ils tirer bénéfice de ce site sans avoir à dépenser de l'argent ? S'il fournit des informations utiles et gratuites, telles que des astuces, des instructions, des recettes de cuisines ou un dictionnaire, votre site fournit ces informations dans l'intérêt de votre cible. Les éditeurs d'annuaires et les internautes apprécient ce genre d'informations.

Si votre site a déjà été accepté dans l'annuaire, il y a plus de chance qu'une page d'un intérêt particulier soit acceptée dans une autre rubrique. L'acceptation de votre site signifie qu'il respecte les critères de sélection de l'annuaire et que les éditeurs ont trouvé son contenu informatif et facile à lire.

Vous devrez répéter la procédure de soumission suivie pour le référencement du site : suggérer une rubrique et rédiger un titre et une description pour chacune des URL que vous voulez faire référencer à part.

En règle générale, il vaut mieux ne pas soumettre plusieurs pages du même site dans la même catégorie de rubriques. Par exemple, dans Open Directory, nous avons sélectionné pour Nos vins bio la rubrique :

> World > Français > Boutiques en ligne > Gastronomie et alimentation.

Imaginons que le propriétaire du site Nos vins bio possède des recettes originales de sangria et de vin chaud épicé et qu'il désire faire référencer la page de recettes dans une autre rubrique.

Tout d'abord, il doit chercher la rubrique la plus appropriée. Après avoir lancé plusieurs requêtes dans Open Directory, nous voyons que les rubriques qui conviendraient sont :

> World > Français > Maison > Cuisine > Recueils de recettes

ou

> World > Français > Maison > Cuisine > Cuisines du monde

Notez que ces deux nouvelles rubriques ne font pas partie de la catégorie Boutiques en ligne dans Open Directory.

Puisque les sites référencés dans la première rubrique annoncent aussi des recettes au vin et pour la fabrication de vins apéritifs, celle-ci semble la meilleure solution.

Avant de faire une demande de référencement supplémentaire, le propriétaire de Nos vins bio doit vérifier (a) que ses recettes sont originales et (b) que le contenu est substantiel. Certains sites de cette rubrique proposent une seule recette de sangria originale et d'autres ont des séries entières de recettes au vin. Par conséquent, si Nos vin bios a une série de nouvelles recettes de sangria et de vin chaud, sa page de recettes a de bonnes chances d'être acceptée dans cette rubrique.

Si le site Nos vins bio a suffisamment de recettes originales, son propriétaire peut maintenant rédiger un titre original et une description pour la page à soumettre. Nombre de sites dans la rubrique retenue mentionnent le nom de la société. Nous pourrions donc soumettre un titre du type :

> Recettes de sangria avec les vins biologiques de Nos vins bio

Ce titre risquerait de déplaire à certains éditeurs à cause de la répétition du mot "vin". Une version allégée donnerait

> Recettes de sangria de Nos vins bio

Ce titre est plus concis tout en communiquant les informations essentielles. Une autre formulation serait :

> Nos vins bio : recettes de sangria

De plus, les autres sites de la rubrique ne mentionnent pas l'origine biologique des ingrédients. Nos vins bio pourrait donc se démarquer avec le titre suivant :

> Recettes de sangria bio

Puisque les sites (dans la rubrique ciblée) qui contiennent des recettes mentionnent le nom de la société, suivez l'exemple et proposez un titre où figure le nom de la société.

À présent que nous avons choisi le titre et la rubrique, reste à rédiger une bonne description. Remarquez que le mot "recettes" n'a pas été mentionné dans le formulaire de soumission pour le site entier Nos vins bio.

> Distributeur de vin bio, spécialisé dans la vente à prix de gros de champagne, vin rouge et vin blanc en bouteille et en cubi.

Les utilisateurs des services de recherche ne veulent pas voir apparaître toujours les mêmes sites dans les résultats. J'imagine donc que les utilisateurs et les éditeurs d'annuaires préfèrent ne pas trouver ensemble dans les résultats le site Nos vins bios et sa page de recettes.

C'était donc un choix stratégique de ne pas inclure le mot "recette" ou "recettes" dans la première description. Si nous avions inclus le mot "recettes" dans cette description, le site entier aurait pu correspondre à une requête portant sur "recettes vin chaud". Et dans ce cas, la demande de référencement supplémentaire risquerait d'être refusée.

Quand les internautes font des recherches, ils ne veulent pas forcément atterrir à la page d'accueil. Ils préfèrent atteindre directement la page contenant les informations désirées sans avoir à parcourir le site. En choisissant de ne pas mettre le mot "recettes" dans la description du site et de le garder pour la description de la page de recettes à soumettre à part, le propriétaire du site Nos vins bio rend service à sa cible en lui offrant un accès direct vers ses recettes.

NOTE

Il est parfois difficile d'obtenir plusieurs référencements dans un même annuaire. Même si votre site propose différents produits et services, évitez de soumettre chaque service dans une rubrique séparée, même si elle appartient à une autre catégorie. La plupart du temps, les éditeurs d'annuaires se satisfont d'une seule description bien rédigée. Il faut que le contenu soit réellement original pour justifier un référencement supplémentaire.

De plus, cette solution va dans l'intérêt de l'annuaire puisqu'elle préserve la qualité et la pertinence de sa rubrique de recettes. Si le site Nos vins bio propose une série de recettes de sangria originales, il fournit des informations gratuites aux visiteurs sans les forcer à passer d'abord par sa page d'accueil. Dans ce cas, le référencement supplémentaire profite à tous. Les internautes sont dirigés directement vers la bonne page. L'annuaire fournit des renseignements corrects et originaux. Et le propriétaire du site bénéficie d'un référencement supplémentaire.

Pour éviter les risques de refus, avant de soumettre votre site à l'un des principaux annuaires, vous réviserez le site entier en répondant aux questions de ma liste de vérifications.

Vérifications avant la soumission auprès d'un annuaire web

Répondez à toute cette série de questions pour vous assurer que votre site est prêt à subir l'examen des éditeurs d'annuaires. Ce n'est pas une perte de temps ; au contraire, en soumettant un site impeccable, vous éviterez de perdre du temps et de l'argent.

☐ Oui	☐ Non	Avez-vous lu les règlements et conditions générales de chaque annuaire avant de soumettre votre site afin de vous assurer que vous respectez les directives ?
☐ Oui	☐ Non	Avez-vous du contenu original dans votre site ? Avez-vous comparé les sites des rubriques ciblées pour vérifier que votre site offre quelque chose de différent ?
☐ Oui	☐ Non	Est-ce que tout le texte est lisible dans votre site, aussi bien le texte HTML que le texte inséré dans les images ?
☐ Oui	☐ Non	Y a-t-il des liens morts dans votre site ? Il suffit d'un lien mort, que ce soit une erreur 404 ou une image manquante, pour justifier le refus d'un site.
☐ Oui	☐ Non	Le site est-il lisible avec les versions actuelles des deux principaux navigateurs, Firefox et Internet Explorer ?
☐ Oui	☐ Non	Vos coordonnées (adresse postale, téléphone, fax et e-mail) sont-elles faciles à trouver sur le site ?
☐ Oui	☐ Non	Trouve-t-on le nom officiel de votre société dans une page Contact ou À propos même s'il figure en en-tête ou en pied de page dans le site ?
☐ Oui	☐ Non	Si vous faites du commerce en ligne, avez-vous un nom de domaine virtuel (www.nomcompagnie.com) ?
☐ Oui	☐ Non	Tous vos liens sont-ils fonctionnels, les liens internes (vers vos pages) comme les liens externes (vers d'autres sites web) ?

☐ Oui ☐ Non Disposez-vous d'un mode de transaction sécurisé pour les paiements par cartes bancaires (s'il y a lieu) ?

☐ Oui ☐ Non Si votre site vend des produits, mentionne-t-il les conditions de vente et les garanties de remboursement ?

☐ Oui ☐ Non Si votre site recueille des informations personnelles, mentionne-t-il sa politique de confidentialité ?

☐ Oui ☐ Non Votre site présente-t-il une mention de copyright ? Si oui, est-elle à jour ?

☐ Oui ☐ Non Est-il nécessaire de télécharger un plug-in pour afficher votre site ? La nécessité d'un plug-in peut justifier un refus de référencement.

☐ Oui ☐ Non Votre site présente-t-il au moins six à huit pages de contenu substantiel ? Les sites trop légers en informations sont généralement refusés.

☐ Oui ☐ Non Vos pages et vos images sont-elles rapides à télécharger ?

☐ Oui ☐ Non Votre site est-il fonctionnel vingt-quatre heures par jour, sept jours par semaine ? Vérifiez que toutes les fonctions dynamiques (panier virtuel, formulaires, recherche interne, etc.) fonctionnent correctement.

☐ Oui ☐ Non Avez-vous vérifié tous les formulaires pour vous assurer qu'ils fonctionnent bien ? Avez-vous prévu une page de remerciement à afficher après l'envoi d'un formulaire ?

☐ Oui ☐ Non Avez-vous vérifié l'orthographe et les accords dans tout le texte ?

☐ Oui ☐ Non Avez-vous des redirections (autres que la redirection 301) dans certaines pages ? Les redirections sont souvent assimilées à du spam. De plus, il est probable que les éditeurs référencent l'URL de destination plutôt que l'URL soumise.

☐ Oui ☐ Non Les internautes doivent-ils s'identifier au moyen d'un nom d'utilisateur et d'un mot de passe pour voir le contenu de votre site ? Si c'est le cas, avez-vous fourni aux éditeurs d'annuaires les informations nécessaires pour qu'ils accèdent à votre contenu ? De nombreux sites sont refusés quand il n'y a pas de contenu intéressant en dehors de la zone à accès limité par mot de passe ou quand les internautes sont obligés de fournir des données confidentielles pour voir le contenu.

☐ Oui ☐ Non Avez-vous procédé à une étude approfondie des rubriques de l'annuaire pour choisir celles qui conviendraient à votre site ?

☐ Oui ☐ Non Avez-vous choisi une rubrique appropriée à la langue du site ?

☐ Oui ☐ Non Le titre de votre site est-il le nom de votre société ?

☐ Oui ☐ Non Avez-vous éliminé du titre et de la description les signes de ponctuation inutiles et les accroches marketing ?

☐ Oui ☐ Non Le titre est-il écrit tout en majuscules ? Retirez les majuscules inutiles.

☐ Oui ☐ Non Avez-vous répété le titre du site ou le nom de la rubrique dans la description ? Les éditeurs n'aiment pas ça.

☐ Oui ☐ Non Y a-t-il dans la descriptions des sigles ou acronymes d'usage courant ? Dans le doute, écrivez les mots en entiers.

☐ Oui ☐ Non La description commence-t-elle par une majuscule ?

☐ Oui ☐ Non Avez-vous vérifié le nombre de mots des descriptifs présentés dans la rubrique ciblée ?

☐ Oui ☐ Non Votre description contient-elle uniquement une liste de mots clés ? Si oui, comparez les descriptions dans les rubriques ciblées et reformulez votre descriptif d'après les exemples existants.

☐ Oui ☐ Non Vos produits et services les plus importants sont-ils mis en valeur par des mots clés dans la description ?

☐ Oui ☐ Non Vos arguments de vente distinctifs sont-ils évidents dans la description ?

☐ Oui ☐ Non Trouve-t-on facilement vos produits et services les plus importants dans la page d'accueil ?

☐ Oui ☐ Non Si vous soumettez à part certaines pages du site, leur contenu est-il suffisamment substantiel et original ?

☐ Oui ☐ Non Les pages à référencer à part rentrent-elles dans une catégorie de rubriques différente de celle du site entier ?

☐ Oui ☐ Non Pour les pages à référencer à part, le titre et le descriptif contiennent-ils des mots clés qui en décrivent le contenu de façon concise et fidèle ?

☐ Oui ☐ Non Si votre budget le permet, avez-vous opté pour un programme de référencement payant ?

- ☐ Oui ☐ Non Avez-vous vérifié si votre site est déjà référencé dans l'annuaire ? Si c'est le cas, vous devrez utiliser le formulaire de modification.
- ☐ Oui ☐ Non Avez-vous enregistré dans un fichier tous les renseignements relatifs aux soumissions (dates, noms, titres, descriptions et coordonnées de contact) ?
- ☐ Oui ☐ Non Si votre site n'est pas apparu dans l'annuaire, avez-vous attendu au moins trois semaines avant de redemander son examen ?
- ☐ Oui ☐ Non Si vous suggérez l'ajout d'une rubrique, avez-vous vérifié qu'elle entre logiquement dans la structure de rubriques de l'annuaire ?
- ☐ Oui ☐ Non Si votre demande de référencement a été refusée, avez-vous contesté le refus dans un délai de trente jours ? Votre lettre de contestation était-elle formulée de manière polie et professionnelle ?
- ☐ Oui ☐ Non Toutes vos demandes de référencement sont-elles personnalisées pour chaque annuaire ?
- ☐ Oui ☐ Non Avez-vous revérifié les conditions générales de soumission de chaque annuaire pour vous assurer que votre demande respecte les directives imposées ?

Le plus souvent, les propriétaires de sites n'ont qu'une seule chance de se faire accepter dans les annuaires. Il peut être très difficile, voire impossible, de faire modifier une entrée dans un annuaire. Malgré tout, en planifiant et en réalisant correctement la soumission, les propriétaires de sites web peuvent récolter pendant de longues années les fruits du référencement dans les annuaires.

Demande de liens entrants

Les nouveaux sites web deviennent visibles sur le Web grâce au référencement dans les annuaires web. Pour maintenir la visibilité sur la durée, un site doit recevoir des liens entrants provenant de site non concurrents dans le même secteur d'activité. La qualité des sites fournissant les liens entrants est bien plus importante que le nombre de liens.

Pour mettre en place des liens entrants, il faut raisonner comme la cible et comprendre ses habitudes de recherche. Quels types de sites web votre cible a-t-elle l'habitude de consulter, d'ajouter en favoris et de revisiter régulièrement ? C'est auprès de ces types de sites que vous chercherez à obtenir des liens entrants.

Tests d'utilisabilité pour étudier le comportement des internautes

Dans l'idéal, il faudrait commencer par des tests d'utilisabilité pour déterminer où demander des liens entrants. Pourquoi commencer par là ? La raison est simple : les éditeurs de sites web ont besoin de connaître les traits principaux du comportement de leur cible dans ses recherches, en particuliers la manière dont la cible formule ses requêtes.

Les experts en utilisabilité pour le Web créent souvent des profils ou personnages pour les aider dans le développement d'un site. Un personnage est un archétype d'internaute pour lequel on va concevoir le design et l'interface du site. Un profil est presque la même chose qu'un personnage, mais moins spécifique. Pour réaliser les tests, on observe le comportement de personnes qui correspondent à la description d'un personnage ou d'un profil pendant qu'elles mènent des recherches sur le Web.

Par exemple, si vous savez que votre cible se compose surtout de professionnels des technologies de l'information, vous pouvez attribuer un nom et une fonction à votre personnage pour le rendre plus concret. En l'absence d'un nom et d'une image, le personnage reste abstrait aux yeux de l'équipe concernée (fournisseurs de contenu, développeurs, spécialistes en marketing et en SEO, etc.). Le nom que je préfère pour les personnages d'hommes américains est Bob, parce que ce nom me suggère l'image d'un gars sympathique. Si l'équipe aime le personnage, elle tend à fournir plus d'efforts pour lui rendre le site facile à explorer.

Tant que le personnage n'est pas clairement défini, il reste trop élastique. Et à cause de son élasticité, le personnage tend à partager les mêmes caractéristiques que les membres de l'équipe. Quand vous optimisez un site, vous devez reprendre les mots et expressions que votre cible tape en requête, qui ne sont pas forcément les mots que les membres de l'équipe veulent utiliser. Les experts en utilisabilité répètent volontiers qu'il faut utiliser le langage de l'utilisateur ; ils ne parlent pas du tout de slogans marketing.

Évidemment, je ne dis pas qu'un site ne doit pas contenir d'accroches marketing. Les bons sites web sont ceux qui parviennent à satisfaire à la fois les attentes des visiteurs et les objectifs commerciaux d'une société. Les accroches marketing incitent les visiteurs à passer à l'action ; ils sont incontournables dans un site pour conclure des ventes. Quoi qu'il en soit, qui aurait envie de proposer un lien pointant vers un site qui sert seulement de publicité géante pour une société ? Pour la visibilité à long terme, il est crucial de trouver et de maintenir un compromis entre les intérêts des visiteurs et ceux de la société.

Après avoir réuni six à dix participants pour les tests d'utilisabilité, on observe comment ils exploitent les moteurs de recherche du Web pour trouver les produits, services et informations disponibles sur le site à optimiser. Le but de l'étude n'est pas de vérifier le positionnement dans les moteurs de recherche mais de voir comment les participants formulent leurs requêtes et quels types de sites les attirent.

Quelles pages lisent les participants et quelles pages évitent-ils ? Choisissent-ils d'ajouter un signet vers une page parce que son contenu leur semble utile ? Le résultat de ces tests d'utilisabilité vous indiquera des sites à cibler pour une étude plus approfondie et pour proposer l'ajout de liens entrants.

Figure 4.5

Une requête sur l'expression "bienfaits du vin" (sans les guillemets) dans Google suggère des sites auxquels demander des liens entrants.

Observation des comportements de recherche

Les spécialistes en recherche d'informations et en utilisabilité ont identifié un certain nombre de comportements de recherche, dont voici une liste non exhaustive :

- formuler une requête
    - cibler une requête
    - élargir une requête
- naviguer/surfer
- fouiller
- survoler
- lire
- papillonner

INFO

Les comportements de recherche des usagers dits "novices" ont également été étudiés par Nicole Boubée, André Tricot et Viviane Couzinet (http://pagesperso-orange.fr/andre.tricot/boubee_tricot_couzinet.pdf).

Un comportement de recherche évident qui avait été identifié bien avant l'émergence de Google est la cueillette d'informations.

La plupart des comportements décrits ci-dessus s'apparentent à la cueillette. On retiendra surtout des études sur la cueillette d'informations que celle-ci ne suit pas un processus linéaire.

Bien que Marcia Bates ne mentionne pas spécifiquement le Web dans son étude (http://www.gseis.ucla.edu/faculty/bates/berrypicking.html), ses observations peuvent s'appliquer au Web et aux moteurs de recherche du Web. On a tendance à croire que la recherche consiste seulement à formuler une requête, alors qu'en réalité la recherche englobe une grande diversité de comportements.

À titre d'exemple, une simple requête dans Google fait appel à différents comportements de recherche. Après avoir saisi une suite de mots clés dans le champ de recherche puis cliqué sur le bouton adéquat, l'utilisateur va lire ou survoler les résultats pour voir quelles réponses correspondraient le mieux à sa requête. Si les résultats ne l'inspirent pas, l'utilisateur pourrait relancer sa requête en ajoutant des mots clés. Il recommencerait alors à lire ou à survoler les résultats proposés.

Si l'utilisateur accède à un site en suivant un lien depuis un moteur de recherche du Web, il va lire ou survoler la page pour savoir si son contenu correspond à sa requête. Il est fréquent que le visiteur survole plusieurs pages du site pour chercher un complément d'information. Les internautes ont aussi l'habitude de papillonner entre les pages de résultats et les sites proposés pour trouver la meilleure réponse à leur question.

Voyez tous les comportements que je viens de décrire : taper une requête, survoler, lire, cibler et papillonner. En fait, papillonner est un comportement négatif qui suggère que l'utilisateur n'a pas confiance dans l'information présentée et qu'il ne va probablement pas répondre aux incitations à l'action.

Quel rapport entre les comportements de recherche et le développement de liens entrants ? L'observation des comportements de recherche des participants qui correspondent à un profil ou personnage permet de déterminer quels types de sites web ils apprécient et utilisent et quels types ils n'aiment pas et abandonnent aussitôt. Vous savez ainsi quels sites plaisent aux participants du test, et c'est auprès de sites du même type que vous tenterez d'obtenir des liens entrants.

Attention

Comme le développement de liens entrants, les tests d'utilisabilité, leurs analyse et la mise en application de leurs résultats sont des opérations qu'il faudrait répéter durant toute la durée de vie du site web. L'intérêt des tests d'utilisabilité avec les moteurs de recherche est d'apprendre à s'adapter aux divers comportements de recherche et non pas seulement à la saisie d'une requête. En facilitant l'accès à vos informations en externe (depuis les moteurs de recherche) et en interne (une fois que le visiteur est arrivé chez vous), vous rendez votre site plus apte à satisfaire à la fois vos objectifs commerciaux et les attentes des visiteurs.

Procédure pour le développement de liens entrants

Comme je l'ai déjà indiqué, dans l'idéal, les tests d'utilisabilité devraient constituer la première phase d'études pour la mise en place de liens entrants. Pour analyser les sites de la concurrence, vous aurez besoin de recueillir une liste de sites web fréquentés par votre cible.

Si votre société n'a pas de budget pour des tests d'utilisabilité, votre spécialiste en SEO peut se charger d'étudier les sites concurrents. N'oubliez pas, toutefois, que rien ne vaut l'observation et l'analyse du comportement des internautes. Même les experts en SEO chevronnés se basent sur des suppositions (parfois erronées) sans procéder à des tests d'utilisabilité.

La liste suivante présente la démarche que je suis pour déterminer les sites web à qui demander des liens entrants :

1. **Après l'étude des annuaires web, recherchez du contenu informatif dans tous les principaux moteurs de recherche.** Cette recherche peut prendre un certain temps et devra être répétée. Google n'a pas le même système de classement que Yahoo!, et Live Search ne classe pas les pages comme le fait Ask par exemple. Vous devez chercher des sites qui ressortent en résultats dans tous les moteurs de recherche et qui maintiennent leur position.

   En ne faisant la recherche qu'une seule fois sur une série d'expressions clés, vous pourriez tomber sur des sites de qualité médiocre (qui ont obtenu un bon classement par des procédés frauduleux). Pour garantir le retour sur investissement, il faut trouver des sites dotés d'un contenu de qualité et d'une visibilité durable dans les moteurs de recherche. Les sites qui répondent à ces critères sont ceux qui ont, en général, les informations les plus fiables.

2. **Lisez le contenu du site et regardez s'il y a une section de liens externes.** Ce que vous cherchez c'est une lacune à combler dans le contenu. Vous pourriez avoir dans votre site des informations complémentaires qui ne sont pas disponibles ici. Si le site propose des liens externes, vous avez toutes vos chances d'en obtenir un.

3. **Vérifiez que le site étudié n'est pas celui d'un concurrent.** Il est rare que des sites concurrents échangent des liens externes. Vous ne

voudriez pas non plus pointer vers un site coupable de référencement abusif.

Les moteurs de recherche ne pénalisent pas un site web à cause de ses liens entrants, parce que l'éditeur du site n'a pas de contrôle sur les sites qui pointent vers chez lui. En revanche, ils pénalisent les sites qui pointent vers des sites de mauvaise qualité, car les liens externes sortants sont choisis par le propriétaire du site. Soyez donc sélectif dans le choix de vos liens externes. Servez-vous de l'outil Site Explorer de Yahoo! pour savoir si un site fait partie d'une ferme de liens malfamée.

4. **Envoyez un message personnalisé à l'éditeur du site par e-mail ou par le biais d'un formulaire.** Si vous le contactez par e-mail, le message doit provenir d'une adresse de messagerie de votre société et non pas d'un professionnel du référencement.

   Après avoir sélectionné les sites auxquels demander des liens entrants, il vous reste à trouver un formulaire ou une adresse e-mail pour effectuer cette démarche. J'ai l'habitude d'enregistrer dans une feuille de calcul Excel les URL, adresses e-mail et/ou URL de formulaires et dates d'envoi pour le suivi de mes démarches. Si vous trouvez le nom du responsable, adressez-vous à cette personne par son nom.

5. **Soyez toujours courtois et sincère.** Démontrez au propriétaire du site que vous possédez du contenu qui pourrait intéresser ses visiteurs. De plus, prouvez-lui que vous avez lu ses pages web. Si vous avez trouvé ses informations particulièrement utiles, précisez pourquoi. Mentionnez l'URL ou le titre de la section qui a retenu votre attention. Il est inutile de mentir ou de flatter votre interlocuteur juste pour obtenir un lien, car la flagornerie se détecte facilement. Informez l'éditeur du site à propos de votre contenu et expliquez comment il complèterait le sien dans l'intérêt de ses visiteurs.

6. **Fournissez toutes les indications nécessaires pour établir un lien pointant vers votre site, afin de rendre cette tâche aussi simple que possible.** Proposez un titre, un descriptif et une URL. Vous n'êtes pas obligé de reprendre le titre et la description définis dans vos balises title et méta. Je recommande plutôt de copier le style d'écriture du site web, de sorte que le lien proposé s'harmonise avec le reste du site.

7. **Effectuez le suivi de vos démarches.** Si l'éditeur du site ajoute votre lien entrant, remerciez-le. S'il ne le fait pas tout de suite, relancez-le une ou deux fois. Si vous refaites la demande de lien plusieurs fois, tâchez de la reformuler un peu.

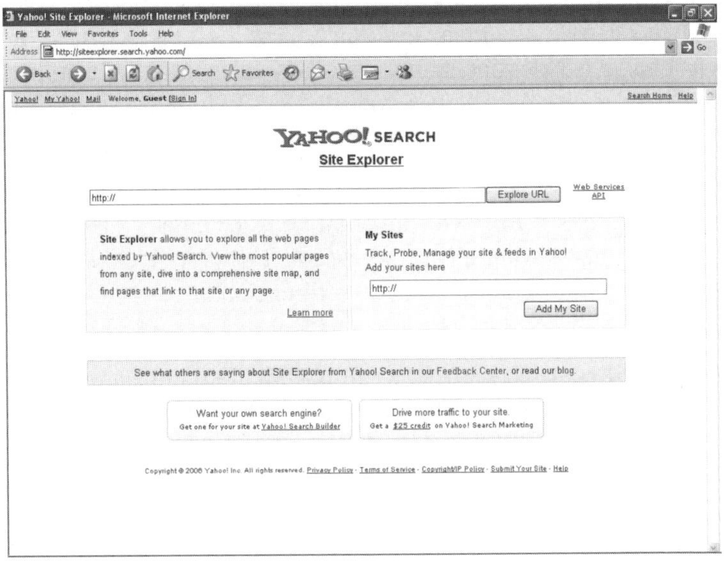

Figure 4.6

Site Explorer sur Yahoo! est un outil parfait pour avoir un aperçu des liens pointant vers un site web.

Figure 4.7

Tapez l'URL du site d'un concurrent ou d'un site auquel demander un lien entrant, puis cliquez sur le bouton Explorer l'URL.

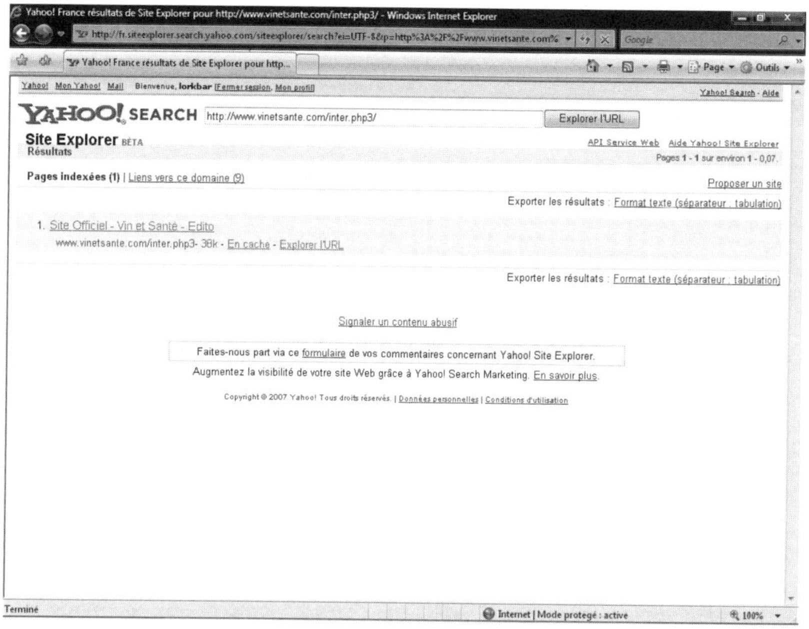

Figure 4.8

La page de résultats affiche une URL (ou une liste d'URL si vous avez tapé l'adresse d'une page d'accueil). Ces résultats vous indiquent d'où proviennent les liens externes pointant vers l'URL saisie en requête. Cliquez sur le lien intitulé Liens vers ce domaine.

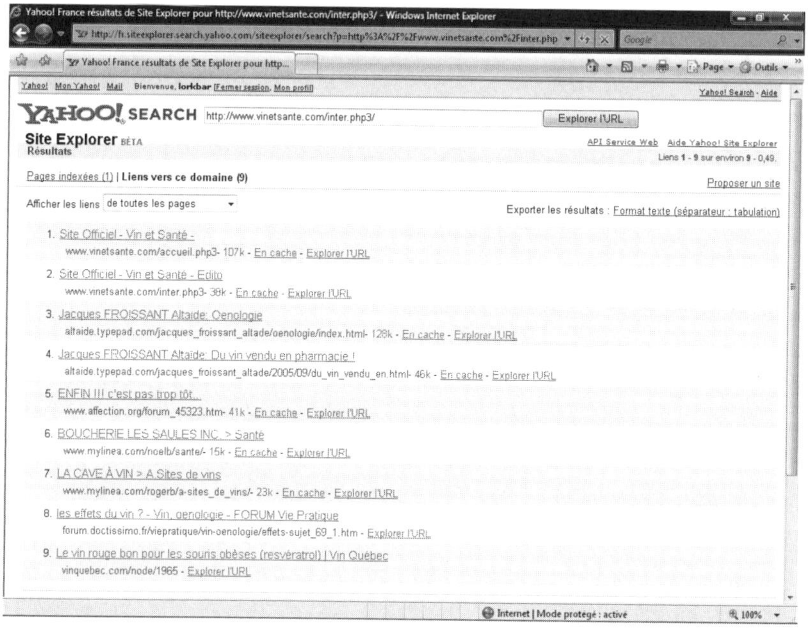

Figure 4.9

La page de résultats affiche les liens internes (navigation et renvois) et les liens externes. Seuls les liens externes vous intéressent.

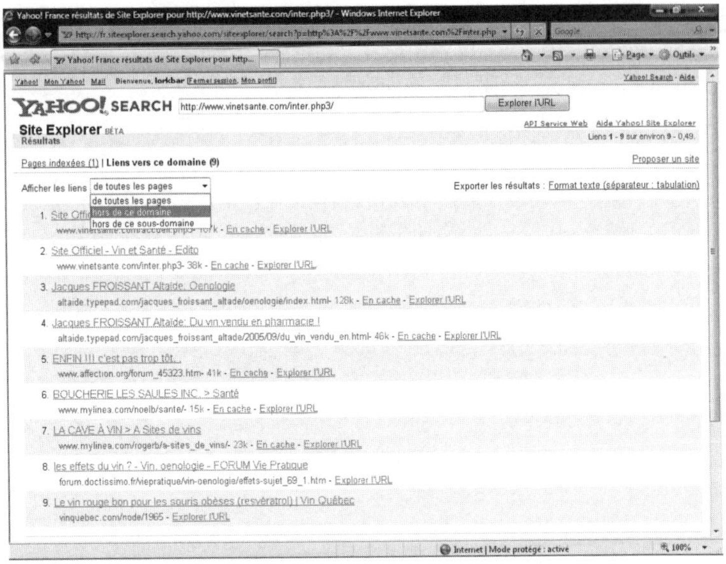

Figure 4.10

Dans le menu Afficher les liens, sélectionnez l'option Hors de ce domaine.

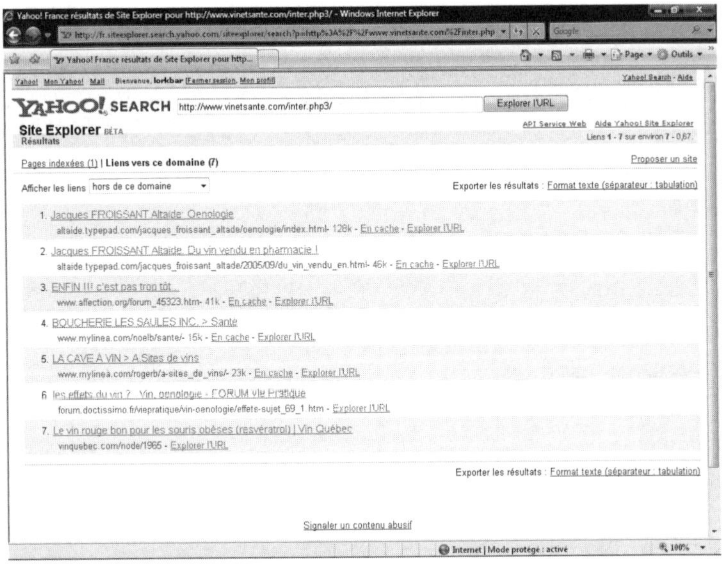

Figure 4.11

Vous obtenez la liste des liens entrants.

Restez toujours courtois. Si l'éditeur d'un site a réellement l'intention d'ajouter un lien vers chez vous, il le fera certainement au bout de la troisième demande.

En règle générale, si l'éditeur d'un site apprécie vraiment votre contenu, vous n'êtes pas obligé d'ajouter un lien vers chez lui en échange, surtout si vous n'avez pas la certitude que ce lien ne vous vaudrait aucune pénalité (en cas de techniques de référencement douteuses dans le site de destination). Quoi qu'il en soit, tous les sites web devraient avoir une section Liens et/ou Ressources pour favoriser l'échange de liens et pour compléter le contenu proposé sur le site.

Par exemple, sur un site de webdesign, il est judicieux de proposer des liens vers des banques d'images. Les graphistes et les webdesigners utilisent couramment ce genre de photos, alors que les sites de webdesign en vendent rarement.

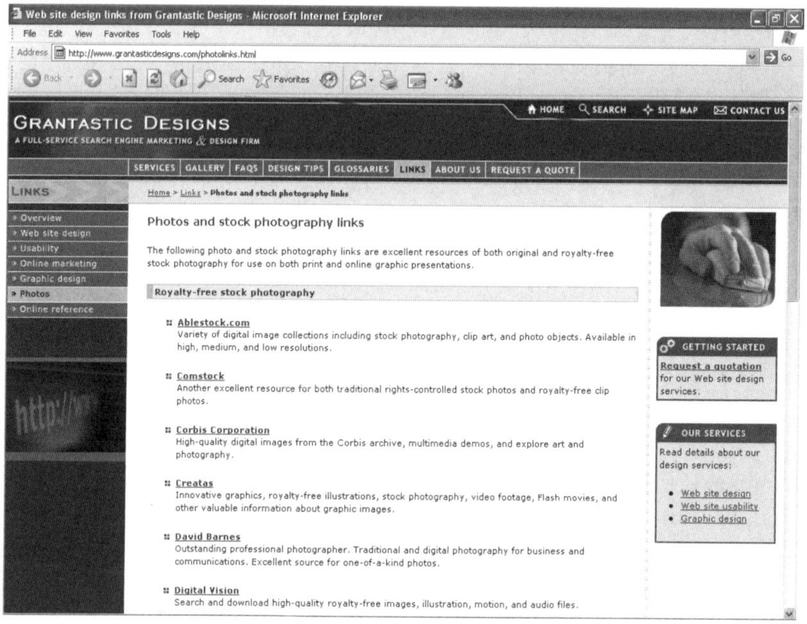

Figure 4.12

Exemple de page avec des liens vers des banques d'images et d'autres ressources utiles aux visiteurs.

Demandes de lien entrant légitimes et abusives

Du fait que les liens entrants jouent un rôle fondamental dans l'optimisation pour les moteurs de recherche, nombre de référenceurs sans scrupules ont mis au point des réseaux complets de sites web médiocres dans le seul objectif d'augmenter l'indice de popularité. Voici comment différencier une demande de lien entrant légitime d'une tentative de spam :

- **Le site demandant un lien est hors sujet.** Recevez-vous des demandes de liens émanant de sites dont le contenu n'a aucun rapport avec le vôtre ? Par exemple, ce livre est associé à un site web (www.searchenginesbook.com), et je reçois constamment par le biais de son formulaire de contact des demandes de liens pour des sites marchands et divers sites d'informatique. En bref, je reçois des milliers de demandes de liens pour des sites sans rapport aucun avec l'optimisation pour les moteurs de recherche. Les référenceurs ont l'habitude d'envoyer un message standard dès qu'ils voient un bon PageRank (note de 1 à 10) dans la barre d'outils Google. Ne répondez pas aux messages impersonnels et refusez d'ajouter des liens vers des sites qui n'offrent pas de contenu original et utile pour votre cible.
- **La réciprocité est obligatoire.** Je pense que les liens réciproques et les cercles d'affiliation (*webrings*) ne sont pas une bonne stratégie. Si je trouve utile le contenu d'un autre site, je vais mettre un lien vers ce site, sans exiger un lien entrant en contrepartie. Donc, quand l'éditeur d'un site web me refuse un lien entrant s'il n'y a pas réciprocité, je me dis qu'il n'a pas trouvé mon site si utile que ça.
- **La demande de lien provient d'un concurrent.** Il semble parfois que les référenceurs manquent de bon sens dans leurs tentatives de mise en place de liens. Qui pourrait avoir envie de proposer des liens vers les sites concurrents et les aider ainsi à améliorer leur indice de popularité ? Il peut y avoir des exceptions pourtant. Si un site voisin propose un bulletin d'information de qualité qui n'entre pas en concurrence directe avec vos produits et services, vous pourriez choisir de pointer vers cette section parce que les bulletins d'information contiennent des renseignements fiables sur un sujet précis. Vous éviterez bien sûr de pointer vers des sites qui pratiquent le référencement abusif, car cela nuirait à votre indice de popularité.

- **Il est clair que la personne demandant un lien n'a pas lu le contenu de votre site.** Beaucoup de demandes de liens pour le site web de mon livre proviennent de sociétés spécialisées dans les logiciels de vérification du positionnement web. Or, j'indique très clairement dans mon livre et sur le site que je n'utilise pas ni ne soutiens ce type de logiciels. Il est donc évident que les personnes qui envoient ce genre de demandes n'ont pas lu mes pages. Quand vous faites une demande de lien, il faut prouver à votre interlocuteur que vous avez lu son site.
- **La demande de lien mentionne le PageRank.** Je comprends que l'idée de bénéficier d'un lien entrant de bonne origine soit tentante. Qui refuserait une telle aubaine ? Mais le PageRank n'est pas à l'abri des manipulations. Parfois, un bon PageRank est le résultat d'un système de fermes de liens, ce qui est une technique frauduleuse.

  Examinez à fond le site doté d'un bon PageRank. Si le site semble mal conçu et traite de sujets divers sans rapport entre eux, la bonne note vient sans doute d'une ferme de liens. Par ailleurs, il y a de nombreux sites web avec un mauvais PageRank qui génèrent de très gros chiffres d'affaires. Parallèlement, certains sites avec un bon PageRank génèrent très peu ou pas du tout de revenus. En clair, on ne peut pas se baser sur une note de 1 à 10 pour prévoir le succès commercial d'un site web.

Ces règles ne sont pas infaillibles, mais elles m'ont aidée à faire le tri dans les demandes de lien injustifiées.

Référencement dans les moteurs de recherche

Les recommandations ne sont pas les mêmes pour faire référencer un site dans les annuaires et dans les moteurs de recherche. Avec les annuaires web, un éditeur humain examine votre site et le classe dans la rubrique la plus appropriée. Avec les moteurs de recherche, il n'y a ni intervention humaine ni rubriques. D'ailleurs, au bout d'un certain temps, les moteurs de recherche découvrent eux-mêmes les sites adaptés aux robots sans qu'il soit nécessaire de faire une demande de référencement.

Les robots d'indexation démarrent leurs explorations à partir de listes de serveurs très fréquentés : principaux portails, sites de fournisseurs d'accès Internet (FAI) et annuaires tels que DMOZ Open Directory Project. Les principaux annuaires étant un point de départ pour les robots, la soumission du site auprès des annuaires est la première étape pour parvenir à le faire référencer dans les moteurs de recherche. Une fois présent dans les annuaires, le site gagne en popularité, ce qui améliore sa visibilité dans les moteurs de recherche.

Planifier une campagne de référencement dans les moteurs de recherche

Les éditeurs de sites web ont tendance à croire qu'ils obtiendront le maximum de visibilité sur le Web si toutes les pages de leur site apparaissent en bonne position dans les résultats de recherche. Ils ont tort. Il n'est pas nécessaire d'optimiser toutes les pages d'un site web pour le rendre visible dans les moteurs de recherche. En réalité, pour le site d'une PME, il suffit de vingt à vingt-cinq pages bien optimisées, tandis qu'un gros site se contentera de deux cents pages optimisées au maximum.

Dans l'idéal, personne ne devrait avoir besoin de soumettre des URL aux moteurs de recherche du Web. Leurs robots sont censés découvrir tout seuls les nouveautés sans intervention humaine.

En règle générale, si un site web est facile d'accès pour les robots grâce à sa structure d'URL, son système de navigation et ses liens internes horizontaux et verticaux, et qu'il bénéficie de liens entrants de bonne origine, alors il est inutile de le soumettre aux moteurs de recherche, puisque le référencement se fera naturellement.

Si l'éditeur d'un site se rend compte qu'il a du mal à attirer les robots ou qu'il lui faut soumettre le plan du site (*sitemap*) ou participer à un programme de référencement payant pour faire venir les robots, c'est signe que l'architecture et l'interface du site sont mal conçues. Il se pourrait aussi que le site n'ait pas assez de liens entrants pour favoriser l'exploration en profondeur par les robots.

Dans un cas comme dans l'autre, les utilisateurs finaux (futurs clients ou éditeurs d'annuaires web) ne trouvent pas le site convivial. Les informations recherchées et les incitations à l'action sont peut-être difficiles à trouver. Les éléments de navigation pourraient manquer de clarté à cause d'éléments à cliquer qui ne se distinguent pas du reste ou d'éléments ordinaires ressemblant à des liens. En bref, il se pourrait que le site ne parvienne pas à mettre en évidence les informations recherchées par les visiteurs et par les robots.

Il est plus fréquent qu'on ne l'imagine de se rendre compte d'une telle situation après la construction du site. Si un site web accueille des milliers ou des millions de visiteurs par jour sans être visible dans les moteurs de recherche, on peut s'interroger sur l'efficacité de ces moteurs. Dans ces conditions, les moteurs de recherche devraient modifier leur fonctionnement ou faire des exceptions pour les site d'une convivialité incontestable.

Ce raisonnement me fait halluciner. Pourquoi ? Je n'aurais jamais l'audace de demander au *Wall Street Journal* de publier l'un de mes articles en première page, tous les jours, et de fournir un lien vers mon site web. Je doute qu'une grande entreprise de renom se permettre pareille audace. Et pourtant, les personnes qui travaillent pour ces grands groupes n'hésitent pas à faire la même demande auprès des moteurs de recherche.

Si votre patron ou votre client insiste lourdement pour que vous demandiez le référencement du site, les pages que vous soumettrez aux moteurs de recherche sont la page d'accueil, le plan ou l'index du site et des pages bien optimisées. Certains moteurs de recherche ont seulement besoin de l'URL de la page d'accueil pour laisser les robots explorer le reste du site en suivant les liens de la page d'accueil, des systèmes de navigation et des renvois internes. Il est important que la page d'accueil soit correctement optimisée.

Pour favoriser la visibilité dans les moteurs de recherche, vos pages web doivent contenir des mots et expressions clés stratégiquement placés. Pour rappel, les mots clés doivent se trouver dans :

- le titre des pages ;
- le corps de texte visible ;
- les liens textuels (ou à proximité) ;
- les balises meta ;

- le texte de remplacement des images ;
- les URL (sous-domaine, sous-répertoire et/ou noms de fichiers).

Le contenu des balises du titre, du corps de texte visible et des liens textuels a le statut de texte principal parce que tous les principaux moteurs de recherche accordent une certaine importance à ce texte. Le contenu des balises meta, le texte de remplacement et le texte des URL est considéré comme texte secondaire parce que certains moteurs de recherche n'en tiennent pas compte dans le calcul du classement.

Pour garantir que les robots seront en mesure d'accéder à vos pages optimisées, il faut prévoir plusieurs moyens d'accès. La présence de renvois internes sélectionnés avec soin profite aussi bien aux visiteurs qu'aux robots. Si la mise en place de renvois internes vous semble trop difficile ou trop longue à réaliser, optez pour la création et la soumission d'un plan du site pour faciliter l'accès des robots à certaines pages internes. Sachez, toutefois, que le plan du site sert souvent de solution de secours pour compenser les effets d'une mauvaise architecture de l'information. Soyez prêt à repenser l'interface et l'architecture d'information de votre site s'il s'avère que le plan du site est le seul moyen qu'ont les robots d'accéder à votre contenu.

Avec le système de référencement gratuit, il faut compter plusieurs semaines ou plusieurs mois avant de voir apparaître les pages dans les résultats de recherche. Si votre campagne de webmarketing est limitée dans le temps, vous aurez intérêt à recourir aux programmes de référencement payant et de publicité dans les moteurs de recherche pour obtenir des résultats plus rapides.

Pour tirer profit du référencement payant et des publicités facturées au clic, gardez à l'esprit les caractéristiques de ces programmes. Les pages proposées pour le référencement payant doivent être parfaitement optimisée pour obtenir une bonne position. Pour le référencement payant, vous sélectionnerez les pages les mieux optimisées et les mieux ciblées.

Pour que les publicités payées au clic dans les moteurs de recherche se révèlent rentables, il faut au préalable analyser et sélectionner les mots clés avec soin, puis rédiger une série d'accroches publicitaires. La conception et la sélection des pages de chute pour les publicités sont essentielles. Prévoyez le contenu des pages de chute et composez une série d'accroches *avant* de souscrire à une formule de publicité facturée au clic.

Vérifications avant la soumission auprès d'un moteur de recherche

Pour éviter d'éventuels soucis avec le recensement et l'indexation, la livraison de contenu redondant, les pénalités dues au spam et la perte de temps et d'effort, répondez aux questions suivantes pour vous assurer que votre site est prêt à être soumis.

☐ Oui ☐ Non Le contenu de vos pages web est-il susceptible d'intéresser votre cible ?

☐ Oui ☐ Non Vos pages contiennent-elles du texte soigneusement rédigé autour des mots clés ou seulement des phrases très générales ?

☐ Oui ☐ Non Chaque page est-elle optimisée pour au moins trois à cinq mots clés ?

☐ Oui ☐ Non Utilisez-vous des mots clés spécifiques à une zone géographique, s'il y a lieu ?

☐ Oui ☐ Non Utilisez-vous les variantes les plus courantes de vos mots-clés, d'après votre étude de mots clés ?

☐ Oui ☐ Non Chaque page optimisée est-elle dotée d'un titre distinct ?

☐ Oui ☐ Non Lorsque la situation s'y prête, utilisez-vous des mots clés en combinaison idéale dans les titres de pages ?

☐ Oui ☐ Non Les mots clés les plus importants apparaissent-ils dans la première hauteur d'écran de chaque page optimisée ?

☐ Oui ☐ Non Y a-t-il des mots clés dans les liens textuels chaque fois que c'est possible ?

- ☐ Oui ☐ Non Dans chaque page optimisée, y a-t-il au moins une incitation à l'action qui se justifie ?
- ☐ Oui ☐ Non Avez-vous rédigé une liste distincte de mots clés pour la balise meta de chaque page optimisée ?
- ☐ Oui ☐ Non La balise meta keywords de chaque page contient-elle des mots et expressions clés qu'on retrouve dans le texte visible de la page ?
- ☐ Oui ☐ Non Avez-vous inclus aux balises meta keywords des variantes des mots clés avec des fautes de frappe courantes ?
- ☐ Oui ☐ Non Y a-t-il dans vos images du texte de remplacement avec des mots clés descriptifs quand leur présence se justifie ?
- ☐ Oui ☐ Non Y a-t-il deux systèmes de navigation du site, l'un pour les visiteurs et l'autre pour les robots ?
- ☐ Oui ☐ Non Y a-t-il un plan ou un index du site pour orienter les visiteurs et les robots ?
- ☐ Oui ☐ Non Si le site comporte des cadres, le système de navigation se trouve-t-il à l'intérieur ou en dehors du jeu de cadres ?
- ☐ Oui ☐ Non Si le site utilise du code JavaScript, l'avez-vous mis dans un fichier .js externe ?
- ☐ Oui ☐ Non Si le site utilise du code CSS, l'avez-vous mis dans un fichier .css externe ?
- ☐ Oui ☐ Non Y a-t-il des redirections dans le site ? Auquel cas, avez-vous défini des exclusions aux robots ou une redirection 301 sur les pages qui redirigent ? Les robots référencent l'URL de destination en cas de redirection.

☐ Oui ☐ Non Vos pages web les plus importantes se trouvent-elles dans le répertoire racine (avec la page d'accueil) sur le serveur web ? Ou si les URL sont générées dynamiquement, les pages les plus importantes ont-elles une URL aussi concise et facile à interpréter que possible ?

☐ Oui ☐ Non Votre fichier robots.txt se trouve-t-il dans le répertoire racine sur le serveur web ? Avez-vous pensé à l'y mettre avant de transférer les pages sur le serveur ?

☐ Oui ☐ Non Utilisez-vous des sous-domaines ou sous-répertoires, et le contenu de chacun d'eux est-il unique et suffisamment volumineux ?

☐ Oui ☐ Non Si vous soumettez des pages à des moteurs de recherche pour d'autres pays, sont-elles rédigées dans la langue qui convient ?

☐ Oui ☐ Non Si votre budget le permet, allez-vous proposer des pages optimisées pour un programme de référencement payant ?

☐ Oui ☐ Non Si vous avez recours à des formules de positionnement payant publicitaire, avez-vous soigné l'étude et la sélection des mots clés que vous allez acheter ?

☐ Oui ☐ Non Avez-vous attribué aux pages des titres faciles à mémoriser et contenant des mots clés quand c'est possible ?

☐ Oui ☐ Non Avez-vous créé et sélectionné une série de pages de chute pour les liens publicitaires du positionnement payant ? Si les pages de chute ne contiennent rien de valorisant, avez-vous défini le protocole d'exclusion aux robots pour ces pages ?

☐ Oui ☐ Non Proposez-vous le même contenu aux visiteurs et aux robots ? (La seule exception à cette règle sont les sites qui participent à des programmes de flux RSS).

Entre le moment où vous envoyez le formulaire de soumission et le moment où les pages sont intégrées à l'index, il se passe un certain délai. Donc, vous ne constaterez aucun changement dans les statistiques de votre site avant l'expiration de ce délai.

Logiciels de vérification du positionnement

Les référenceurs aiment bien vérifier le positionnement au moyen d'un logiciel de requêtes automatisées pour voir si une page a été ajoutée à l'index et quel classement elle obtient.

Hélas, les moteurs de recherche n'apprécient pas cette pratique. L'objectif premier de cette pratique est de bricoler le site de manière à améliorer son positionnement et non pas à satisfaire les visiteurs. De plus, l'emploi de ces logiciels de vérification automatisée entraîne une lourde charge de traitement sur les serveurs des moteurs de recherche. Pour ces raisons, plusieurs moteurs ont tenté d'interdire ou de limiter l'emploi de ces logiciels.

Les référenceurs ont tort de se concentrer uniquement sur le positionnement au lieu d'appréhender l'ensemble des techniques de webmarketing d'un site et de voir comment elles s'influencent mutuellement. Obtenir la première position ne sert à rien si la cible ne clique pas sur les liens vers le site pour s'y transformer en client. Par ailleurs, une bonne position dans les moteurs de recherche ne suffit pas à provoquer le comportement souhaité chez les internautes, ni à indiquer ce qui fait obstacle à ce comportement. Au lieu de s'acharner sur les premières positions, les webmarketeurs feraient mieux de consacrer plus de temps et de budget à mesurer et à analyser le comportement des visiteurs du site.

En conclusion, ne comptez pas sur les logiciels de vérification du positionnement pour évaluer l'efficacité d'une campagne de marketing axée sur les moteurs de recherche. Tâchez plutôt d'analyser les statistiques du site pour voir comment la cible trouve le site et l'utilise.

Réitérer la soumission d'un site

Si votre site est référencé dans les principaux annuaires web, les robots des moteurs de recherche trouveront les pages ajoutées ou mises à jour sans qu'il soit nécessaire de refaire une soumission.

Cette démarche est donc inutile, mais elle informe les moteurs de recherche et les éditeurs d'annuaires que vous avez apporté du changement dans votre site.

Les robots d'indexation devraient trouver les ajouts dans votre site chaque fois qu'ils le revisitent. Le système est différent avec les annuaires web. Rappelez-vous, les éditeurs traitent des centaines de demandes de référencement par jour. Il est donc peu probable qu'ils remarquent de subtiles modifications dans votre site. Par conséquent, si vous avez changé d'activité ou modifié le nom de la société ou le nom de domaine, ou si votre site n'est pas classé dans la bonne rubrique, il est important de refaire la soumission du site pour actualiser ses références dans les annuaires.

Modifier un référencement dans un annuaire

Une fois votre site référencé dans un annuaire web, vous ne devriez pas avoir à demander de modification à moins qu'il n'y ait eu un changement dans le nom de la société ou du domaine ou dans l'URL de la page d'accueil. Vous pourriez aussi demander un rectificatif si votre société cesse de commercialiser un produit ou service mentionné dans la description du site. Dans ce cas, les éditeurs de l'annuaire s'empresseront de retoucher la description puisqu'elle ne correspond plus fidèlement au contenu du site. Les éditeurs acceptent les modifications quand il s'agit d'améliorer la fiabilité des informations qu'ils fournissent.

L'une des modifications les plus simples à demander est celle d'un référencement régional. Si votre site est référencé dans une rubrique régionale et que le siège social a déménagé dans une autre région, les éditeurs retouchent volontiers votre référencement pour classer le site dans la rubrique régionale qui convient. Si vous modifiez l'adresse postale dans votre site web, un éditeur d'annuaire pourrait s'en rendre compte et changer de rubrique régionale de sa propre initiative sans que vous n'ayez à intervenir. Toutefois, vous aurez intérêt à signaler ce changement tout de suite au lieu d'attendre qu'un éditeur s'en aperçoive peut-être.

Le fichier journal dans lequel vous avez consigné toutes vos démarches auprès des annuaires vous aidera à faciliter les demandes de modification.

Si vous avez noté un numéro de dossier, la date de la première soumission et tout autre renseignement utile, les éditeurs de l'annuaire pourront trouver plus rapidement votre site dans leurs listes pour y effectuer les modification suggérées.

Si un annuaire web présente un formulaire de modification, remplissez le formulaire exactement comme il est indiqué. Si l'annuaire propose dans son formulaire un service payant pour le traitement express des demandes de modification et que ces frais entrent dans votre budget, n'hésitez pas car votre demande aboutira plus vite.

Le traitement express des modifications n'est pas disponible dans tous les annuaires. Il vous faudra donc faire preuve de patience avant de voir les changements pris en compte dans certains annuaires. Je vous rappelle que garder des notes à propos de vos démarches auprès des annuaires est essentiel pour faciliter vos demandes.

Pour être référencé dans un annuaire web, votre site doit d'abord être vérifié et accepté par un éditeur puis intégré à la base de données. Le délai d'inscription dans un annuaire gratuit est généralement de trois à quatre semaines, mais ça peut aller jusqu'à quatre mois.

Si votre demande de modification n'a pas été appliquée au terme du délai prévu, renvoyez un formulaire. Attendez encore trois à quatre semaines pour laisser aux éditeurs le temps de vérifier et de traiter les modifications demandées.

Si jamais votre demande restait sans réponse après trois soumissions successives, contactez par e-mail un représentant de l'annuaire. Juste après l'envoi de la troisième demande de modification, écrivez à l'éditeur concerné. La Figure 4.13 présente un exemple de courrier adressé à Yahoo! pour demander de changer la rubrique et le descriptif du site fictif Nos vins bio.

La demande de modification devrait être envoyée par la personne qui a effectué la demande de référencement à l'origine. Si une autre personne se charge de demander les modifications, pensez à mentionner au début du message le nom et l'adresse e-mail de la première personne. Faites savoir aux éditeurs que vous êtes désormais en charge du site web.

À : fr-express@yahoo-inc.com

Cher Yahoo,

Je vous contacte à propos de l'URL suivante :

http://www.nosvinsbio.com/

Dans votre annuaire, le titre du site est "Vin biologique de Nos vins bio" et la demande de référencement express porte le N° XXXXXXX. Son descriptif actuel est le suivant :

Distributeur de vin bio, spécialisé dans la vente à prix de gros de champagne, vin rouge et vin blanc en bouteille et en cubi.

Le site est actuellement classé dans la rubrique

France > Régions > Centre > Commerce et économies > Sociétés

J'ai complété votre formulaire de modification selon les instructions de Yahoo aux dates suivantes :

JJ/MM/AA première soumission

JJ/MM/AA deuxième soumission

JJ/MM/AA troisième soumission

Sachant que Yahoo tient à l'exactitude des informations présentées dans l'annuaire, je voudrais m'assurer que les références à mon site sont exactes.

La rubrique actuelle ne convient plus pour mon site du fait que nous avons déplacé le siège social d'Amboise à Montbéliard. La nouvelle adresse est indiquée dans nos pages La société Nos vins bio et Où nous trouver. Nous souhaiterions désormais voir notre site classé dans la rubrique suivante :

France > Régions > France-Comté > Commerce et économies > Sociétés

Par ailleurs, notre société ne distribue plus de champagne biologique, c'est pourquoi son descriptif n'est plus d'actualité. Il conviendrait de remplacer le descriptif par ceci :

Distributeur de vin bio, spécialisé dans la vente à prix de gros de vin rouge et vin blanc en bouteille et en cubi.

Les modifications ont bien sûr été intégrées dans tout le site, et les pages relatives au champagne ne sont plus accessibles.

Je vous remercie de bien vouloir prendre en compte les modifications qui s'imposent pour la référence à notre site dans votre annuaire.

Cordialement,

Nadine Duchemin, directrice marketing

Nos vins bio

info@nosvinsbio.com

Figure 4.13

Exemple de message suggérant des modifications dans le guide Yahoo!.

Service de modification gratuit

Vérifiez régulièrement les statistiques de votre site web ou allez voir directement dans l'annuaire pour savoir si votre demande de modification a été prise en compte. Si votre demande est restée sans effet après trois à quatre semaines, réitérez-la. Gardez trace des dates de soumission, rubriques, descriptions et titres.

Si les modifications n'apparaissent pas dans l'annuaire après l'envoi de trois demandes, relancez par e-mail un représentant de l'annuaire.

Service de modification payant

Si votre budget autorise des frais de référencement, optez pour cette formule quand vous avez besoin de faire changer vos références dans un annuaire. Le résultat sera beaucoup plus rapide.

En cas de refus

Les demandes de référencement sont refusées pour diverses raisons : le site a été soumis dans la mauvaise rubrique, son contenu manque d'originalité, le serveur web était hors service quand l'éditeur a tenté de le vérifier, il reste des pages inachevées ou son descriptif ne correspond pas au contenu.

Si votre demande de référencement est refusée, tâchez de savoir pourquoi. Il sera plus facile de faire appel si vous avez identifié les raisons qui ont motivé le refus. Si votre site a été refusé à cause de la présence de pages inachevées, il est facile de les supprimer.

Tous les refus ne sont pas aussi simples à contester. Je vous cite l'exemple d'un site web contenant un glossaire original composé d'un millier de définitions. Le contenu était vraiment original et utile parce qu'il traitait d'un domaine très spécifique et que ses définitions ne se trouvaient pas dans les autres glossaires référencés dans l'annuaire. Après référencement du site, le propriétaire a soumis le glossaire dans une autre rubrique. La Figure 4.14 présente un extrait d'un courrier de Yahoo! expliquant pourquoi la demande a été refusée.

Si votre demande est refusée, vous avez en général trente jours pour contester cette décision. Surtout restez courtois quand vous faites appel par e-mail. Vous vous adressez à une personne humaine, personne qui agit dans l'intérêt des usagers de l'annuaire. Si votre demande a été rejetée, il y a de bonnes raisons à cela, même si vous n'êtes pas d'accord.

La Figure 4.15 présente un message d'exemple que nous avons aidé un client à écrire pour faire appel d'un refus de référencement supplémentaire dans le guide Yahoo!. Après réception du message, le guide Yahoo! a accepté notre demande de référencement supplémentaire.

Nous avons le regret de vous informer de notre décision de ne pas inclure votre site au Guide Yahoo! France. L'URL semble appartenir à un site plus volumineux qui est déjà référencé dans notre annuaire. Après examen de votre URL et de l'URL du site, nous avons déterminé que la référence déjà présente est suffisante pour permettre aux utilisateurs de trouver votre site.

Les conditions d'utilisation du service Yahoo! Express stipulent qu'afin d'être inséré dans le Guide Yahoo! France, un site doit répondre au moins au critère suivant :

"Le contenu du site doit être suffisamment développé pour clairement définir son objet, étant précisé que les sous-pages ne sont pas référencées à moins qu'elles ne proposent un contenu conséquent et suffisamment indépendant du site fédérateur." En général, plutôt que de référencer chaque page individuellement, nous tentons de trouver la page centrale d'un site, et c'est vers cette page que nous dirigeons les utilisateurs. Nos utilisateurs apprécient cette pratique, car cela leur évite de trier parmi plusieurs références d'un même site. Cette pratique met votre site en valeur puisqu'il évite ainsi de se trouver noyé parmi les multiples références d'autres sites.

Si vous avez des questions, ou souhaitez que notre décision soit reconsidérée, veuillez nous contacter en répondant à ce message dans un délai de trente jours.

Figure 4.14

Extrait d'un courrier de refus de la part du guide Yahoo!.

Cher Yahoo,

J'ai le regret d'être en désaccord avec votre évaluation de l'URL suivante et souhaiterais que Yahoo revienne sur sa décision :

<url:http://www.nomcompagnie.com/page.html>

Notre demande de référencement express a été soumise sous le N° XXXXXXX.

La raison invoquée pour le refus de référencement est la suivante :

> Le contenu du site doit être suffisamment développé pour clairement définir son objet, étant précisé que les sous-pages ne sont pas référencées à moins qu'elles ne proposent un contenu conséquent et suffisamment indépendant du site fédérateur.

Avant de soumettre cette URL à votre examen, j'ai pris soin de vérifier le contenu de la rubrique. Il n'y a aucun glossaire s'adressant à (*cible*) dans cette rubrique. J'ai cliqué sur toutes les URL de la rubrique pour m'assurer que le contenu de mon URL présente de nouvelles informations par rapport à ce qui existe déjà.

Par ailleurs, je constate des incohérences par rapport à la raison de votre refus, notamment au sujet des URL

http:www.compagnie1.com/documentation/glossaire/

http:www.compagnie2.com/glossaire/

Pour ces deux sites, il y a à la fois la page d'accueil et la page de glossaire qui se trouvent référencées dans le Guide Yahoo, donc l'un de vos éditeurs/surfeurs semble approuver ce référencement supplémentaire. De plus, quand je lance des recherches sur "glossaire mot-clé1", "glossaire mot-clé2" et "glossaire mot-clé3", je ne trouve pas de réponse dans votre annuaire.

Compte tenu des autres références dans cette rubrique et du résultat négatif de mes nombreuses requêtes sur ce sujet particulier, j'estime que ma page apporterait de nouvelles informations utiles dans votre annuaire.

J'ai conscience que Yahoo reçoit une multitude de demandes de référencement abusives et je comprends la raison théorique de votre refus. J'espère que vous comprenez que je n'ai pas fait ma demande de référencement supplémentaire sans avoir au préalable examiné vos différentes rubriques et vérifié les sites qu'elles présentent. J'ai parcouru les autres sites proposant des glossaires pour m'assurer que le mien est vraiment différent. Mon glossaire contient un millier de définitions, alors que tous les glossaires de cette rubrique en contiennent moins de cinq cents.

Je vous prie de bien vouloir reconsidérer votre décision. J'ai vraiment procédé à toutes les vérifications nécessaire pour m'assurer que mon glossaire propose un contenu original qui profitera aux usagers du Guide Yahoo.

Je vous remercie de votre temps et de votre compréhension.

Cordialement,

Nadine Duchemin, directrice marketing

Nos vins bio

info@nosvinsbio.com

Figure 4.15

Exemple de courrier d'appel envoyé au guide Yahoo!.

N'oubliez pas que les éditeurs travaillent dans l'intérêt de leur annuaire et de ses usagers. Ils ne sont pas payés pour favoriser les intérêts de votre site web. S'ils pensent que votre demande de référencement ou de modification respecte les directives de l'annuaire, elle sera acceptée.

Redemander l'ajout d'URL dans un moteur de recherche

Comme je l'ai déjà indiqué, les moteurs de recherche avec robots trouveront les nouveautés dans votre site web sans que vous n'ayez besoin de les signaler. Il est donc rarement nécessaire d'envoyer un nouveau formulaire d'ajout d'URL.

Il arrive parfois, pour des raisons techniques, qu'une page ne soit pas intégrée à l'index d'un moteur de recherche. Si, par exemple, votre serveur était en train de redémarrer au moment où le robot explorait votre site, il n'a pas pu accéder à vos pages pendant un court instant. Les pages omises dans l'index peuvent très bien être soumises à nouveau à l'examen des robots, à condition qu'il ne s'agisse pas de pages usant de procédés de spam.

Si une page est déjà dans l'index d'un moteur de recherche, il ne faut pas la soumettre à nouveau, sauf si vous y avez apporté une mise à jour importante. Par changement important, on entend une différence visible dans le navigateur, c'est-à-dire modification du texte ou des images.

À l'opposé, une modification sans importance pour les visiteurs serait de reformuler le titre ou la description en métadonnées dans le seul but d'améliorer le positionnement de la page dans les moteurs de recherche.

Pour vérifier si vos pages web ont été ajoutées ou supprimées dans l'index d'un moteur de recherche, rendez-vous sur le site du moteur de recherche et tapez l'une des requêtes suivantes. Vous remplacerez "nomcompagnie.com" par le nom de votre domaine.

- Google

  site : www.nomcompagnie.com

- Live Search (Microsoft)

  site : www.nomcompagnie.com

- Yahoo! (Site Explorer)

  Aller sur http://siteexplorer.search.yahoo.com/

Vous pouvez aussi taper une URL complète (www.nomcompagnie.com/nompage.html ou info:www.nomcompagnie.com/nomfichier.html) pour voir si une page a été ajoutée à l'index du moteur de recherche. Si vous misez sur la visibilité de certaines pages seulement, il sera plus facile de vérifier quelques URL au lieu du site entier. La requête débutant par site: vous donnera une idée générale du nombre de pages du site incluses à l'index.

Conclusion

La mise en place de liens entrants de bonne origine est cruciale pour la visibilité du site dans les moteurs de recherche. À quelques exceptions près, les annuaires web ne vous donnent qu'une chance de faire référencer votre site correctement. Les liens entrants s'établissent dans la durée, et vous devez toujours tenter d'en gagner de nouveaux. Tant que les URL existent sur le serveur, les robots des moteurs de recherche devraient trouver vos pages sans qu'il soit nécessaire de les soumettre.

Un site web n'est jamais une œuvre figée. Il doit suivre l'évolution des technologies et des préférences des visiteurs. Grâce à une optimisation efficace et à une analyse minutieuse du trafic sur le site, on peut continuer d'améliorer son site web dans l'intérêt des visiteurs et dans la perspective d'une meilleure visibilité dans les moteurs de recherche.

5

Bonnes et mauvaises pratiques dans l'optimisation pour les moteurs de recherche

Les quatre premiers chapitres de ce livre présentent des stratégies pour la création de sites web adaptés aux moteurs de recherche. Non seulement ces stratégies favorisent-elles la visibilité du site dans les moteurs de recherche, mais en plus elles rendent le site plus facile à explorer, ce qui accroît la satisfaction des visiteurs et engendre plus de ventes. Ce dernier chapitre présente les procédés à éviter et démystifie un certain nombre d'idées reçues à propos du marketing axé sur les moteurs de recherche.

Afin de préserver la pertinence et l'exactitude des résultats, les moteurs de recherche se mobilisent contre l'emploi de tactiques d'optimisation abusives. Le *spamdexing*, couramment abrégé en spam, est le recours à des astuces non conformes pour améliorer le positionnement d'un site dans les moteurs de recherche. Concrètement, ces procédés frauduleux consistent à utiliser dans une page web des mots, du code HTML/XHTML ou des scripts qui ne sont pas destinés à améliorer le confort et la satisfaction des visiteurs.

De nombreux consultants en webmarketing et en optimisation pour les moteurs de recherche consacrent beaucoup de temps à exploiter des techniques douteuses pour améliorer le positionnement du site de leurs clients, surtout quand ceux-ci n'ont pas l'intention de modifier leur site pour le rendre plus facile d'accès pour les robots d'indexation et plus convivial pour les visiteurs. Deux raisons expliquent cette attitude. Premièrement, les éditeurs de sites ont du mal à reconnaître la présence d'anomalies dans leur site. Pour obtenir une bonne visibilité sur le Web et pour mettre le visiteur à l'aise, il est essentiel de lui proposer des repères d'orientation cohérents et des pistes vers l'information. Si un site est rentable sans répondre à ces deux critères, son éditeur estime que la rentabilité est la preuve qu'il n'y a rien à changer dans le site, ce qui en fait une proie facile pour les référenceurs aux pratiques douteuses.

Deuxièmement, très peu de développeurs web et de spécialistes en SEO ont une connaissance, une formation ou une expérience en webdesign centré sur l'utilisateur. De même, très peu d'ergonomes ont de l'expérience dans la SEO. En conséquence, les acteurs de ces deux groupes ont tous l'impression que l'optimisation pour les moteurs de recherche et la convivialité d'un site web sont en opposition. Ils arrivent souvent à la conclusion que les techniques de SEO sont appliquées au détriment de la convivialité du site et que l'optimisation a un impact négatif sur l'expérience de l'utilisateur. En réalité, rendre les produits, services et informations faciles à trouver est positif à la fois pour les visiteurs et pour la visibilité dans les moteurs de recherche. Je crois que cette méconnaissance volontairement entretenue dans les deux groupes laisse le champ libre aux webmarketeurs sans scrupules qui prolifèrent dans l'univers de la recherche d'informations.

Les pages web qui obtiennent de bonnes positions par des moyens frauduleux ont réussi à échapper au filtrage de spam des moteurs de recherche, mais leur bon positionnement n'est souvent que de courte durée.

Par ailleurs, il faut éviter les procédés frauduleux parce que les moteurs de recherche pénalisent ou bannissent définitivement de leur index des pages web (ou des sites) quand ils détectent le recours abusif aux techniques de spam. Vos concurrents ou une police anti-spam peuvent aussi repérer dans vos pages web l'emploi de techniques proscrites. Ne sous-estimez pas vos concurrents. Vous êtes en rivalité pour les mêmes positions, et s'ils peuvent éliminer votre site des meilleurs positions à cause du spam, ils n'hésiteront pas à vous dénoncer auprès des polices des moteurs de recherche.

Les sites bannis viennent rejoindre la liste noire du moteur de recherche. La seule manière de retirer votre site de la liste noire est de contacter l'équipe qui a pris la décision de bannir ou de pénaliser votre site. Ensuite, il vous reste à convaincre un membre de cette équipe que vous avez renoncé à tous les procédés frauduleux qui vous ont valu cette punition. Sachez qu'il n'est pas évident du tout de réussir à contacter la personne ou l'équipe qui a choisi de bannir votre site. Si votre site est réadmis dans l'index du moteur de recherche, il est probable que vos futures pages web seront examinées avec minutie.

À mon avis, le recours au spam est un gaspillage de temps et d'argent. Les efforts consacrés à tricher dans les moteurs de recherche seraient mieux employés à créer un site web plus efficace, un site qui plaît autant aux visiteurs qu'aux moteurs de recherche. Très peu d'éditeurs de sites, de développeurs et même d'ergonomes s'attachent à mettre en place les conditions qui rendent un site naturellement adapté aux robots. Il est regrettable que de nombreuses société de webmarketing préfèrent recourir à des astuces douteuses plutôt que de chercher à réunir ces conditions favorables.

Qu'est-ce que le spam dans les moteurs de recherche ?

Nous aimerions tous que les moteurs de recherche nous indiquent clairement ce qui constitue ou non un procédé frauduleux à leurs yeux, mais nous ne le saurons jamais. Si les moteurs de recherche publiaient une liste de toutes les techniques proscrites, les webmarketeurs sans scrupules en profiteraient pour trouver des failles à exploiter. Il faudrait alors continuellement mettre à jour les directives pour inclure les nouvelles techniques interdites. C'est pour cette raison que les moteurs de recherche choisissent de publier des directives générales sans préciser ce qui est assimilé à du spam.

Une technique de spam n'est pas frauduleuse en elle-même, c'est l'exploitation détournée d'une technique et surtout son abus qui constitue un procédé frauduleux. Autrement dit, les moteurs de recherche ne pénalisent pas systématiquement l'emploi d'une technique si elle est utilisée de façon orthodoxe. Par exemple, un site avec des couches DHTML invisibles pour ses menus déroulants, comme celui de Position Technologies (voir Figures 5.1 à 5.3), ne sera pas pénalisé à cause des couches de navigation invisibles puisque celles-ci remplissent une fonction précise qui est d'aider les visiteurs à naviguer dans le site. En revanche, si on emploie une technique de design ou de rédaction pour duper un moteur de recherche et l'induire à présenter des résultats incorrects, redondants, sans pertinence ou de qualité médiocre, le site risque de se voir pénalisé ou banni pour cause de spam.

Pour déterminer si une technique particulière de webmarketing est douteuse, posez-vous les questions suivantes :

1. Le contenu de votre site présente-t-il de l'intérêt pour votre cible et pour les visiteurs ? Peuvent-ils tirer profit de ce contenu ? (Conseils : inutile de consulter votre équipe marketing ou informatique, qui est mal placée pour évaluer objectivement l'utilité de votre contenu. Il vaut mieux consulter des tiers objectifs, tels que les visiteurs du site.)
2. Utiliseriez-vous cette technique si les moteurs de recherche généralistes n'existaient pas ?

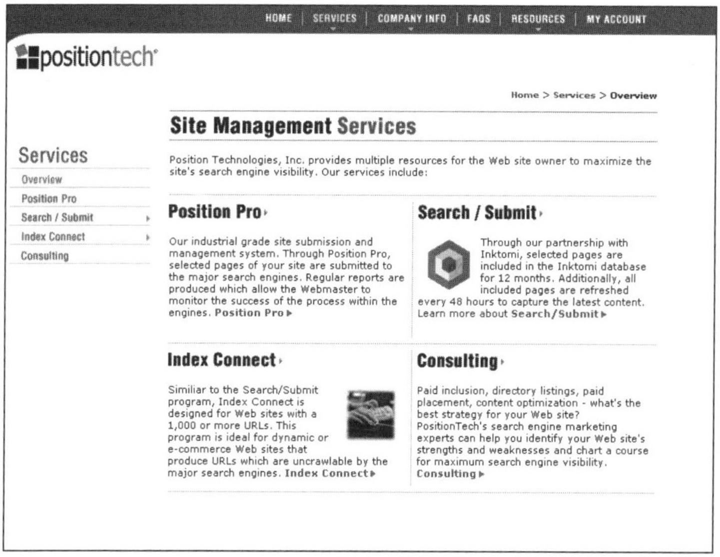

Figure 5.1

Le site web Position Technologies utilise des couches DHTML dans son système de navigation. Les menus ne sont pas visibles à l'ouverture de la page.

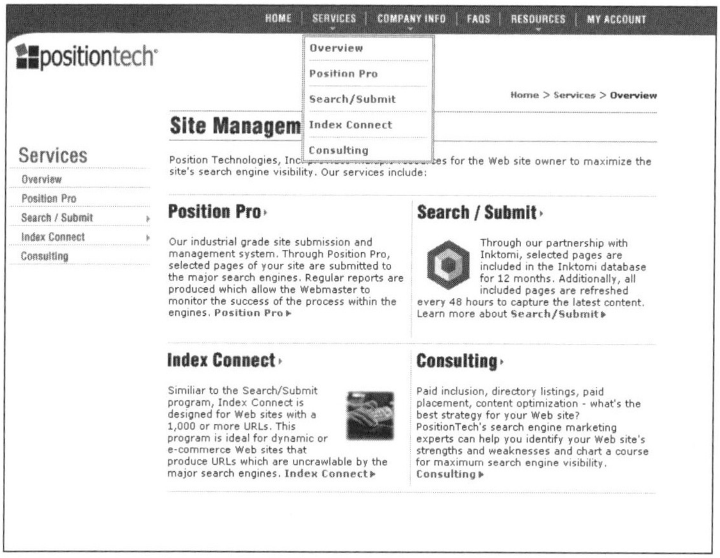

Figure 5.2

Les menus apparaissent quand le visiteur survole la barre de menus avec le pointeur. Puisque les menus sont destinés à être vus par les internautes, même s'ils sont initialement invisibles, le masquage de la couche DHTML n'est pas un procédé frauduleux.

3. Vos pages sont-elles construites principalement pour leur positionnement dans les moteurs de recherche ?

Si vous répondez oui aux deux premières questions et non à la troisième, les moteurs de recherche ne devraient avoir aucune raison de considérer comme du spam l'emploi de cette technique de design ou de rédaction.

Types de procédés frauduleux

Les moteurs de recherche du Web sont des entreprises commerciales. Ils ont donc le droit de contrôler la manière dont les informations apparaissent dans les pages de résultats. Si un site web ne respecte pas les conditions d'un moteur de recherche pour être inclus à l'index, le moteur n'est pas tenu de rendre le contenu du site disponible dans les résultats de recherche.

Si l'équipe de contrôle qualité d'un moteur de recherche s'aperçoit que le propriétaire d'un site ou qu'un référenceur tente de tricher pour faire attribuer à une page un degré de pertinence qu'elle ne mérite pas, la page ou le site entier peut être pénalisé. La plupart du temps, l'équipe de contrôle qualité va simplement modifier l'algorithme du moteur de recherche de sorte que les pages douteuses n'apparaissent plus en haut de la liste de résultats. En cas d'abus caractérisé, la page ou le site entier sera supprimé de l'index du moteur de recherche. Par conséquent, il faut éviter le recours aux procédés de spam suivants.

Exploitation de mots clés sans rapport avec le site web

Pour favoriser la visibilité dans les moteurs de recherche, les tricheurs insèrent dans les pages web des mots qui n'ont aucun rapport avec le contenu des pages. Par exemple, il est fréquent que les termes de requête les plus populaires (tels que "sexe" ou le nom d'une célébrité) soient insérés en métadonnées pour attirer des visites alors que le texte des pages traite de sujets totalement différents.

En règle générale, si un mot ou une expression clé ne figure pas dans le contenu visible d'une page, vous ne l'utiliserez pas dans les balises meta, le titre, le texte de remplacement ou dans des couches CSS.

Bourrage de mots clés

Le bourrage de mots clés (*keyword stacking*) est la répétition abusive d'un mot ou d'une expression clé dans le but de renforcer la pertinence de la page web dans les moteurs de recherche. Dans sa forme la plus simple, le bourrage de mots clés se présente ainsi :

> vin bio vin biologique vin bio vin biologique vin bio vin biologique vin bio vin biologique vin bio vin bio vin bio vin bio vin vin vin vin vin vin vin vin vin vin vin vin vin vin vin vin vin vin vin vin vin vin vin vin vin vin vin vin vin vin vin vin vin vin vin

Peu importe l'emplacement de ce texte dans la page, il sera assimilé à du spam parce que c'est du charabia servant uniquement à favoriser la pertinence sans rien apporter aux visiteurs.

Une autre variante de bourrage de mots clés (*keyword stuffing*) consiste à placer du charabia concentré en mots clés dans les balises d'images ou dans des couches CSS.

Par exemple, les tricheurs créent une petite image transparente, nommée blanc.gif, vide.gif, espace.gif ou shim.gif, d'une taille de 1 x 1 pixel à 25 x 25 pixels. Ensuite, ils insèrent une série de mots clés dans le texte de remplacement de l'image. Dans le code HTML, ce type de bourrage de mots clés se présente ainsi :

```
<img src="images/blanc.gif" alt="vin bio vin biologique
vins bio vins biologiques Vin bio Vin biologique VIN BIO
VIN BIOLOGIQUE VINS BIO" />
```

Si votre texte de remplacement d'une image ne décrit pas l'image ou décrit l'image *et* la page ou section dans laquelle elle se trouve, ce texte est du spam selon les critères des moteurs de recherche. Voici un exemple de texte de remplacement correct :

```
<img src="images/vin-blanc.gif" width="75" height="125"
alt="photo produit - vin rouge bio" />
```

Texte masqué

Pour rappel, pour que les pages web apparaissent en bonne position dans les résultats de recherche, il faut qu'elles contiennent les mots saisis en requête. Pour placer des mots dans une page sans nuire à l'esthétique du site, on peut cacher le texte en le rendant invisible.

Les mots et expressions clés masqués sont censés être visibles pour les robots mais pas pour les visiteurs.

Les tricheurs peuvent rendre le texte invisible par plusieurs procédés :

- Donner au texte la même couleur que l'arrière-plan de la page. On y parvient avec la balise `<font>`, avec des images spéciales ou avec des attributs et des couches CSS.
- Insérer le texte dans les balises de formulaires `<input type="hidden"/>` même s'il n'y a pas de formulaire dans la page.
- Insérer le texte entre les balises `<noframe>` et `</noframe>` même s'il n'y a pas de cadres dans la page.
- Insérer le texte entre les balises `<script>` et `<noscript>` même s'il n'y a pas de script dans la page. La balise `<noscript>` est prévue pour le texte qui doit s'afficher en remplacement du script s'il ne peut pas s'exécuter. Elle n'est pas destinée à servir de cachette secrète pour le bourrage de mots clés.

De façon générale, dans une page web tout ce qui n'est pas destiné à être vu ou détecté par les visiteurs est assimilé à du spam. Puisque la majorité des navigateurs peut interpréter les cadres et le code JavaScript, les balises `<noframe>` et `<noscript>` n'ont plus de raison d'être. De plus, les moteurs de recherche ont compris depuis des années que ces balises servent au bourrage de mots clés, ils accordent donc peu ou pas du tout de pertinence au texte qu'elles recèlent.

Texte minuscule

Sachant que le masquage de texte risque de pénaliser leurs pages, les tricheurs placent les mots clés au bas des pages dans une mise en forme illisible. Pour ce faire, ils attribuent au texte une toute petite taille de police et une couleur très proche de celle de l'arrière-plan.

Le texte reste visible mais difficile à distinguer. En bref, si le texte dans une page est trop petit pour être lu par les visiteurs, il est considéré comme du spam.

Liens masqués

Normalement, les liens sont prévus pour que les visiteurs cliquent dessus. Il n'y a donc pas de raison honnête de créer des liens indétectables ou difficiles à distinguer, c'est pourquoi les liens masqués sont généralement assimilés à du spam.

On peut masquer des liens par les procédés suivants :

- utiliser les mêmes attributs de police (couleur, taille, etc.) pour un lien et pour le reste du texte ;
- définir un lien sur un signe de ponctuation ;
- définir un lien dans une image transparente ;
- placer des liens dans des couches CSS invisibles (qui ne seront jamais vues par les visiteurs) ;
- insérer des centaines de liens dans une petite image.

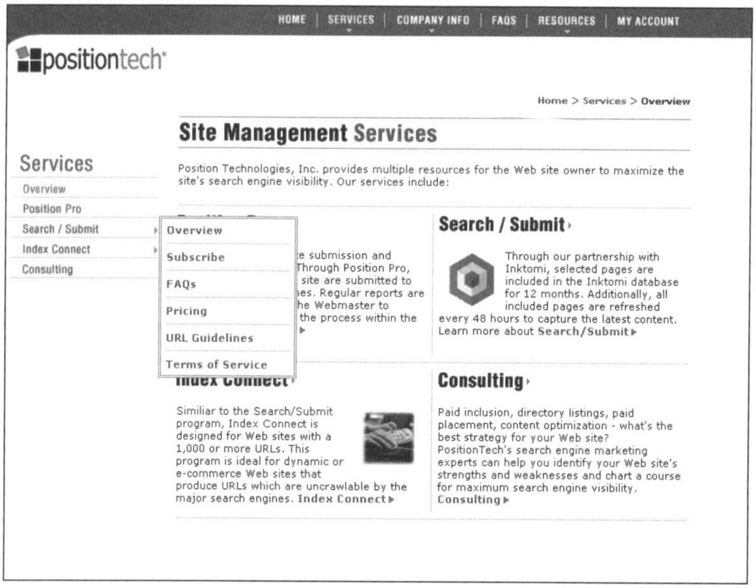

Figure 5.3

Menu déroulant servant à la navigation. Bien qu'invisible au départ, il est destiné à être vu et utilisé par les visiteurs.

Fermes de liens et cercles d'affiliation

Pour tenter d'influencer le calcul de l'indice de popularité dans les moteurs de recherche, les tricheurs créent une quantité de sites web dont le seul but est de pointer les uns vers les autres. On appelle ces sites fermes ou pépinières de liens.

Tous les moteurs de recherche stipulent que pointer vers un mauvais voisinage peut entraîner des pénalités. En effet, vous n'avez pas de maîtrise sur l'origine des liens pointant vers votre site, mais vous choisissez les sites vers lesquels pointent vos liens externes. Donc, si votre site pointe vers un site considéré de mauvais voisinage, appartenant à une ferme de liens, votre site sera pénalisé.

La création de cercles d'affiliation (*webrings*) dont le seul but est d'influencer l'indice de popularité est aussi un procédé douteux, surtout si les sites interconnectés n'ont aucun point commun. Par exemple, un site de rencontres n'a aucun rapport avec un site d'accessoires pour voitures.

En règle générale, si un lien n'est pas créé pour être lu et suivi par les internautes, il est assimilé à du spam.

Permutation de pages et piratage de contenu

La permutation de pages (*page swapping, bait and switch*) consiste à remplacer une page optimisée par une autre page avec la même URL après que la première page a atteint un bon positionnement. La référence dans l'index désigne la page optimisée, alors que les usagers du service de recherche obtiendront l'affichage de la page de remplacement.

Cette manipulation sert à garder secrètes les astuces employées dans la page d'origine pour parvenir à une bonne position.

Malheureusement, la permutation de pages va souvent de paire avec le piratage de contenu (*page jacking*). Les tricheurs repèrent une page web bien cotée et en copient le contenu. Ils se contentent le plus souvent de changer le nom de la société. La page au contenu piraté est alors soumise aux moteurs de recherche. Une fois que cette page obtient une bonne position dans les résultats de recherche, elle est remplacée par une autre page sur le serveur.

La permutation de pages peut s'appliquer à un site entier pour le référencement dans les annuaires. Dans le but d'influencer l'indice de popularité, les tricheurs soumettent aux annuaire un faux site qu'ils remplacent ensuite par un autre quand le premier a été accepté dans les annuaires.

La permutation de pages ne procure qu'un avantage provisoire. On ne sait jamais quand et à quelle fréquence les robots reviennent visiter un site. Les pages permutées ne peuvent donc pas conserver longtemps leur position usurpée.

De plus, en cas de vol du contenu d'une page web, si l'auteur de la page piratée découvre la supercherie, il peut intenter des poursuites judiciaires.

Redirections

Les tricheurs recourent aussi à la redirection pour substituer des pages web. Une *redirection* est du code placé dans la page, qui envoie le visiteur vers une autre URL au terme d'un délai spécifié, souvent de zéro seconde. L'une des techniques les plus courantes pour rediriger les visiteurs est l'emploi d'une balisc meta refresh :

```
<META HTTP-EQUIV="refresh" content="0";
URL=http://www.nomdomaine.com/autrepage.html" />
```

Les tricheurs créent une page optimisée pour une expression clé particulière et y définissent une redirection. La page optimisée est soumise aux moteurs de recherche. Si elle obtient une bonne position, les internautes qui cliquent sur le lien vers cette page sont automatiquement conduits vers une autre page, la page de destination de la redirection. La page de destination ne présente pas le même contenu et souvent ne contient pas les mêmes mots clés que la page optimisée.

Pour lutter contre cette supercherie, la plupart des moteurs de recherche n'acceptent que les redirections permanentes (HTTP 301). Le plus souvent, les moteurs enregistrent la page de destination et non pas la page d'origine de la redirection. Certains moteurs acceptent les redirections provisoires (HTTP 302), mais puisqu'elles sont exploitées malhonnêtement, je vous déconseille d'en utiliser à moins qu'elles ne soient indispensables dans une situation particulière. En clair, l'emploi de redirections 302 pour favoriser la visibilité dans les moteurs de recherche est un procédé frauduleux.

Si vous êtes obligé d'utiliser une redirection, le délai doit être suffisamment long pour permettre aux visiteurs de lire le contenu de la première page. Un délai de quinze secondes devrait suffire à éviter une pénalité. Avec certains systèmes de gestion de contenu, un délai de quinze secondes risque de ne pas convenir. Pour éviter tout souci, définissez plutôt un délai de trente secondes.

Une autre solution serait de définir une exclusion aux robots pour les pages contenant une redirection.

Pages miroirs

Les moteurs de recherche comme leurs usagers ne veulent pas voir quelques sites web monopoliser une page de résultats. C'est pour ça que les moteurs de recherche font des regroupements en ne présentant qu'une ou deux pages par site dans la première page de résultats.

Figure 5.4

Exemple de regroupement dans Google des pages d'un même site.

Bien trop souvent, les tricheurs copient une page web en y apportant une petite modification. Ils soumettent ensuite aux moteurs de recherche des centaines ou des milliers de pages très semblables. Par exemple, deux pages peuvent avoir le même contenu mais des titres différents ou des différences dans les balises meta. Si l'une des pages soumises obtient un bon classement pour une expression clé, toutes les pages clonées pourraient s'imposer dans les résultats de recherche.

Imaginez que vous lancez une recherche et obtenez toujours en résultat le nom d'une même société. Si vous n'aimez pas son site lors de votre première visite, vous ne l'apprécierez pas plus la deuxième, troisième ou quatrième fois qu'on vous présente la même information.

Le contenu en double, dit redondant, est un phénomène courant avec les sites en partenariat et les sites de revendeurs. Les sites partenaires et les revendeurs présentent essentiellement les mêmes informations que le site de la maison mère fournissant ces informations. Or, si les informations trouvées sur le site de la maison mère ne vous plaisent pas, elles ne vous plairont pas plus sur ses sites partenaires.

De ce fait, les moteurs de recherche ont tendance à refuser les sites partenaires et les revendeurs à cause de leur contenu redondant. Quand ils découvrent des pages ou des sites web en double, ils tentent d'en éliminer au moins un à l'aide de leur filtre de redondance.

Pages satellites et pages hallway

Les pages satellites, ou pages passerelles, ne sont pas créées dans l'intérêt des visiteurs mais uniquement pour obtenir un bon positionnement dans les moteurs de recherche. C'est pour cette raison que les moteurs les considèrent comme un procédé frauduleux.

Les générateurs de pages satellites créent en général des milliers de pages pour un seul mot ou groupe de mots clés. Ces pages sont soumises aux moteurs de recherche *via* les formulaires gratuits. Puisque les pages satellites sont construites exprès pour leur positionnement, elles encombrent les index des moteurs de recherche avec des informations redondantes et inutiles. Ces pages sont horribles à voir et leur contenu est tellement incompréhensible qu'il vaut mieux le dissimuler.

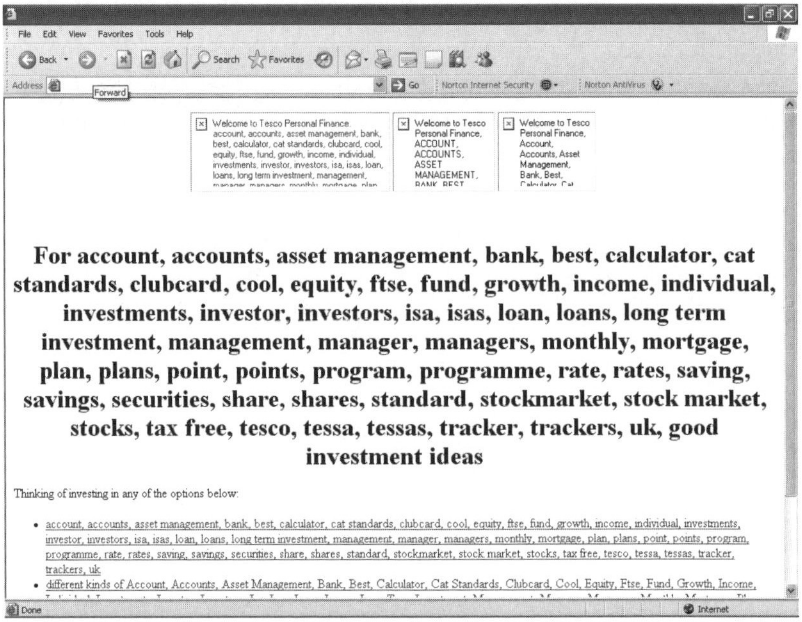

Figure 5.5

Exemple d'une affreuse page satellite, sans doute générée par un logiciel sans intervention d'un rédacteur humain.

Avec un meilleur budget, les sociétés peuvent créer des pages satellites plus présentables. Mêmes des sociétés de webmarketing réputées parmi les plus prospères recourent aux pages satellites pour générer du trafic à partir des moteurs de recherche.

Pour mettre en place des liens vers les pages satellites, les tricheurs créent souvent un deuxième plan du site qui renvoie vers ces pages. La page qui contient ce plan spécial est appelée page hallway (voir Figure 5.7).

Les tricheurs ne se contentent pas de créer une page hallway qui pointe vers les pages satellites. Ils mettent aussi des liens vers la page hallway dans le véritable plan du site ou dans son index. Sachez que les pages satellites sont en majorité assimilées à du spam et qu'il convient donc d'éviter ce procédé.

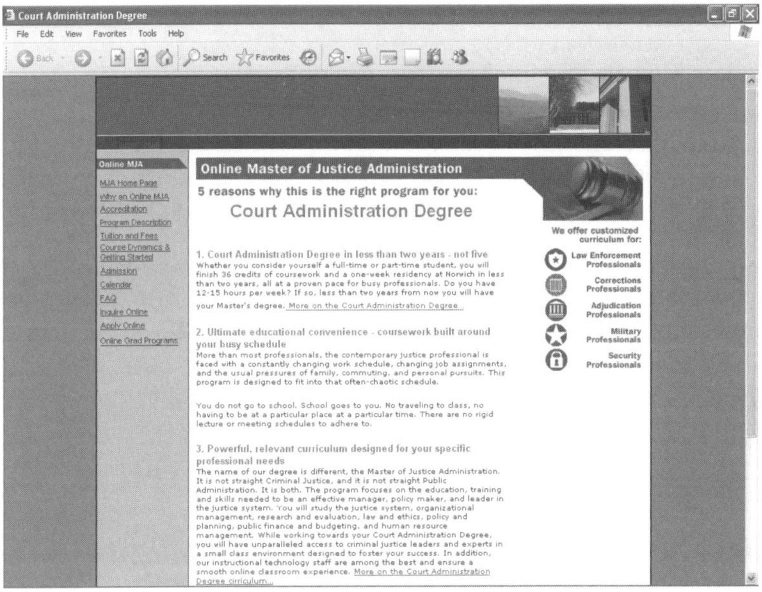

Figure 5.6

Exemple d'une jolie page satellite créée par une société de webmarketing à l'éthique douteuse. À première vue, on pourrait croire qu'il s'agit d'une page web normale. Après examen, les moteurs de recherche ont détecté qu'elle servait uniquement à générer du trafic. Cette page et ses clones ont finalement été bannis de Google.

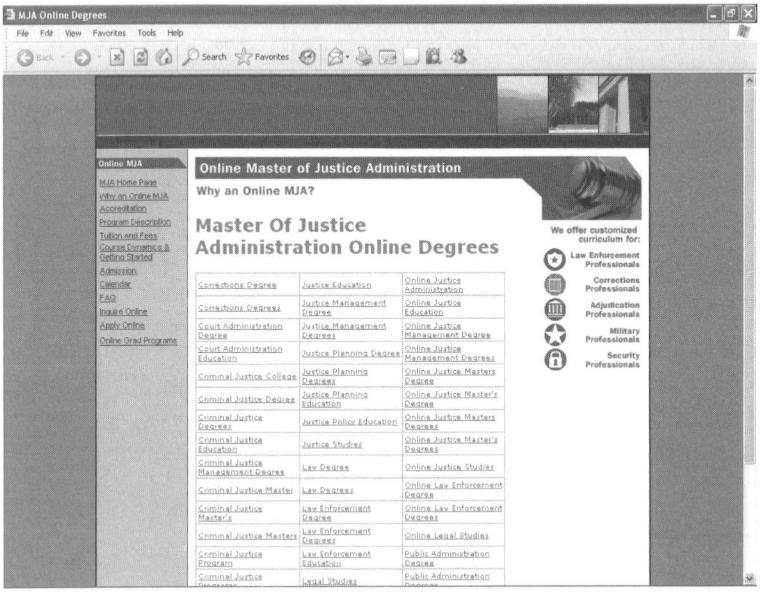

Figure 5.7

Exemple de page hallway.

Dissimulation

La technique de dissimulation ou camouflage (*cloaking*) consiste à livrer aux robots d'indexation une page web et à livrer aux internautes une page différente. Puisque la majorité (95 %) du contenu dissimulé aux internautes sert uniquement à tricher dans les moteurs de recherche, il est très rare que les moteurs acceptent ce type de pages dans leur index.

Le cloaking est toléré pour les sites qui participent à un programme de référencement payant (*trusted feed*). Il l'est aussi lorsqu'il s'agit de retirer l'identifiant de session dans la chaîne d'une URL. Toutefois, avant de définir la suppression de variables par du cloaking, prenez soin d'en informer les moteurs de recherche. Désormais, ils savent mieux supprimer les paramètres d'ID de session à la fin des URL.

Noms de domaines multiples et sites miroirs

Pour imposer sa présence dans les moteurs de recherche, on peut acheter une multitude de noms de domaine pour y héberger des sites au contenu identique ou similaire. L'intérêt de ce procédé est d'obtenir une multitude de référencements dans les annuaires, ce qui renforce l'indice de popularité et génère du trafic, car grâce aux liens provenant des annuaires, les sites bénéficient d'une meilleure visibilité dans les moteurs de recherche.

Méfiez-vous quand un consultant en SEO parle de microsite ou de minisite, il y a de la fraude dans l'air. La multiplication de sites miroirs se pratique aussi avec des sous-domaines.

Les annuaires et les moteurs de recherche n'aiment pas les sites miroirs et les suppriment tout simplement de leur index. En cas d'abus caractérisé par un nombre extravagant de sites miroirs, tous les sites concernés sont définitivement bannis.

Minisites

Les minisites sont de petits sites destinés uniquement à favoriser la visibilité dans les moteurs de recherche. Disons que ces sites sont petits par leur valeur informative, pas par leur volume, car certains contiennent plus de dix mille pages générées dynamiquement.

Les minisites sont aussi appelés microsites, sites satellites ou domaines parallèles.

L'optimisation pour les moteurs de recherche est un service qui devrait toujours s'appliquer aux pages de votre site web, sur votre domaine. L'optimisation ne devrait pas être mise en œuvre dans un nouveau site hébergé sur le serveur d'une société de SEO. Il existe bien sûr des raisons légitimes de créer des sites séparés.

L'un des nombreux arguments de vente en faveur des microsites est le suivi de l'optimisation. En effet, comment les sociétés de SEO pourraient-elles évaluer le succès de leur intervention si elles ne peuvent pas déterminer le positionnement et le nombre de clics générateurs de clients potentiels sur votre site ? Cet argument semble valable à première vue, mais en vous renseignant vous pourriez vous apercevoir que le minisite :

- contient des milliers de pages satellites illisibles ;
- contient des redirections vers votre site web ;
- est dissimulé aux yeux des internautes ;
- fait partie d'une ferme de liens pour augmenter l'indice de popularité.

Je vous rappelle que les moteurs de recherche considèrent comme du spam les pages et sites créés délibérément pour les tromper et les forcer à présenter des résultats inadéquats, redondants ou de qualité médiocre. Puisque les microsites sont créés uniquement pour le positionnement dans les moteurs de recherche et ne sont pas destinés à être lus par les internautes, la plupart des microsites sont assimilés à du spam.

Cybersquattage et exploitation des fautes de frappe

Les éditeurs de sites qui achètent des noms de domaines dans l'unique but d'y attirer des visiteurs distraits sont aussi de vilains tricheurs. Par exemple, un cybersquatteur pourrait acheter le nom de domaine Yahhoo.com pour tenter de détourner une partie du trafic de Yahoo!.

Google est très pointilleux sur cette forme de fraude et pénalise les sites cybersquatteurs. D'ailleurs, ce procédé est illégal dans de nombreux pays.

Spam dans les forums et les blogs

De nombreux sites de blogs et de forums autorisent les fichiers de signature avec des liens vers des URL, et les tricheurs en profitent pour poster des messages dans le plus grand nombre possible de blogs et de forums afin d'augmenter l'indice de popularité de leur site. Le phénomène est si courant, qu'on a forgé le néologisme *splog* (spam + log), qui désigne un blog que l'auteur exploite principalement pour influencer l'indice de popularité d'un site. Les splogs contiennent généralement du charabia ou du contenu piraté sur le Web.

Les tricheurs ont même mis au point des logiciels qui génèrent une infinité de variantes à partir d'un contenu (pour que le contenu dupliqué passe au travers des filtres de redondance des moteurs de recherche) et ils postent ces variantes dans les blogs qu'ils ont ciblés.

Heureusement, les ingénieurs des moteurs de recherche ont tout de suite détecté le spam dans les blogs et forums du fait de sa propagation très rapide. Désormais, les moteurs accordent moins d'importance à ce type de liens puisqu'ils peuvent être ajoutés par n'importe qui.

De plus, les blogueurs et les modérateurs de forums se sont rendu compte que ces types de liens nuisent à la visibilité de leur site à long terme. Ils s'activent donc à supprimer les liens ou à leur ajouter l'attribut `nofollow`.

Lever une pénalité ou un bannissement

Dans mon travail, je vois très souvent les moteurs de recherche imposer des pénalités et des bannissements. Du fait que les sociétés sont rarement témoins de ces punitions, elles ne sont pas en mesure d'évaluer la somme d'efforts que consacrent Google, Yahoo! et les autres moteurs pour préserver la qualité de leurs services de recherche. En général, il suffit de subir une pénalité pour spam ou de se voir sur liste noire pour comprendre le système.

Le risque est-il justifié ?

Pour de nombreux webmarketeurs sans éthique, les pénalités et la liste noire ne constituent pas une grande menace, parce qu'ils se contentent d'abandonner les noms de domaines entachés par leurs mauvais procédés et de recréer les sites sous d'autres noms, comme s'ils jouaient au chat et à la souris avec les moteurs de recherche. Est-il justifié de courir le risque d'une punition pour rendre un site visible dans les résultats naturels de recherche ? Seul l'éditeur du site peut choisir de prendre ou non ce risque.

J'ai pu constater personnellement à quel point il est coûteux de retrouver son site sur liste noire. Les éditeurs de sites doivent alors dépenser des fortunes en publicité pour conserver la visibilité de leurs sites dans les moteurs de recherche. Et puisque les internautes cliquent plus volontiers sur les résultats naturels que sur les liens commerciaux, on imagine sans peine les conséquences catastrophiques d'une punition.

De même, il y a de grosses dépenses à prévoir pour réparer les dégâts, surtout si le site reposait sur une multitudes de pages satellites au contenu piraté. Dans ce cas, viendront en plus s'accumuler des frais de justice. Certaines sociétés de SEO n'hésitent pas à exploiter du contenu piraté protégé par copyright, alors qu'elles ne sont pas prêtes à assumer les conséquences financières des poursuites judiciaires. Les deux parties peuvent se voir attaquer en justice, la société de SEO et son client.

Pour cette raison entre autres, je ne pense pas qu'il soit justifié de jouer au plus malin avec les moteurs de recherche.

Quoi qu'il en soit, il m'arrive de travailler pour des sociétés qui ont fait confiance à un webmarketeur dont les pratiques frauduleuses ont abouti à une pénalité ou à un bannissement de leur site. Une partie de mon travail consiste à les aider à rentrer dans les bonnes grâces des moteurs de recherche. Voici une description des démarches que j'entreprends dans cette optique.

Identifier des raisons techniques

Avant de croire que votre site a été banni ou pénalisé dans un moteur de recherche, cherchez plutôt des raisons techniques qui pourraient expliquer pourquoi il ne figure pas dans l'index.

Exclusions aux robots et autres problèmes techniques

Je commence toujours par vérifier le fichier robots.txt (s'il y a lieu) ou les exclusions aux robots définies en métadonnées. Il arrive qu'après lancement d'un site remodelé les développeurs oublient de supprimer du serveur le fichier robots.txt ou de le modifier pour donner accès au nouveau site.

Il se peut aussi qu'un site ne soit pas inclus à l'index d'un moteur de recherche pour les raisons suivantes :

- Le site vient d'être remodelé avec de nouvelles technologies qui empêchent les robots de l'explorer (en exigeant des cookies, par exemple).
- La structure d'URL générée par un nouveau système de gestion de contenu (CMS) n'est pas adaptée aux robots.
- L'unique système de navigation du site ne convient pas aux robots, telle une navigation par le biais de formulaires. Les robots ne remplissent pas les formulaires.
- Il est impératif de s'identifier pour ouvrir une session et accéder au contenu du site. Les robots ne peuvent pas ouvrir une session.

Nombre d'URL dans l'index

Pour savoir si un moteur de recherche a pu recenser un site et accéder à son contenu, on peut consulter le nombre d'URL que le moteur a enregistrées dans son index pour le site. Je vous rappelle qu'un site ne peut pas apparaître dans les résultats de recherche s'il n'est pas déjà présent dans l'index du moteur de recherche.

Pour consulter le nombre d'URL dans l'index de Google, vous lancerez les requêtes suivantes en remplaçant "nomdomaine.com" par votre nom de domaine :

site:nomdomaine.com

ou

site:www.nomdomaine.com

Figure 5.8

Exemple d'une recherche du nombre d'URL dans Google. Pour un décompte plus précis, utilisez le services du Centre pour les webmasters, actuellement disponible sur http://www.google.com/webmasters/.

On peut lancer la même requête directement dans Live Search (voir Figure 5.9) ou en passant par la page de recherche avancée :

site:nomdomaine.com

Yahoo! propose aussi un service similaire, Site Explorer, pour l'analyse de sites dans l'index (voir Figure 5.10).

Quel rapport entre le nombre d'URL enregistrées et le spam dans les moteurs de recherche ? Si vous constatez une baisse soudaine du nombre d'URL dans l'index sans raison technique identifiée, il se peut que le site ait été pénalisé ou banni. Vérifiez toutefois l'absence d'obstacles techniques avant d'arriver à la conclusion que votre site est pénalisé.

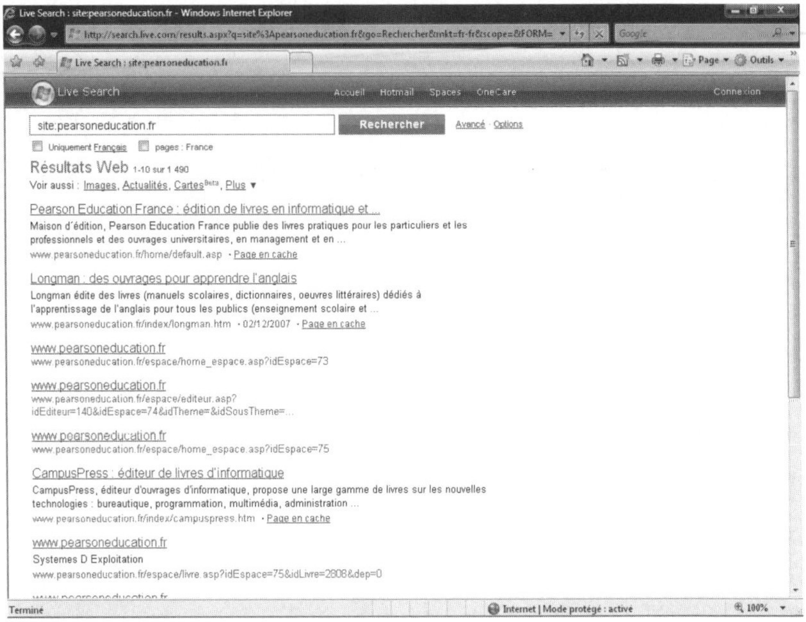

Figure 5.9

Exemple d'une recherche du nombre d'URL dans Live Search.

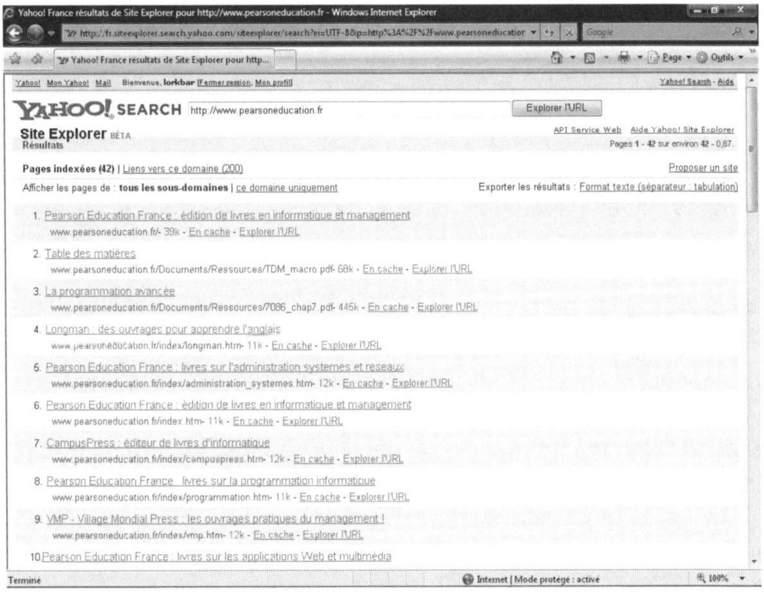

Figure 5.10

Exemple d'une recherche du nombre d'URL dans Site Explorer de Yahoo!.

Nombre de liens entrants

On peut aussi se rendre compte qu'un site a été pénalisé ou banni quand on constate une baisse brutale du nombre de liens entrants. Quand l'équipe de contrôle qualité d'un moteur de recherche découvre une ferme de liens, tous les sites concernés sont bannis de l'index. Et l'élimination des liens pointant vers un site réduit automatiquement son indice de popularité et donc sa visibilité dans les résultats de recherche.

> **Astuce**
>
> Pensez à étudier les données d'analyse de votre site pour voir si les robots l'explorent. Si vous constatez que les robots ne viennent plus, ce pourrait être signe que le site est pénalisé.

Pour vérifier les liens pointant vers un site, lancez la requête suivante en remplaçant "nomdomaine.com" par le nom de domaine du site à étudier. Sur Google :

link:www.nomdomaine.com

Figure 5.11

Exemple de recherche des liens entrants dans Google. Pour une étude plus précise, utilisez le service Centre pour webmasters de Google, actuellement disponible sur http://www.google.com/webmasters/.

Pour faire la même étude dans Yahoo!, il faut passer par le service Site Explorer.

Une réduction soudaine du nombre de liens entrants est souvent signe que l'équipe de contrôle qualité a éliminé les liens douteux pointant

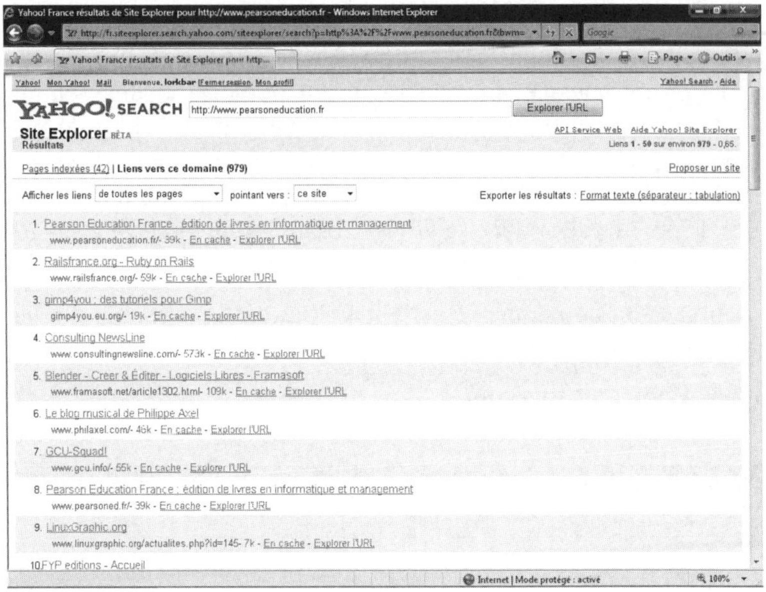

Figure 5.12

Exemple de recherche des liens entrants dans le service Site Explorer de Yahoo!.

vers le site. Si la totalité des liens entrants a disparu dans Google, par exemple, on obtient la page de résultats de la Figure 5.13.

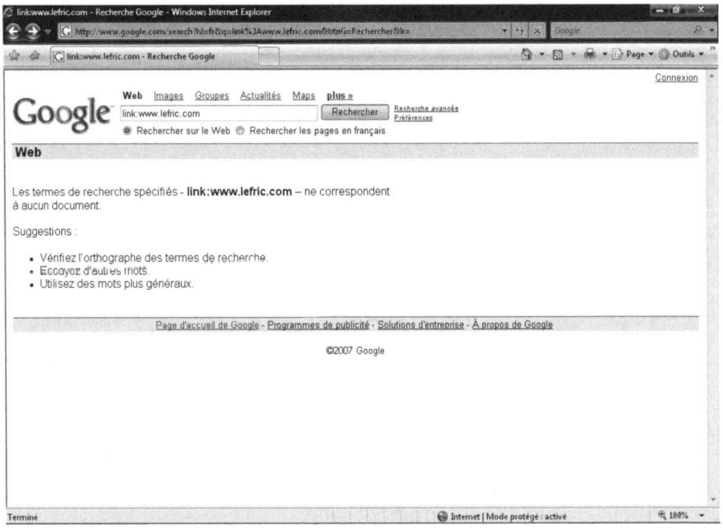

Figure 5.13

Si Google découvre grâce à ses algorithmes ou à son équipe de contrôle qualité qu'un site a enfreint les règles, surtout en cas de fraude avérée sur les liens, les liens pointant vers le site vont disparaître de Google. Voici ce que donne la recherche de liens entrants pour un site banni dans Google.

Une fois que tous les problèmes techniques susceptibles de faire obstacle au recensement et/ou à l'indexation d'un site ont été résolus, il est justifié d'imaginer qu'il a été pénalisé ou banni.

Analyser le site à la recherches d'éléments masqués

S'il n'existe aucune raison technique qui pourrait empêcher votre site d'être recensé et indexé, tâchez de trouver dans le site des éléments susceptibles d'enfreindre le règlement des moteurs de recherche.

Analysez le site à la recherche de texte ou de liens masqués. Il est possible qu'un membre de votre équipe ait introduit des éléments invisibles dans les pages sans vous en avertir. Pour vérifier la présence de texte masqué ou de liens dans une image transparente, le plus simple est d'afficher les pages dans un navigateur en mode texte, tel que Lynx.

Lynx Viewer

```
--------------------------------------------------------------------------------
     Metal Rollforming Systems manufactures affordable rollforming
   machinery to produce steel roofing and siding panels for the metal
                          building industry
  [EMBED]
   [1]Download Macromedia Flash
  [2]SKIP INTRO
  Metal Rollforming Systems manufactures affordable
  rollforming  machinery  to produce steel roofing and siding panels for
  the metal building industry




  Rollform  Roll  form  Rollforming  Roll forming Rollformer Roll former
  Rollmill  Roll  mill  Rolling  mill  Rollingmill  Rollformer  Rollform
  Spokane  Roll  form  Spokane  Rollforming Spokane Roll forming Spokane
  Rollformer  Spokane  Roll  former  Spokane  Rollmill Spokane Roll mill
  Spokane Rolling mill Spokane Rollingmill Spokane Rollformer


References

   1. http://www.macromedia.com/shockwave/download/index.cgi?P1_Prod_Version=ShockwaveFlash
```

Figure 5.14

Le navigateur Lynx révèle la présence de texte invisible au bas d'une page de garde.

Si vous ne trouvez aucune raison technique empêchant les robots d'explorer votre site ni aucune infraction aux directives des moteurs de recherche, l'absence de votre site dans un index est certainement due à un problème technique du robot, et votre site n'est pas en cause.

Dans ce cas, n'hésitez pas à soumettre à nouveau votre page d'accueil et le plan du site (pour plus de sûreté) au moyen du formulaire d'ajout d'URL. Il faudra bien sûr patienter et laisser au robot le temps de revenir explorer votre site.

Si durant ce délai la visibilité de votre site dans le moteur de recherche est indispensable, achetez-lui davantage de publicités et adoptez un éventuel programme de référencement payant en attendant que votre site soit de nouveau recensé et indexé. Sachez que les programmes de publicités et de référencement payant peuvent être résiliés à tout moment.

En revanche, si vous découvrez dans vos pages des éléments invisibles douteux assimilés à du spam, il est temps de les éliminer.

Réviser le règlement des moteurs de recherche

Si vous vous rendez compte que votre site risque d'enfreindre les conditions définies par les moteurs de recherche, vous devez le modifier de sorte qu'il respecte scrupuleusement la réglementation. Les représentants des moteurs de recherche voudront des preuves que vous respectez bien leurs directives.

Étude de cas : MedicineNet

J'avoue que j'ai été fort surprise quand un représentant de MedicineNet m'a contactée, parce que je ne pouvais pas imaginer qu'un site aussi prestigieux ait des soucis de spam. J'ai donc commencé par chercher des problèmes techniques parce que le site regroupe plus de vingt-deux mille pages de contenu. MedicineNet est une société d'édition en ligne fondée en 1996 et spécialisée dans la santé. MedicineNet est aussi l'auteur du *Webster's New World Medical Dictionnary*, et son site présente un dictionnaire médical en ligne interrogeable par un moteur interne. En bref, ce n'est pas le genre de site qu'on trouve en liste noire.

Après une analyse minutieuse des propriétés techniques du site, de son trafic, du nombre d'URL dans les index et des liens entrants, j'ai dû me rendre à l'évidence que le site était sur liste noire. L'analyse du trafic a révélé une nette réduction des visites du robot de Google, preuve qu'il ne venait pas tous les jours, ce qui serait normal dans le cas d'un site

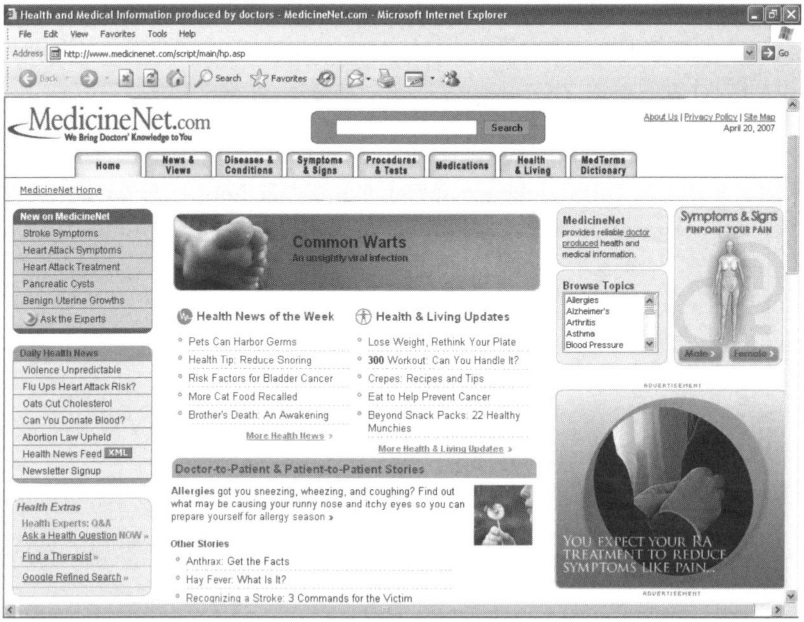

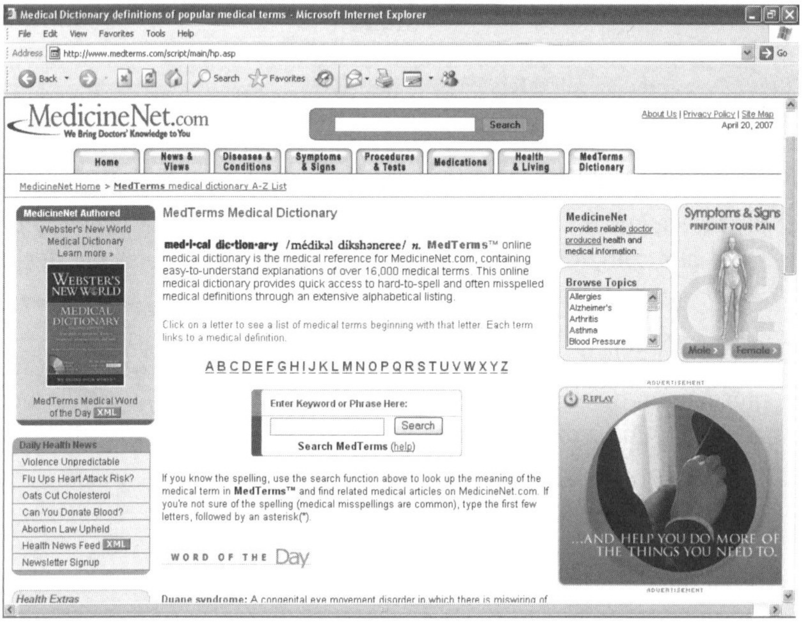

Figure 5.15

Page d'accueil et dictionnaire en ligne de MedicineNet.

d'actualités médicales. De plus, je n'ai trouvé presque aucun lien pointant vers le site, les seules références restantes provenant de l'annuaire Open Directory.

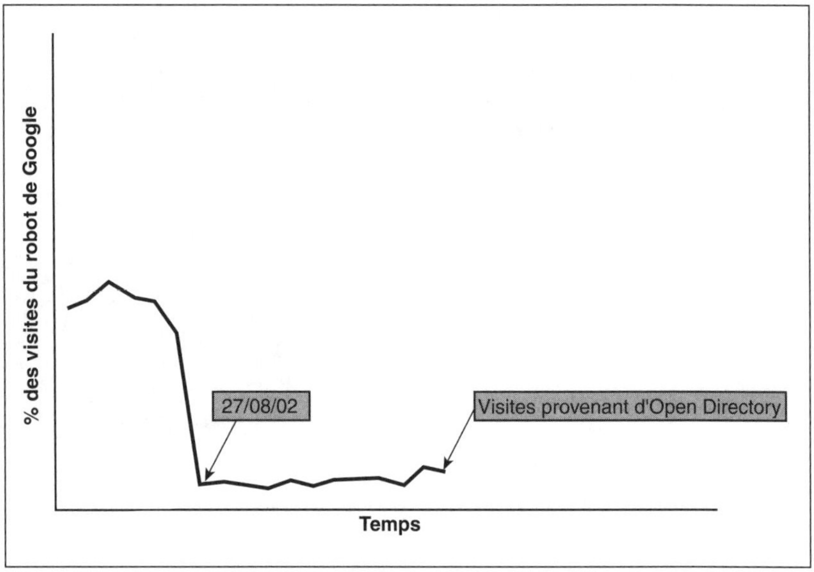

Figure 5.16

J'ai eu du mal à croire que MedicineNet puisse tricher avec Google. Ce graphique met en évidence une baisse brutale des visites de Google, ce qui suggère que le site est sur sa liste noire.

J'ai ensuite découvert des éléments tentant à prouver que le site enfreignait la réglementation de Google :

- La société de SEO travaillant pour MedicineNet a acheté plus de quatre-vingt-dix domaines, qui étaient interconnectés par des liens masqués (fraude aux liens masqués).
- Le contenu de chaque domaine était aussi disponible sur le site web officiel de MedicineNet (redondance du contenu).
- La société de SEO a essayé de faire référencer dans les annuaires tous ces quatre-vingt-dix et quelques domaines dans le but d'influencer l'indice de popularité avec du contenu redondant. Elle comptait sur la négligence des éditeurs pensant qu'ils n'iraient pas vérifier que le site officiel de MedicineNet se trouvait déjà dans leur annuaire.

- La société de SEO participait aussi à une ferme de liens pour influencer l'indice de popularité.

En conséquence de tout ça, le site web MedicineNet s'est bel et bien retrouvé sur liste noire.

Réparer les dégâts

Nous avions là deux problèmes vis-à-vis de Google. D'une part, la société de SEO fournissait à Google et aux autres moteurs de recherche un volume monumental de contenu redondant, plus de quatre-vingt-dix exemplaires d'un site de vingt-deux mille pages. Google et ses concurrents ne veulent qu'un exemplaire du contenu. Par conséquent, la solution était de définir des redirections permanentes vers la seule adresse canonique du site MedicineNet.

D'autre part, Google n'appréciait pas du tout les méthodes employées pour la mise en place de liens entrants. MedicineNet a donc dû signaler à Google tous les liens douteux détectés pour que ses ingénieurs puissent les éliminer.

Après avoir résolu ces problèmes, l'étape suivante pour MedicineNet était de demander sa réintégration dans l'index de Google.

Demander la réintégration

Bien que la société de SEO ait agi sans informer MedicineNet de ses procédés, Google tenait pour responsable l'éditeur du site qui avait choisi un tel prestataire. Après avoir réglé les questions techniques et éliminé les éléments fautifs, l'éditeur d'un site banni doit contacter directement le moteur de recherche pour envoyer une demande de réintégration par e-mail ou par le biais d'un formulaire spécial. La demande de réintégration doit se formuler ainsi :

- **Soyez courtois.** N'oubliez pas qu'en cas de bannissement, vous demandez une faveur après avoir commis une faute. Vos interlocuteurs méritent un minimum de courtoisie.
- **Reconnaissez les fautes commises par vous-même ou par le prestataire de SEO.** J'ai toujours l'impression qu'il est positif de prouver que nous avons lu les termes et directives du moteur de recherche, en citant des URL ou des extraits du règlement.

Dans votre message, ou dans le champ de commentaires du formulaire, faites savoir au destinataire que vous comprenez et acceptez les termes et conditions du moteur de recherche.

- **Si la fraude a été commise par une société de SEO, indiquez son nom et ses coordonnées.** Les moteurs de recherche apprécient que vous les aidiez à combattre les mauvaises pratiques qui nuisent à la qualité de leurs services. Dans une telle situation, j'ai l'habitude de fournir au moteur de recherche une copie des propositions, contrats, méthodologies et rapports envoyés au client par la société de SEO en cause.
- **Expliquez en détail comment vous avez remédié au problème.** Citez toutes les règles que vous avez enfreintes et ce que vous avez fait ensuite pour les respecter. L'équipe de contrôle qualité vérifiera vos dires. Dans le cas du site MedicineNet, j'ai donné à Google la liste des quatre-vingt-dix et quelques domaines satellites et mon analyse des échanges de liens pour chaque domaine. Ensuite, Google a vérifié que tous les domaines satellites avaient bien une redirection permanente pointant vers un seul domaine canonique.
- **Présentez des excuses.** Reconnaissez votre tort, même si les fraudes ont été commises à votre insu par un prestataire de services.
- **Fournissez toutes vos coordonnées de contact dans le fichier de signature.** Si jamais l'équipe de contrôle qualité avait besoin de vous contacter, facilitez-lui la tâche. Il est peu probable qu'ils cherchent à vous joindre, mais le fait de fournir toutes vos coordonnées prouve que vous êtes disponible pour un complément d'enquête.

La plupart du temps, si tout se déroule bien, le site banni sera de nouveau exploré par le robot quand l'équipe de contrôle qualité aura vérifié que le site est désormais en règle. Il est très rare que cette équipe contacte directement l'éditeur d'un site demandant une réintégration.

Vérifier la réintégration

Pour vérifier que la réintégration a bien eu lieu, n'allez surtout pas harceler l'équipe de contrôle qualité avec une flopée de messages ou de formulaires de soumission. Cherchez plutôt dans les statistiques du site la preuve que les robots d'indexation sont de retour chez vous. Vous pouvez aussi lancer des requêtes spéciales pour connaître le nombre d'URL indexées et le nombre de liens entrants, comme je l'explique plus tôt dans ce chapitre. Ces recherches permettent de vérifier si les pages ont été ajoutées à l'index du moteur de recherche.

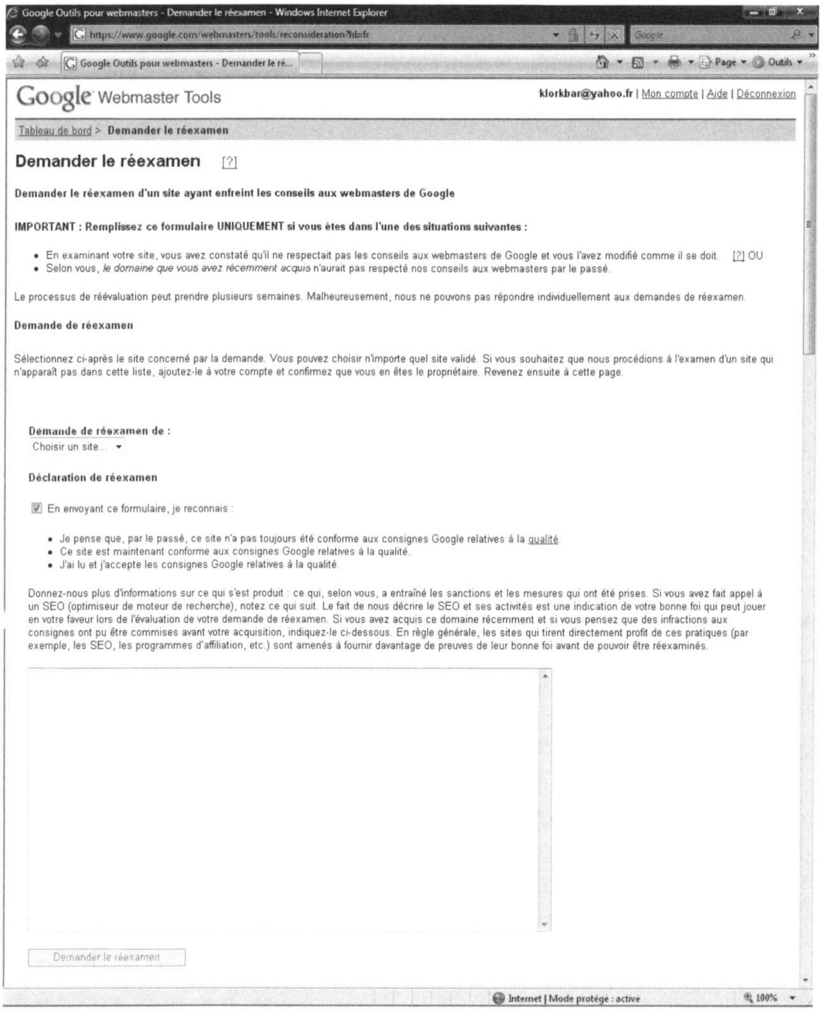

Figure 5.17

Exemple d'un formulaire de demande de réintégration dans Google.

Dans le cas de MedicineNet, l'équipe de contrôle qualité de Google a pris environ six mois pour réintégrer dans l'index le site mis sur liste noire. À cause de son volume colossal, le site MedicineNet a dû attendre encore trois mois après la nouvelle indexation pour que toutes ses pages redeviennent disponibles dans les résultats de recherche. Pour un petit site, il est assez rapide de sortir de la liste noire, mais pour un très gros site toutes les procédures sont beaucoup plus longues.

La morale de cette histoire est que je vous déconseille de tricher avec les moteurs de recherche. À mon avis, les conséquences de la fraude sont très lourdes et les dépenses en publicité deviennent exorbitantes.

Fausses idées reçues

C'est regrettable, mais l'univers du webmarketing fourmille de mythes et de fausses vérités. Bien trop souvent, les webmarketeurs présentent la situation sous le jour qui les arrangent, mélangeant faits réels et arguments de vente, pour conclure un contrat. Et beaucoup de référenceurs amateurs se basent sur leur expérience personnelle plutôt que sur des résultats éprouvés dans la durée.

Pour vous aider à sélectionner une société de SEO honnête et fiable, voici quelques fausses idées courantes à propos des moteurs de recherche.

Garantie de positionnement

Un expert en SEO crédible, expérimenté et bien informé peut démontrer les résultats de ses précédentes prestations mais il ne peut aucunement garantir des résultats futurs. Pourquoi ? En dehors des programmes de positionnement payant dans un moteur de recherche, personne ne peut garantir les meilleures positions parce qu'elles dépendent de tiers : les éditeurs des annuaires et les moteurs de recherche. D'ailleurs tous les principaux moteurs de recherche précisent qu'ils se réservent le droit de refuser d'inclure des sites web à leur index.

Les webmarketeurs peuvent seulement garantir qu'ils effectueront avec zèle et dans le respect des règles toutes les étapes du processus d'optimisation : véritable étude de mots clés, recherche de la rubrique la plus appropriée dans les annuaires, encodage optimal en HTML, démarches de référencement, etc. Ils ne sont pas en mesure de garantir, avec une certitude absolue, que leurs efforts aboutiront au positionnement du site en haut des pages de résultats de recherche.

Les webmarketeurs aiment bien garantir des résultats puisque c'est ça que le client veut entendre. Je compare souvent les webmarketeurs aux agents boursiers. De même qu'ils ne peuvent pas garantir de gains futurs sur la spéculation, les webmarketeurs ne peuvent pas garantir les futures positions dans les moteurs de recherche.

Le webmarketing garantit de bonnes positions permanentes

Cette affirmation est partiellement vraie, du moins dans le cas d'achat de publicité auprès des moteurs de recherche. Seule l'équipe de publicité d'un moteur de recherche peut garantir les meilleures positions puisque le client paie pour un positionnement. En général, la personne qui a proposé la plus grosse enchère remporte la première position dans l'espace publicitaire du moteur de recherche. Dans le cas du système AdWords chez Google, c'est la publicité qui attire le plus de clics (et génère ainsi le plus de revenus à Google) qui obtient la première position.

En ce qui concerne l'optimisation des pages pour les moteurs de recherche, en revanche, personne ne peut garantir les meilleures positions. Un seul acteur a le contrôle final sur les classements, c'est le moteur de recherche lui-même. Même si les experts en SEO semblent très compétents, n'oubliez pas que ces prétendues garanties ne sont que des arguments de vente sans rapport avec la réalité des faits.

Aussi enthousiastes et persuasifs soient-ils, les spécialistes en SEO n'ont pas de contrôle sur le positionnement.

Je le répète, un expert en SEO crédible, expérimenté et bien informé peut démontrer les résultats de ses précédentes prestations mais il ne peut pas garantir de résultats futurs. De même qu'un agent boursier peut difficilement prédire la situation du marché dans l'avenir, un spécialiste en SEO ne peut pas savoir ce que seront les futurs algorithmes des moteurs de recherche.

Par ailleurs, les moteurs de recherche ne veulent pas voir toujours les mêmes sites occuper les mêmes positions. Ils changent constamment leurs algorithmes, parfois quotidiennement, justement pour éviter que les mêmes sites conservent les mêmes positions.

De nouveaux sites et de nouvelles pages s'ajoutent au Web en permanence, souvent avec un contenu de meilleure qualité ou avec une interface plus conviviale que les sites déjà bien visibles dans les résultats de recherche. La manière dont les pages et les sites sont reliés entre eux évolue constamment. Des pages anciennes au contenu périmé disparaissent des index tous les jours. Du fait de ces ajouts et suppressions, les bases de données des moteurs de recherche sont en évolution constante, et les positionnements varient en conséquence.

Le fonctionnement des moteurs de recherche est très complexe. Les usagers ne se rendent pas compte qu'ils adressent leurs requêtes à différents centres de données. Par exemple, je pourrais lancer une requête dans Google sur "vin bio" pendant que mon collègue lance la même requête, et nous pourrions tous deux obtenir une page de résultats différente. Je pourrais voir une page web en première position, tandis que mon collègue verrait la même page en sixième position, même si nous avons interrogé Google au même instant.

Dans ces conditions, espérer obtenir les meilleurs positions *en permanence* est tout simplement irréaliste. Les fluctuations des positions et du trafic sont tout à fait normales. Il serait plus réaliste de viser sur la durée un afflux régulier de visites qualifiées provenant des moteurs de recherche.

Malheureusement, une bonne partie des sociétés de SEO qui garantissent une bonne position dans les moteurs de recherche recourent à des procédés frauduleux. Pour influencer le positionnement, elles soumettent aux moteurs des milliers, voire des millions, de pages satellites. Si l'une des pages satellites obtient une bonne position, même provisoire pour quelques jours, la société de SEO estime avoir rempli son contrat.

C'est bien compréhensible, les éditeurs de sites web sont rassurés par une garantie. Ils croient que la garantie est preuve que le prestataire en SEO a confiance dans ses compétences.

En réalité, la garantie de positionnement n'est qu'un séduisant argument de vente. Cette même garantie qui a su vous convaincre de signer un contrat pourrait fort bien se concrétiser par des procédés frauduleux qui entraîneraient des pénalités ou un bannissement de votre site dans les moteurs de recherche.

L'objectif de la SEO est d'obtenir les meilleures positions

Cette fausse idée est largement répandue. L'un des objectifs de la SEO est de rendre un site web plus facile à trouver dans les moteurs de recherche du Web. Si le site web reçoit un trafic qualifié et constant dans la durée, alors la campagne d'optimisation se révèle efficace.

De façon générale, pour la plupart des sites web, 6 % à 7 % du trafic provient des moteurs de recherche généralistes. À l'issue d'une campagne de SEO réussie, ce pourcentage devrait grimper au moins à une dizaine. Je vise en en général 10 % à 30 % de trafic émanant des moteurs de recherche, bien que chaque site soit un cas particulier. Un site d'informations attire traditionnellement plus de visites depuis les moteurs de recherche qu'un site marchand.

J'attache plus d'importance aux statistiques de trafic, à l'analyse des visites et aux données des tests d'utilisabilité qu'aux rapports de positions. J'adapte ensuite le site en fonction du comportement de ses visiteurs. Si je sais qu'un grand nombre de visiteurs atterrissent sur la page d'un produit particulier et repartent aussitôt, je me demande si cette page communique le bon message. Peut-être est-elle difficile à lire ou la photo du produit est floue. Le prix est peut-être trop élevé. Il se pourrait que la page ne fournisse pas assez de renseignements ou que le panier virtuel soit difficile à utiliser. La page pourrait aussi sembler trop vague, sans les bons repères d'orientation, ou son texte aurait besoin d'être mieux centré sur les expressions clés.

Il y a tant de facteurs qui entrent en jeu dans le succès d'un site web. Rendre le site facile à trouver n'est qu'une partie de l'équation. En tant que webdesigner/développeur, j'ai la chance d'avoir de l'expérience en marketing et en ergonomie web en plus de mes compétences techniques.

Je modifie une page web seulement quand je suis sûre que le changement sera bénéfique pour la cible du client. Si les modifications entraînent un meilleur positionnement dans les moteurs de recherche, ce qui est souvent le cas, tant mieux je m'en félicite. Si les modifications n'ont pas d'influence sur le positionnement mais génèrent plus de ventes, alors qui se soucie que la page n'occupe pas la première position dans les moteurs de recherche ?

Il faut voir les choses sous la bonne perspective pour parvenir à une meilleure visibilité et générer une expérience positive pour les visiteurs. Une perspective étroite, bornée sur le positionnement, conduit généralement à une expérience négative pour les utilisateurs.

Les meilleures positions engendrent plus de ventes

L'opération de vente suit toujours un processus en plusieurs étapes. En plus de recevoir du trafic qualifié provenant de diverses sources (moteurs de recherche, relations publiques, publicité, etc.), un site web doit aussi :

1. Fournir des informations utiles aux visiteurs.
2. Convaincre les visiteurs de passer à l'action dans le sens désiré.

Dans le cas d'un site marchand, on attend que le visiteur ajoute des articles au panier. Pour un site web qui propose des cours en ligne, l'action désirée sera que le visiteur s'inscrive à un cours.

Dire que les meilleures positions dans les moteurs de recherche engendrent plus de ventes est une généralisation très largement exagérée. Beaucoup de sites atteignent une bonne position sans rien vendre. Beaucoup de site génèrent des millions d'euros de vente sans figurer dans les dix premières positions dans les moteurs de recherche.

Par ailleurs, nombre de webmarketeurs croient en toute bonne foi qu'un bon positionnement génère une image de marque positive. C'est partiellement vrai. Je nuancerais cette affirmation en disant qu'un bon positionnement équivaut à un début provisoire d'image de marque positive.

Quel bénéfice si en cliquant sur le lien en haut de la liste de résultats, les internautes sont dirigés vers une page très longue à télécharger ? Et si la page de chute ne contient ni pistes vers l'information ni incitation à l'action évidente ? Et si le visiteur reçoit des informations qu'il juge sans rapport avec sa requête ?

Après avoir cliqué sur un lien dans un moteur de recherche et atterri sur une page, le visiteur s'attend à retrouver dans la page de chute les mots saisis dans sa requête. Le fait de retrouver les mots de la requête renforce le sentiment qu'il se trouve sur la page la plus appropriée dans le site, et la présence d'expressions clés bien visibles incite le visiteur à effectuer l'action désirée ou à continuer d'explorer le site. En revanche, si le visiteur n'est pas satisfait par ce qu'il voit, il clique sur le bouton de retour à la page précédente et va visiter d'autres sites proposés dans les résultats de recherche.

De plus, si le visiteur insatisfait affine sa requête pour obtenir des résultats plus précis (ce qui est fréquent) et retrouve le même site décevant dans la liste de résultats, pensez-vous qu'il cliquera de nouveau sur son lien ? Bien sûr que non, car il n'oublie pas sa première expérience négative.

Les meilleures positions peuvent, certes, générer une première image de marque positive, mais au final l'impression des visiteurs dépend de la convivialité du site, des prix proposés et de la qualité du service clients. Rien ne remplace une expérience positive pour le client, pas même la meilleure position dans les moteurs de recherche.

Par conséquent, au lieu de s'acharner à maintenir des positionnements, les webmarketeurs feraient mieux de consacrer leur temps à analyser le comportement des visiteurs et les taux de transformation. La convivialité d'un site web a un impact positif direct sur la visibilité dans les moteurs de recherche.

Si les webdesigners/développeurs, les ergonomes et les webmarketeurs s'attachaient davantage à fournir du contenu axé sur les mots clés, ils se rendraient compte que leurs sites peuvent facilement générer un trafic ciblé depuis les moteurs de recherche et transformer les visiteurs en clients au sein d'un seul site.

Référencer un site dans des milliers de moteurs de recherche

La majorité des sites web reçoit du trafic qualifié depuis un petit nombre de moteurs de recherche généralistes, d'annuaires web et de sites spécialisés dans un secteur d'activité. Les logiciels de référencement qui promettent de soumettre votre site à dix mille moteurs de recherche vont vous enrôler dans des fermes de liens.

Une ferme de liens est un ensemble de pages web avec des liens hétéroclites vers d'autres pages sans rapport. Par exemple, un site qui vend des balles de golf n'a aucun rapport avec un site de jeu en ligne ou de crédit immobilier. Les fermes de liens servent à augmenter artificiellement l'indice de popularité et sont assimilées à un procédé frauduleux par les principaux moteurs de recherche.

Par ailleurs, les webmarketeurs ne vous diront jamais qu'un moteur de recherche alimente les résultats de recherche d'un réseau de sites partenaires. Par exemple, les résultats de recherche sur AOL proviennent de l'index de Google, mais nombre de spécialistes en SEO présentent un classement dans AOL et dans Google comme deux choses distinctes.

Augmentation immédiate de l'indice de popularité

Si un spécialiste en SEO promet une augmentation immédiate de l'indice de popularité, il est fort probable qu'il recoure à des procédés douteux, notamment par la mise en place de fermes de liens pour accroître artificiellement cet indice.

Très souvent, les webmarketeurs filous exploitent des domaines abandonnés dans Yahoo! et Open Directory. La plupart des sites d'une fermes de liens ne sont même pas dans le même secteur d'activité. Pourquoi un site d'immobilier voudrait-il pointer vers un site qui vend de la charcuterie ?

Certaines sociétés de SEO achètent des liens pour propulser l'indice de popularité. Certains achats de liens sont légitimes, c'est le cas du référencement payant dans le guide Yahoo!. D'autres achats de liens servent clairement à tromper les moteurs de recherche.

Par exemple, les sites d'actualités vendent souvent des liens textuels publicitaires, mais ils sont formatés de telle sorte que Google, Yahoo! et les autres ne puissent pas distinguer qu'il s'agit de publicités. Le responsable publicité du site d'actualités ne fait que son métier : vendre de l'espace publicitaire pour générer des revenus. La société de SEO tente d'améliorer l'indice de popularité du site de son client grâce à des liens provenant d'une source réputée, le site d'actualités. Or, le problème est que le lien ne provient pas d'un tiers objectif. L'intention est donc de tromper les moteurs de recherche, pas de rendre service aux internautes, surtout que les publicités n'apparaissent pas toujours à proximité d'un article traitant d'un sujet en rapport avec la page de destination.

Les moteurs de recherche sont au courant depuis des années du système d'achat de liens publicitaires dans les sites d'actualités, et ils s'activent à éliminer les liens payants dans le calcul de l'indice de popularité.

Les retombées positives d'une ferme de liens sont souvent de courte durée. Les ingénieurs des moteurs de recherche découvrent les fermes de liens et retirent aussitôt de leur base de données tous les sites concernés.

L'éditeur d'un site n'a pas de maîtrise sur l'origine des liens pointant vers son site, mais il choisit la destination de ses liens externes. Si un site pointe vers un site considéré de mauvais voisinage, tel qu'une ferme de liens, le site peut se voir pénalisé.

Il faut du temps pour mettre en place des liens entrants de bonne qualité qui influent positivement sur l'indice de popularité.

Rapports de visibilité dans les moteurs de recherche

Si vous recevez par e-mail un rapport de visibilité non sollicité, vous avez sans doute affaire à une société de webmarketing douteuse. Voici pourquoi :

- Vous n'avez pas commandé le rapport que vous avez reçu. Si vous en vouliez un, vous l'auriez demandé.

- La société à l'origine de ce rapport a probablement sélectionné un groupe de mots clés qui n'est pas de grande importance pour votre activité. À la seule vue de votre site web, personne ne peut savoir quels sont les mots clés les plus rentables pour vous.
- Si vous lancez des requêtes dans un moteur de recherche, vous découvrirez que votre site apparaît plus fréquemment qu'il n'est indiqué dans le rapport de visibilité. Ces rapports de visibilité sont souvent inexacts. La société de webmarketing cherche seulement à vous faire peur pour que vous fassiez appel à ses services.
- Si votre site est tout récent, c'est normal qu'il n'apparaisse pas dans les moteurs de recherche pendant un à trois mois. Dans tous les moteurs de recherche, il y a un délai d'attente entre le moment de la soumission des pages web et le moment où elles apparaissent dans l'index. Là aussi, on cherche à vous faire peur pour vous vendre des services. Votre site finira par apparaître à l'issue du délai normal.

Ne vous laissez pas convaincre par les sociétés qui envoient des rapports de visibilité. L'étude des statistiques de votre site vous indiquera si vous recevez ou non du trafic depuis les moteurs de recherche.

L'optimisation pour les moteurs de recherche ne produit pas un bon retour sur investissement

Selon une croyance largement répandue ces temps-ci, une société qui peut payer pour une position n'a aucune raison de s'embarquer dans une campagne de SEO.

L'optimisation pour les moteurs de recherche et la publicité dans les moteurs de recherche sont deux stratégies de webmarketing distinctes.

La publicité dans les moteurs de recherche dépend plus du prix que de la pertinence. Sûr, les représentants des moteurs de recherche ne laissent pas les annonceurs acheter n'importe quels mots clés. Les pages de destination des liens commerciaux doivent présenter du contenu pertinent. Au final, ce qui détermine le positionnement c'est le prix que l'annonceur est prêt à payer au moteur de recherche.

L'optimisation pour les moteurs de recherche consiste à concevoir le site entier, rédiger son contenu et l'encoder en HTML de sorte que ses pages aient une meilleure probabilité de figurer en bonne position dans les résultats de requêtes portant sur les mots et expressions clés que vous avez sélectionnés. Quand un site est optimisé correctement, les robots n'ont pas de mal à le trouver et à l'explorer. Et souvent, avec un site bien adapté aux robots, il est inutile de recourir au référencement payant ou à la publicité dans les moteurs de recherche.

De nombreuses sociétés n'achètent jamais de publicités facturées au clic et obtiennent un excellent retour sur investissement. J'ai vu des clients augmenter leurs chiffres d'affaires de plusieurs millions de dollars en quelques mois après le lancement d'un site adapté aux moteurs de recherche. Certaines des pages présentées en exemple dans ce livre proviennent de sites qui génèrent de très bons retours sur investissement.

Le trafic provenant des moteurs de recherche n'est pas aussi bon que les contacts réalisés par les méthodes de marketing classiques

Le trafic provenant des moteurs de recherche est souvent plus valable que les contacts réalisés par les méthodes traditionnelles de marketing et de publicité (publipostage, radio, télévision, etc.) parce que les personnes qui arrivent sur un site en passant par un moteur de recherche sont motivées à trouver des informations sur les produits et services offerts sur le site.

Quand on compare ces différentes formes de contact, on s'aperçoit que les coûts peuvent être beaucoup plus faibles avec le webmarketing axé sur les moteurs de recherche qu'avec les méthodes de marketing classiques.

Webmarketing avec les moteurs de recherche et publicité auprès des moteurs de recherche sont la même chose

Une fausse idée très répandue est que le marketing axé sur les moteurs de recherche est la même chose que la publicité auprès des moteurs de recherche. Par exemple, si une société de webmarketing mène une campagne de publicité sur Google et Yahoo!, elle se proclame spécialisée en webmarketing avec les moteurs de recherche.

Le webmarketing axé sur les moteurs de recherche englobe diverses compétences :

- optimisation des pages web pour les moteurs de recherche ;
- publicité auprès des moteurs de recherche ;
- référencement payant dans des annuaires web ;
- référencement payant dans des moteurs de recherche ;
- référencement dans des services de recherche spécialisés (actualités/blogs, shopping, voyage, etc.) ;
- mise en place de liens entrants ;
- optimisation pour les recherches locales (centrées sur une zone géographique) ;
- optimisation pour les moteurs de recherche d'images ;
- optimisation pour les moteurs de recherche de fichiers audio et vidéo.

Pourquoi fait-on l'amalgame aussi facilement ? Le marketing pour les moteurs de recherche est une activité très à la mode. Hélas, beaucoup d'agences de publicité ont peu ou pas du tout de compétence en optimisation pour les moteurs de recherche. Rédiger du texte riche en mots clés est un concept totalement étranger pour ces agences. Leur univers est celui des slogans accrocheurs et des sujets à la mode qui attirent l'attention. Les webdesigners des agences de pub s'intéressent plus aux sites en Flash avec plein de jolies animations qu'à produire des sites techniquement adaptés aux robots.

De plus, on trouve beaucoup d'anciens employés des moteurs de recherche parmi le personnel des agences spécialisées en publicité dans les moteurs de recherche. Ces personnes connaissent très bien le système de publicité dans les moteurs de recherche, mais pas l'optimisation, le référencement payant ni les moteurs spécialisés.

C'est au webmaster de s'occuper en interne du webmarketing

Les sociétés délèguent souvent la responsabilité du marketing axé sur les moteurs de recherche à une seule personne, le webmaster ou le développeur du site. D'après mon expérience, le personnel du service informatique ne convient pas pour cette tâche. Ce service peut très bien réaliser un site adapté aux moteurs de recherche et rapide à télécharger, mais ce n'est pas lui en général qui est responsable du contenu du site web. C'est le plus souvent un service éditorial ou marketing qui se charge de rédiger le contenu d'un site. Et le contenu d'une page est aussi important que sa présentation.

De plus, une véritable campagne de webmarketing implique aussi la mise en place de liens entrants, responsabilité qui revient d'habitude au service marketing.

Dans la pratique, le webmarketing axé sur les moteurs de recherche fait appel à des compétences techniques ainsi qu'à des compétences en rédaction pour le Web, design et mise en page, soumission du site et suivi du référencement, analyse du trafic, etc. En toute probabilité, une personne chargée d'autant de responsabilités aura du mal à les assumer toutes tout en suivant l'évolution constante des moteurs de recherche. Les sociétés de webmarketing sérieuses se spécialisent dans tous les aspects de l'optimisation et du référencement.

Il est inutile de modifier un site pour obtenir les meilleures positions

Cette affirmation est rarement vraie. Si vous entendez ce genre de propos de la part d'un webmarketeur, vous avez sans doute affaire à une société qui pratique le camouflage (*cloaking*). Puisque ce procédé est considéré comme du spam par tous les principaux moteurs de recherche, sachez qu'une collaboration avec une société pratiquant le camouflage risque d'entraîner des pénalités pour votre site.

Si vous achetez des positions sous formes publicitaires dans les moteurs de recherche, il n'est pas nécessaire de modifier votre site.

En revanche, si vous vous lancez dans une campagne d'optimisation pour les moteurs de recherche, il est impératif d'adapter votre site.

Une campagne de SEO implique la réécriture d'une partie du contenu pour densifier le texte en mots clés et les rendre plus proéminents. Le système de navigation du site n'est peut-être pas adapté pour laisser les robots accéder au contenu optimisé. Auquel cas, il faudrait soit modifier le système de navigation, soit souscrire à une formule de référencement payant.

Un site web est une œuvre en perpétuelle évolution parce que le Web lui-même est en évolution. Les navigateurs sont régulièrement mis à jour pour prendre en charge les nouvelles spécifications HTML, les CSS, les scripts et les fichiers multimédias.

Dans ces conditions, soyez toujours prêt à modifier votre contenu dans les éléments qui auront le plus d'impact, à savoir les balises `<title>` et le texte visible dans la balise `<body>` (titres de sections, paragraphes de texte, liens textuels, cellules de tableau, listes à puces ou ordonnées, etc.). Se contenter de modifier le contenu des balises meta ne suffit pas à donner l'impression qu'une page traite d'un sujet en profondeur, ce qui nous amène à un mythe indestructible.

Les balises meta sont l'ingrédient secret qui procure les meilleures positions

Il y a plusieurs années, le procédé frauduleux de bourrage de mots clés s'est vite répandu parce qu'il offrait une solution facile pour améliorer le classement des pages dans les moteurs de recherche sans en modifier le contenu visible. Le bourrage de mots clés dans les balises meta est devenu si courant qu'au fil des ans les moteurs de recherche ont attaché de moins en moins d'importance à ces balises.

La balise du titre de la page est beaucoup plus importante que les balises meta parce que tous les principaux moteurs de recherche tiennent compte du titre dans le calcul de la pertinence. Très peu de moteurs de recherche exploitent le contenu des balises meta dans le calcul de la pertinence. Même si un moteur, comme Yahoo!, tient compte des balises meta, leur contenu est loin d'être aussi important que le titre et le corps du texte d'une page.

Il suffit de convertir tout le texte au format CSS et de suivre les standards web X.X pour obtenir les meilleures positions

Cette fausse idée nous vient des évangélistes de standards web qui tiennent à faire partager leurs convictions. Ils sont eux-mêmes tellement convaincus des bienfaits d'une nouvelle norme qu'ils oublient de tenir compte du comportement des internautes.

Les sites web font partie d'un tout. Si les visiteurs ne peuvent pas trouver un site en lançant une requête ou en suivant des liens, les fameux standards web n'auront aucune influence.

Par ailleurs, les tests d'utilisabilité, l'analyse du suivi des clics et du trafic révèlent souvent que les visiteurs préfèrent des pages graphiques à du texte en CSS en de nombreuses situations. Par conséquent, convertir tout le texte en CSS serait une mauvaise décision pour l'ergonomie du site.

Certes, la conversion d'un site purement graphique en un site avec du texte en CSS et des images serait positif pour sa visibilité dans les moteurs de recherche. Pour rappel, le texte principal est exploité par tous les moteurs de recherche dans le calcul de la pertinence. Le texte de remplacement (inséré dans les balises d'images) fait partie du texte secondaire, et à ce titre il ne participe pas au calcul de la pertinence des documents texte. Quoi qu'il en soit, les moteurs de recherche veulent ce que les internautes veulent aussi. Donc, si vous constatez que votre cible préfère un site purement graphique, donnez-lui satisfaction. Si la cible préfère une combinaison d'images et de texte en CSS, faites-lui plaisir. Mais n'avalez pas toutes les fausses vérités issues de généralisations abusives. Il faut toujours procéder à des tests et en évaluer les résultats.

Les concepteurs de sites adaptés aux moteurs de recherche se documentent sur les standards web et tâchent de les appliquer dans leurs sites. Les défenseurs de standards web, en revanche, ne semblent pas comprendre l'univers des moteurs de recherche. Or, la recherche d'informations est une composante capitale pour le design, l'ergonomie et les ventes. J'ai du mal à comprendre qu'on puisse négliger ce domaine quand on travaille pour le Web.

Il suffit d'optimiser la page d'accueil

Nombre de sociétés d'hébergement web avancent cet argument : si vous ne pouvez pas vous payer une optimisation du site entier, l'optimisation de la page d'accueil suffira.

Hélas, ces sociétés et celles qui réalisent des sites web n'ont qu'une connaissance limitée de l'optimisation pour les moteurs de recherche. Le rôle d'une page d'accueil est de servir de table des matières du site et, au moins, de sommaire succinct. Bien trop souvent, le contenu de la page d'accueil n'est pas assez axé sur les expressions clés.

De plus, ce n'est pas dans la page d'accueil qu'on conclut une vente. Très peu de visiteurs iront ajouter au panier, s'abonner à un bulletin ou s'inscrire à un cours depuis la page d'accueil d'un site.

Quelles pages faudrait-il optimiser dans un site web ? Les pages concentrées en expressions clés et susceptibles de transformer les visiteurs en clients, car ces pages attirent du trafic qualifié et engendrent des ventes. Les pages qui reçoivent un bon classement et génèrent des ventes sont les suivantes :

- pages de produits (sites pour grand public) ;
- pages de services (sites pour professionnels) ;
- pages d'une catégorie de produits ;
- pages d'assistance (FAQ et service client) ;
- pages de communication (communiqués de presse, témoignages, études de cas) ;
- pages informatives (articles, astuces et outils).

Les pages de produits, services et familles de produits ont souvent un contenu très ciblé et ont une bonne probabilité d'engendrer des ventes. Les pages d'assistance, de communication et d'information peuvent aussi fournir un contenu ciblé, mais elles servent surtout à guider le visiteur vers des pages plus ciblées.

La page d'accueil doit bien sûr être optimisée au mieux selon le budget, mais n'attendez pas que l'optimisation d'une seule page produise les mêmes retombées que l'optimisation complète des pages de produits, de services, de catégories, d'assistance et de communication.

L'achat de publicités dans un moteur de recherche améliore le classement du site dans les résultats naturels de recherche

Cette fausse idée provient d'une observation erronée d'une relation de cause à effet. Quand une société lance un nouveau site web, il est fréquent qu'elle achète de la publicité dans les moteurs de recherche pour accroître sa visibilité. Après avoir vérifié comment le lien publicitaire se présente dans les pages de résultats, le personnel de la société se rend compte que les URL du site apparaissent dans les résultats naturels de recherche. Fantastique, se disent-ils, il nous suffit d'acheter de la publicité, et notre site figure dans les résultats naturels. Ont-ils raison ?

Non. L'achat d'un programme AdWords chez Google ne va pas améliorer le classement du site dans les résultats naturels de Google. L'achat de publicités chez Yahoo! ne va pas améliorer le classement du site dans les résultats naturels de Yahoo!. Les algorithmes définissant l'affichage des publicités et l'affichage des résultats naturels de recherche sont complètement différents.

Les publicités apparaissent en conséquence d'un paiement. Les pages sont bien classées dans les résultats naturels de recherche parce qu'elles sont bien optimisées et contiennent les trois composantes essentielles :

- **Contenu axé sur les mots clés.** Les pages web contiennent les mots et expressions clés que les internautes tapent en requête.
- **Architecture de l'information et interface adaptées aux robots.** Le concepteur du site a mis en place les conditions qui aident les robots à trouver les mots dans les pages : système de navigation et structure des URL adaptés, renvois internes pertinents, bonne organisation de l'architecture d'information, repères d'orientations et pistes vers l'information.
- **Développement des liens entrants.** Le nombre et la qualité des liens pertinents pointant vers le site témoignent de la valeur du site, ce qui se confirme par l'augmentation constante du nombre de liens.

Google lui-même affirme : "La participation à un programme de publicité n'a aucune incidence, positive ou négative, sur l'inclusion ou le classement dans les résultats de recherche Google." (www.google.com/support/webmasters/).

Nous connaissons l'algorithme de Google, Yahoo!, Live Search, etc.

Si vous entendez cette affirmation de la part d'un référenceur, sachez que c'est un vilain mensonge. Personne ne sait exactement comment les moteurs de recherche évaluent les pages web.

Les algorithmes des moteurs de recherche changent constamment. Certains changements sont subtils, et d'autres aux conséquences plus évidentes. Ces algorithmes s'appliquent différemment selon la nature des éléments à présenter dans les pages de résultats. Par exemple, l'algorithme pour les résultats de recherche d'actualités n'est pas le même que pour les résultats parmi les publicités. L'algorithme des résultats naturels généraux n'est pas le même que pour les résultats de recherche d'images.

À l'occasion de plusieurs conférences consacrées aux moteurs de recherche, leurs représentants ont indiqué que les algorithmes exploitent une centaine de composantes. Si un webmarketeur se vante d'avoir analysé l'algorithme d'un moteur de recherche, cela voudrait dire qu'il connaît la centaine de composantes qui entrent dans l'équation mathématique de l'algorithme. Or, connaît-il les équations mathématiques des filtres de redondance ? Sait-il comment les moteurs de recherche identifient les portions de texte passe-partout ? Sait-il comment sont traités les cas aberrants ? Et, quand un référenceur affirme qu'il a réponse à toutes ces questions, il s'empresse de préciser qu'il a l'algorithme dans une "boîte noire".

Ne vous laissez pas impressionner si une société de SEO a embauché un ancien employé d'un moteur de recherche, car il est probable qu'il s'agit d'un représentant du service publicité. Et un agent de publicité n'a pas les mêmes compétences qu'un ingénieur informatique.

Aucun moteur de recherche n'ira jamais publier toutes les composantes de son algorithme dans un brevet, des documents éducatifs, ni nulle part ailleurs. Par conséquent, aucun spécialiste en SEO ne connaît toutes les équations mathématiques qui constituent l'algorithme d'un moteur de recherche. Mais alors, si une société m'affirme qu'elle connaît l'algorithme d'un moteur de recherche ? C'est juste un argument de vente mais surtout un mensonge.

La liste de clients et les témoignages sur un site web prouvent le sérieux d'une société de SEO

Ce n'est pas parce qu'une société de SEO affiche une liste impressionnante de clients qu'elle pratique forcément l'optimisation dans les règles de l'art sans recours au spam. Les sociétés prestigieuses tiennent autant que les PME à être visibles sur le Web. Nombre de sites de sociétés très réputées se trouvent pénalisés ou bannis des moteurs de recherche pour cause de spam.

Pour vérifier les pratiques d'une société de SEO, demandez-lui si ses stratégies d'optimisation ont entraîné des pénalités pour fraude. Si une société de webmarketing est toujours en train de construire des microsites et d'acheter des noms de domaines pour favoriser le positionnement, ce n'est pas une société sérieuse qui respecte les directives des moteurs de recherche.

Par ailleurs, les sociétés de webmarketing de bonne renommée signent souvent des accords de confidentialité avec leurs clients, si bien qu'elles ne peuvent pas afficher sur leur site web la liste complète de leurs clients. Elles devraient pourtant vous fournir au moins trois références si vous le demandez avant de faire appel à un expert en SEO.

Conclusion

L'emploi de procédés frauduleux ne garantit nullement que vos pages web parviendront aux meilleures positions dans les moteurs de recherche. Même si les pratiques douteuses se révèlent efficaces, les bonnes positions ne dureront pas. Une fois que les moteurs de recherche ou vos concurrents auront découvert les procédés proscrits, le site coupable sera pénalisé ou mis sur liste noire. Vous aurez alors à refaire le site et à recommencer tout le processus de marketing auprès des moteurs de recherche. Tricher avec les moteurs de recherche est un petit jeu qui finit par coûter cher.

Les fausses idées sur la SEO sont-elles applicables dans tous les cas ? Bien sûr que non, car il y a toujours des exceptions. Il se peut, par exemple, qu'une société de SEO propose une garantie de remboursement en cas d'échec parce qu'elle a confiance dans sa capacité à obtenir des résultats, et non pas parce qu'elle se livre à des pratiques frauduleuses.

Toutefois, les webmarketeurs savent bien à quel point les sociétés ont envie de rendre leur site visible dans les moteurs de recherche, et certains en profitent. Méfiez-vous donc si parmi les arguments de vente vous entendez parler de techniques frauduleuses ou des fausses idées que je viens de vous présenter. Lisez les petites lignes du contrat. Rétablir la visibilité d'un site après sa pénalisation ou son bannissement n'est pas une opération facile ni rapide.

Les pages web pourvues d'un contenu original de qualité et d'un design adapté aux robots seront toujours mieux classées dans les moteurs de recherche que les pages pleines de spam. Puisque les pages offrent du contenu de qualité et que les robots ont accès à ce contenu, il n'y a pas besoin de tricher avec les moteurs de recherche. Pour les sites optimisés dès leur création ou leur refonte, il suffit de quelques petites retouches une fois que des bases saines sont en place. Réaliser un site adapté à la cible et qui respecte les conditions des moteurs de recherche est l'une des composantes les plus rentables d'une campagne de marketing axée sur les moteurs de recherche.

Index

M

Dépôt légal : février 2008
IMPRIMÉ EN FRANCE

IMPRIM'VERT
Votre imprimeur agit pour l'environnement

Achevé d'imprimer le 8 février 2008
sur les presses de l'imprimerie «La Source d'Or»
63200 Marsat
Imprimeur n° 10224